하나님의 영, 성령이 당신에게 임하시면?

삼위 하나님

예수께서 세례를 받으시고 곧 물에서 올라오실새

하늘이 열리고 하나님의 성령이 비둘기같이 내려

자기 위에 임하심을 보시더니

하늘로부터 소리가 있어 말씀하시되

이는 내 사랑하는 아들이요 내 기뻐하는 자라 (마3:16~17)

* * *

믿음이 없이는 하나님을 기쁘시게 하지 못하나니
하나님께 나아가는 자는 반드시 그가 계신 것과 또한 그가 자기를 찾는
자들에게 상 주시는 이심을 믿어야 할지니라 (히11:6)

32 누구든지 사람 앞에서 나를 시인하면
나도 하늘에 계신 내 아버지 앞에서 그를 시인할 것이요
33 누구든지 사람 앞에서 나를 부인하면
나도 하늘에 계신 내 아버지 앞에서 그를 부인하리라 (마10:32~33)

내 아버지의 뜻은 아들을 보고 믿는 자마다

영생을 얻는 이것이니 마지막 날에

내가 이를 다시 살리리라 (요6:40)

34 새 계명을 너희에게 주노니 서로 사랑하라 내가
너희를 사랑한 것같이 서로 사랑하라
35 너희가 서로 사랑하면 이로써 모든 사람이 너희가
내 제자인 줄 알리라 (요13:34~35)

말씀과 기도

12 너희가 내게 부르짖으며 내게 와서 기도하면 내가 너희들의 기도를 들을 것이요

13 너희가 온 마음으로 나를 구하면 나를 찾을 것이요 나를 만나리라.

23 여호와의 말씀이니라 나는 가까운 데에 있는 하나님이요 먼 데에 있는 하나님은 아니냐

24 여호와의 말씀이니라 사람이 내게 보이지 아니하려고 누가 자신을 은밀한 곳에 숨길 수 있겠느냐 여호와가 말하노라 나는 천지에 충만하지 아니하냐 (렘29:12~13, 23:23~24)

하나님 아버지

저는 가까이 계신 하나님을 알지 못한 죄인입니다

하나님을 바로 알지 못한 죄를 자백합니다

사하시고 저를 찾아주시고 만나주시옵소서

마음을 다하여 주님께 간구합니다

주여! 저를 찾아주시고 만나주시옵소서

저를 불쌍히 여기시고 믿음에 믿음을 더하여 주시옵소서

저의 간절한 소원을 외면하지 마시고

저를 찾아주시옵소서 만나주시옵소서

그날이 언제 일지 알지 못하지만 믿고 간구합니다

오! 주여! 저를 만나주시옵소서

만나주실 것을 믿고 감사합니다

예수님 이름으로 기도합니다 아멘

하나님은 당신이 간절히 믿고 구하면 기도를 들으시고 만나주십니다
말씀을 바로 알지 못하고 기도하지 않음으로 지금까지 하나님을 만나지
못한 것 뿐입니다 온 천지에 충만하신 하나님이 당신을 속히 만나주시리
라 믿습니다 쉬지 말고 기도하시기 바랍니다 목구멍에서 이상한 소리가
나거든 기도를 중단하지 말고 크게 부르짖어 기도하시기 바랍니다
하나님은 성령으로 만나 주시고 방언의 은사(고전12:10)도 주시는 것입
니다 쏟아지는 눈물과 성령의 불도 체험하게 될 것입니다

말씀으로 돌아가라

이 집은 살아 계신 하나님의 교회요
진리 (요14:6)의 기둥과 터니라 (딤전3:15)

말씀의 능력

12 하나님의 말씀은 살아 있고 활력이 있어 좌우에 날선 어떤 검보다도 예리하여 혼과 영과 및 관절과 골수를 찔러 쪼개기까지 하며 또 마음의 생각과 뜻을 판단하나니 13 지으신 것이 하나도 그 앞에 나타나지 않음이 없고 우리의 결산을 받으실 이의 눈앞에 만물이 벌거벗은 것같이 드러나느니라 (히4:12~13)

복음의 능력

16 내가 복음을 부끄러워하지 아니하노니 이 복음은 모든 믿는 자에게 구원을 주시는 하나님의 능력이 됨이라 먼저는 유대인에게요 그리고 헬라인에게로다
17 복음에는 하나님의 의가 나타나서 믿음으로 믿음에 이르게 하나니 기록된 바 오직 의인은 믿음으로 말미암아 살리라 함과 같으니라 (롬1:16~17)

십자가의 능력

18 십자가의 도가 멸망하는 자들에게는 미련한 것이요 구원을 받는 우리에게는 하나님의 능력이라,

24 오직 부르심을 받은 자들에게는 유대인이나 헬라인이나 그리스도는 하나님의 능력이요 하나님의 지혜니라 (고전1:18, 24)

예수 이름의 권세

아들을 낳으리니 이름을 예수라 하라 이는 그가 자기 백성을 그들의 죄에서 구원할 자이심이라 하니라 (마1:21)

다른 이로써는 구원을 받을 수 없나니 천하 사람 중에 구원을 받을 만한 다른 이름을 우리에게 주신 일이 없음이라 하였더라 (행4:12)

17 믿는 자들에게는 이런 표적이 따르리니 곧 그들이 내 이름으로 귀신을 쫓아내며 새 방언을 말하며

18 뱀을 집어올리며 무슨 독을 마실지라도 해를 받지 아니하며 병든 사람에게 손을 얹은즉 나으리라 하시더라 (막16:17~18)

6 베드로가 이르되 은과 금은 내게 없거니와 내게 있는 이것을 네게 주노니 나사렛 예수 그리스도의 이름으로 걸으라 하고

7 오른손으로 잡아 일으키니 발과 발목이 곧 힘을 얻고

8 뛰어 서서 걸으며 그들과 함께 성전으로 들어가면서 걷기도 하고 뛰기도 하며 하나님을 찬송하니 (행3:6~8)

너희 중에 이와 같은 자들이 있더니 예수 그리스도의 이름과 우리 하나님의 성령 안에서 씻음과 거룩함과 의롭다 하심을 받았느니라 (고전6:11)

너희가 내 이름으로 무엇을 구하든지 내가 행하리니 이는 아버지로 하여금 아들로 말미암아 영광을 받으시게 하려 함이라 (요14:13)

하나님의 영, 성령이 당신에게 임하시면?

The Holy Spirit

목차

머리말_12

읽어두기_15

1부; 하나님의 영, 성령이 당신에게 임하시면?

1. 인자가 올 때에 세상에서 믿음을 보겠느냐 항상 기도하며 깨어 있으라_23

2. 그때에 내가 내 영을 내 남종과 여종들에게 부어주리니_26

3. 모든 성경은 하나님의 감동으로 된 것으로 사사로이 풀 것이 아니니_29

4. 신앙, 믿음은 말씀을 먹고 자란다_34

5. 영의 양식인 말씀을 먹으라_36

6. 성도들의 죽음과 부활_39

7. 부활_41

8. 하나님을 사랑하는 것은 계명을 지키는 것이요, 계명은 너희가 들은 바 말씀이거니와_43

9. 여호와의 말씀을 듣지 못한 기갈이라, 이는 내 말을 들을 줄 알지 못함이로다_47

10. 복음을 듣고 그 안에서 또한 믿어 약속의 성령으로 인침을 받았으니_52

11. 날마다 하나님께 찬미의 제사를 드리다_54

12. 하나님의 나라는 너희 안에 있느니라_59

13. 믿는 자들에게는 이런 표적이 따르리니_66

14. 너는 새벽 기도로 하루를 시작한다_69

15. 류마티스 관절염의 고통에서 벗어나게 하시다_80

16. 알레르기 천식을 낫게 하시다_83

17. 산삼을 주셔서 변비로부터 해방되게 하시다_91

18. 항상 기도하며 깨어 있으라_95

19. 믿음은 들음에서 나며, 들음은 그리스도의 말씀으로 말미암았느니라_97

20. 이단에 속한 사람을 한두 번 훈계한 후에 멀리하라_101

21. 하나님이 너의 귀 연골막암을 고치시고 표적을 나타내 보이시다_106

22. 큰아들이 뇌졸중으로 숨이 끊어진 것을 하나님이 살리시다_131

23. 너는 험한 산 속을 아무 두려움 없이 혼자 다닌다_139

24. 감사의 놀라운 능력_143

25. 성령의 감동하심과 인도하심으로 책을 쓰게 하시다_145

26. 성령으로 충만함을 받으면 이런 일을 체험하게 된다_150

27. 요한계시록에 약속된 7가지 복_152

28. 너는 해방 이듬해에 깊은 시골에서 태어났다_154

29. 너가 당뇨병성 말초신경병증을 극복하다_172

30. 너는 고등학교 3학년 때부터 60대 나이까지 11번 코 수술을 받았다_176

31. 너에게 자그마한 텃밭이 있다_179

32. 너는 다친 허리와 체증을 압봉으로 치료하다_183

33. 너는 한때 췌장암 진단을 받았다_187

34. 믿음이 있노라 하고 행함이 없으면 그 믿음이 능히 자기를 구원하겠느냐_191

35. 복음·하나님의 의·전도_194

36. 성령이 하나 되게 하신 것을 힘써 지키라_196

37. 성경 말씀 집약(하나님의 구속 경륜)_199

38. 너는 낚시와 등산을 무척 좋아한다_209

39. 그리스도인과 세상 권세_216

40. 당신들 가운데 독초나 쓴 열매를 맺는 뿌리가 있어서는 안 된다_218

41. 탐색하는 자나 남색하는 자는 하나님의 나라를 유업으로 받지 못하리라_220

42. 마귀를 대적하라 그리하면 너희를 피하리라_222

2부; 세례

1. 물은 너희를 구원하는 표니 곧 세례라_226
2. 무릇 그리스도 예수와 합하여 세례를 받은 우리는_228
3. 내가 그리스도와 함께 십자가에 못 박혔나니_230

3부; 신앙인이 되려거든 성령으로 충만함을 받으라

1. 성령을 모독하거나 성령을 거역하면 사하심을 얻지 못하리라_234
2. 너희는 성령을 따라 행하라_235
3. 성령으로 세례를 받으리라_236
4. 이방인들에게도 성령을 부어주시다_238
5. 구하는 자에게 성령을 주시지 않겠느냐_240
6. 성령이 하나 되게 하신 것을 힘써 지키라_241
7. 다른 보혜사를 너희에게 주사, 영원토록 너희와 함께 있게 하리니_242
8. 성령으로 아니하고는 누구든지 예수를 주시라 할 수 없느니라_244
9. 예수 그리스도께서 육체로 오신 것을 시인하는 영마다 하나님께 속한 것이요_246
10. 성령의 역사하심 (1)_247
11. 성령의 역사하심 (2)_250
12. 무릇 하나님의 영으로 인도함을 받는 사람은 곧 하나님의 아들이라_254
13. 성령의 역사하심 (구약시대)_256
14. 성령의 은사 (1)_258
15. 성령의 은사 (2)_260
16. 성령의 은사 (3)_261
17. 성령의 은사 (4)_262
18. 성령의 열매_263

특집; 내가 경영한 것을 반드시 이루리라

Ⅰ.
영생은 곧 유일하신 참 하나님과
그가 보내신 자 예수 그리스도를 아는 것_266

Ⅱ.
고난당한 것이 내게 유익이라_280

Ⅲ.
하나님이 하신다_291

Ⅳ.
요한계시록에 기록된 '666'(육백육십육)은 무엇인가?_298

Ⅴ.
주일 낮 예배기도_301

Ⅵ.
고난의 명상(주기철 목사님의 필적으로 전한 말씀)_303

Ⅶ.
진리를 알지니 진리가 너희를 자유롭게 하리라_304

Ⅷ.
믿음의 기도는 병든 자를 구원하리니 주께서 그를 일으키시리라_310

Ⅸ
말씀을 바로 알고 말씀 따라 살기를 힘쓰라_323

Ⅹ
여호와께서 요구하시는 것_334

Ⅺ
사탄이 그들 마음에 가득하여 성령을 속인 아나니아와 삽비라_336

Ⅻ
고넬료가 베드로를 청하다_339

ⅩⅢ
바울이 에베소에서 전도하다_344

ⅩⅣ
당신은 진리에 서 있는 자인가? 진리에 서지 못한 자인가?_347

머리말

　당신은 당신을 지켜준다고 생각되는 어떤 것에 자신도 모르게 매달려 살게 된다. 그것이 돈이든 권력이든 아니면 종교든 신앙이든 분별없이 그것에 목숨 걸고 매여 살아가고 있다. 당신은 무엇이 옳고 그른지 분별이 쉽지 않다. 어느 때부터 당신 자신도 모르게 그것에 붙들려 살고 있는 것이다. 그렇다면 당신은 올바른 삶을 선택할 수 없는 것일까? 한 번쯤 이런 고민을 해봤다면, 지금의 삶에 머물러 있지는 않았을 것이다. 이 땅에는 선과 악이 공존하고 있다. 당신은 선에 속하거나, 악에 속하거나 단 두가지 길 밖에 없다. 그것 마저도 당신이 선택할 수 있는 것이 아닐지도 모른다.

　이 세상 만물은 누가 만들었을까? 당신은 누가 만들었다고 생각하는가? 공자, 맹자, 부처님, 아니면 당신이 알지 못하는 신? 여기까지 생각이 미치면 답이 나와 있지 않은가 싶다. 공자가 맹자가 부처님이 이 세상 만물을 지었다는 기록은 그 아무데도 없지 않은가. 천지를 신이 만들지 않았을까? 이 세상에는 많은 신들이 존재한다. 그럼 이 세상을 창조하신 신은 어떤 신일까. 성경에 "태초에 하나님이 천지를 창조하시니라"라고 기록하고 있다. 그렇다면 세상 만물을 만드신 이는 하나님이시다. 하나님은 어떤 분일까? 하나님을 알기 위해서는 '성경 말씀'에 그 답이 있다. 성경책은 어디 있나. 서점에, 교회에, 성도들 집에 여러분 가까이에 있다. 빌려 보라! 빌리기 싫으면 서점에서 사서 보라! 궁금증이 풀어질 것이다. 하나님을 알아가게 될 것이다. 하나님이 "너 이제

왔구나!" 반가이 맞아 주실 것이다. 그분을 만나면 그가 당신에게 하늘의 신령한 복을 주실 것이다. 영원히 죽지 않는 복. 이보다 더 귀한 복이 이 세상 어디에 있다던가?

우주와 그 가운데 있는 만물을 지으신 하나님께서 당신의 호흡을 살리는 약의 재료들을 당신이 밟고 다니는 길가의 잡초, 나물 반찬으로 먹고 있는 채소, 당신의 배를 불리는 곡류, 철따라 열매 맺는 과일, 깊은 산속의 신비의 약초, 나무, 육지의 동물, 바닷속의 물고기 등 그분이 지으신 만물에 숨겨 놓으셨다. 그분은 당신이 그것을 찾아 쓰도록 도우신다. 그걸 찾는 열쇠는 '믿음'이다. 그 열쇠는 어디 있나 하나님께서 구하는 자에게 주신다. "믿음은 들음에서 나며 들음은 그리스도의 말씀으로 말미암았느니라 (롬10:17)" 믿음은 말씀을 들음으로 당신에게 주어진다고 한다. 하나님이 믿음을 선물로 당신에게 주시는 것이다. 당신은 믿음을 선물로 받고 싶지 않은가. 믿음을 선물로 받는 방법은 의외로 간단하다. 알고 싶은가. 그렇다면 뒷집 할아버지도 가고, 옆집 남학생도 가고, 앞집 꽃분이도 가는 교회에 가서 하나님 말씀을 들으면, 그분께서 당신에게 믿음을 주신다. 알아들었는가? 알았으면 머뭇거리지 말라. 그러면 때를 놓치게 된다.

세상에는 무엇이든지 기한이 있고 다 때가 있다. 날 때가 있고, 죽을 때가 있으며, 병들 때가 있고 치료해야 할 때가 있다. 울 때가 있고 웃을 때가 있으며 슬퍼할 때가 있고 기뻐 춤출 때가 있다. 사랑할 때가 있고 미워할 때가 있다. 하나님이 모든 것을 지으시되 때를 따라 아름답게 하셨고 또 사람들에게는 영원을 사모하는 마음을 주셨다. 그러나 하나님이 하시는 일의 시종을 사람으로 측량할 수 없게 하셨다. 사람마다 먹고 마시는 것과 수고함으로 낙을 누리는 그것이 하나님의 선물인 줄을 알아야 할 것이다. 하나님께서 행하시는 모든 것은 영원히 있을 것이다. 그 위에 더할 수도 없고 그것에서 덜할 수도 없나니 하나님이 이같이 행하심은 사람들이 그분을 경외하게 하려 하심인 줄을 당신은 알아야 할 것이다. 당신은 두렵고 떨리는 마음으로 하나님을 믿고 섬겨야 한다는 말이다.

글쓴이 김 영 길

읽어두기

- 자신이 믿음이 좋은 성도라면서 믿음이 다르고 은사가 다른 성도들을 이단이라고 비난하는 당신이 반드시 알아야 말씀 몇 구절을 아래 적어 본다

  "그들에게 이르기를 여호와의 말씀에 내 삶을 두고 맹세하노라 너희 말이 내 귀에 들린 대로 내가 너희에게 행하리니" (민14;28)

  "~성령을 모독하는 것은 사하심을 얻지 못하겠고 ~누구든지 말로 성령을 거역하면 이 세상과 오는 세상에서도 사하심을 얻지 못하리라" (마12;31~32)

- 당신이 무심코 "성령으로 귀신을 쫓아내거나, 성령으로 병자를 고치거나, 성령으로 기도하는 방언기도"를 잘 알지 못하여 멸시하거나 이단이라고 비난함으로 성령훼방죄를 짓게 된다면, 그에 따른 죄값은 위의 말씀에 극명하게 나타나 있다. 그래도 믿음이 다르고 은사가 다른 성도들을 함부로 이단이라고 비난하는 것이 옳은 일이라고 생각하는가? "죄를 짓는 자는 마귀에게 속하나니 마귀는 처음부터 범죄함이라 하나님의 아들이 나타나신 것은 마귀의 일을 멸하려 하심이라" (요일3;8) 말씀을 바로 알고 말씀 따라 살기를 힘써야 할 것이다

- "평안의 매는 줄로 성령이 하나되게 하신 것을 힘써 지키라" (엡4;3)고 하나님이 말씀하신다

  "하나님을 사랑하는 것은 그의 계명을 지키는 것"이다 (요일5;3)

  "내 계명은 곧 내가 너희를 사랑한 것같이 너희도 서로 사랑하라"는

것이다 (요15;12)

"예수께서 이르시되 네 마음을 다하고 목숨을 다하고 뜻을 다하여 주 너의 하나님을 사랑하라 하셨으니 이것이 크고 첫째 되는 계명이요

둘째도 그와 같으니 네 이웃을 네 자신같이 사랑하라 하셨으니" (마22;37~39)

"하나님 사랑 이웃 사랑" 이 계명을 지키라고 하신다

"~이 옛 계명은 너희가 들은 바 말씀(히4;12~13)이거니와" (요일2;7)

"평안의 매는 줄로 성령이 하나 되게 하신 것을 힘써 지키라" (엡4;3)고 말씀하신다

"그의 계명을 지키지 아니하는 자는 거짓말하는 자요" (요일2;4)

"~거짓말하는 모든 자들은 불과 유황으로 타는 못(지옥)에 던져지리니 이것이 둘째 사망이라 (계21;8)

"영혼 없는 몸이 죽은 것같이 행함이 없는 믿음은 죽은 것이니라" (약2;26)

■ **하지만 이 나라 목사님들은 교리, 교단만 중요시하고 그것들을 지키라고 가르치고 있다.** 374개 교단으로 갈라 서로 담을 쌓고. 말씀(요1;1, 1;14) 이 육신이 되어 이 땅에 오신 예수님(요14;6)을 교리라는 명분으로 374분의 예수님으로 만들어 놓고. 어찌할꼬? "너희는 그리스도의 몸이요 지체의 각 부분이라" (고전12;7) 말씀을 바로 알지 못하기 때문이다. 신학을 공부하고 목사님이라면서 "여호와의 말씀을 듣지 못한 기갈이라 (암8;11) 예수님의 말을 들을 줄 알지 못함이로다 (요8;43) 그들 속에 진

리의 영(요16;13)이 없기 때문이다. 한마디로 그들 속에 성령이 내주하지 않기 때문이다. 성령의 이끄심(요15;26)이 없이 자기 생각 대로(롬8;9, 요15;5, 벧후3;16, 계22;18~19) 목회하기 때문이다. "너희가 악할지라도 좋은 것을 자식에게 줄 줄 알거든 하물며 너희 하늘 아버지께서 구하는 자에게 성령을 주시지 않겠느냐 하시니라"(눅11;13) "구하는 이마다 받을 것이요 찾는 이는 찾아낼 것이요 두드리는 이에게는 열릴 것이니라"(눅11;10) "너는 마음을 다하여 여호와를 신뢰하고 네 명철을 의지하지 말라"(잠3;5) 말씀(요1;14, 히4;12~13)이 곧 생명(요14;6)이요 성경(눅24;44~49)이다 "너희는 믿음 안에 있는가 너희 자신을 시험하고 너희 자신을 확증하라 예수 그리스도께서 너희 안에 계신 줄을 너희가 스스로 알지 못하느냐 그렇지 않으면 너희는 버림받은 자니라"(고후13;5) "예수께서 대답하시되 진실로 진실로 네게 이르노니 사람이 물과 성령으로 나지 아니하면 하나님의 나라에 들어갈 수 없느니라"(요3:5) "진리를 알지니 진리가 너희를 자유롭게 하리라"(요8;32) 그러나 그들은 처음부터 말씀 알기를 게을리 하여 말씀대로 목회하려 하지 않기 때문일 것이다 모든 목사님들이 다 그렇다는 것은 아니다.

■ **위의 말씀을 보고도 교리, 교단만 고집하고 지킬 것인가?** 마태복음 23장 13, 15절 말씀을 통해 눈물이 폭포수처럼 쏟아지는 참 회개가 일어나길 바랄 뿐이다 이 글은 성령의 감동하심과 인도하심으로 쓰여지게 되었다. 왜 이런 글이 쓰여지게 되었을까? 말씀과 성령 안에서 생명의 바른 길로 인도하시려는 하나님의 긍휼과 자비와 사랑이 아니겠는가. "우리 주 예수 그리스도의 하나님, 영광의 아버지께서 지혜와 계시의 영을 너

희에게 주사 하나님을 알게 하시고" (엡1:17) "~하나님이 처음부터 너희를 택하사 성령의 거룩하게 하심과 진리(요14:6, 17;17, 요15:26)를 믿음으로 구원을 받게 하심이니" (살후2;13) "하나님은 모든 사람이 구원을 받으며 진리를 아는 데에 이르기를 원하시느니라" (딤전2:4) 베드로후서 3장 9절 말씀에 "오직 주께서는 너희를 대하여 오래 참으사 아무도 멸망하지 아니하고 다 회개하기에 이르기를 원하시느니라"

■ 당신은 진리에 서 있는 자인가? 진리에 서지 못한 자인가?

당신은 진리에 서 있는 자인가 진리에 서지 못한 자인가 정체성을 분명히 해야 할 것이다 "교리가 진리다"라는 말씀은 성경 어디에도 없다. 사탄의 궤계에 속지 말라

■ 이미 있는 진리에 서 있으나 (그리스도에게 속한 자)

그러므로 너희가 이것을 알고 이미 있는 진리(요14:6, 17:17, 15:26)에 서 있으나 내가 항상 너희에게 생각나게 하려 하노라 (벧후1;12)

■ 그의 계명을 지키는 자는 주 안에 거하고

그의 계명(요일2:7)을 지키는 자는 주(마16:16, 요14:6) 안에 거하고 주는 그의 안에 거하시나니 우리에게 주신 성령(행2:18, 33)으로 말미암아 그가 우리 안에 거하시는 줄을 우리가 아느니라 (요일3:24)

■ 살아서 그리스도와 더불어 천 년 동안 왕 노릇 하니

4또 내가 보좌들을 보니 거기에 앉은 자들이 있어 심판하는 권세를 받았더라 또 내가 보니 예수를 증언함과 하나님의 말씀 때문에 목 베임을 당한 자들의 영혼들과 또 짐승과 그의 우상에게 경배하지 아니하고 그

들의 이마와 손에 그의 표를 받지 아니한 자들☆이 살아서 그리스도와 더불어 천 년 동안 왕 노릇 하니

　☆ a(요3:5〈마3:11, 벧전3:21, 행2:1~4, 행19:1~6〉), b(요5:24, 벧후1:12, 요일3:24)

5(그 나머지 죽은 자들(요3:18)은 그 천년이 차기까지 살지 못하더라) 이는 첫째 부활이라

- 둘째 사망이 그들을 다스리는 권세가 없고
- 천 년 동안 그리스도와 더불어 왕 노릇 하리라

6이 첫째 부활에 참여하는 자들은 복이 있고 거룩하도다 둘째 사망이 그들을 다스리는 권세가 없고 도리어 그들이 하나님과 그리스도의 제사장이 되어 천 년 동안 그리스도와 더불어 왕 노릇 하리라 (계20::6)

- 진리가 그 속에 없으므로 진리에 서지 못하고 (마귀에게 속한 자)

큰 용이 내쫓기니 옛 뱀 곧 마귀라고도 하고 사탄이라고도 하며 온 천하를 꾀는 자라 그가 땅으로 내쫓기니 그의 사자들도 그와 함께 내쫓기니라 (계12:9)

- 진리가 그 속에 없으므로 진리에 서지 못하고

너희는 너희 아비 마귀에게서 났으니 너희 아비의 욕심대로 너희도 행하고자 하느니라 그는 처음부터 살인한 자요 진리가 그 속에 없으므로 진리(요14:6, 17;17, 15:26)에 서지 못하고 거짓을 말할 때마다 제 것으로 말하나니 이는 그가 거짓말쟁이요 거짓의 아비가 되었음이라 (요8:44)

- 또 그들을 미혹하는 마귀가 불과 유황못에 던져지니

또 그들을 미혹하는 마귀가 불과 유황못에 던져지니 거기는 그 짐승과 거짓 선지자도 있어 세세토록 밤낮 괴로움을 받으리라 (계20:10)

■ 크고 흰 보좌에서 심판을 내리시다

11 또 내가 크고 흰 보좌와 그 위에 앉으신 이를 보니 땅과 하늘이 그 앞에서 피하여 간 데 없더라

12 또 내가 보니 죽은 자들(요3:18, 요일3:8, 살후2:12, 계21:8, 요일3:10)이 큰 자나 작은 자나 그 보좌 앞에 서 있는데 책들이 펴 있고 또 다른 책이 펴졌으니 곧 생명책이라 죽은 자들이 자기 행위를 따라 책들에 기록된 대로 심판을 받으니

■ 각 사람이 자기의 행위대로 심판을 받고

13 바다가 그 가운데에서 죽은 자들을 내주고 또 사망과 음부도 그 가운데에서 죽은 자들을 내주매 각 사람이 자기의 행위대로 심판을 받고

14 사망과 음부도 불못에 던져지니 이것은 둘째 사망 곧 불못이라

■ 생명책에 기록되지 못한 자는 불못에 던져지더라

15 누구든지 생명책에 기록되지 못한 자는 불못에 던져지더라 (계20:13~15)

"그런즉 너희는 먼저 그의 나라(눅17:21, 요2:21, 계21:22~)와 그의 의(롬3:19~)를 구하라 그리하면 이 모든 것을 너희에게 더하시리라(빌4:19)" (마6;33)

글쓴이 김 영 길

1부 하나님의 영, 성령이 당신에게 임하시면?

1.
인자가 올 때에 세상에서 믿음을 보겠느냐
항상 기도하며 깨어 있으라

8 내가 너희에게 이르노니 속히 그 원한을 풀어 주시리라 그러나 인자가 올 때에 세상에서 믿음을 보겠느냐 하시니라,

■ 항상 기도하고 낙심하지 말아야 할 것

1 예수께서 그들에게 항상 기도하고 낙심하지 말아야 할 것을 비유로 말씀하여 (눅18;8, 1)

■ 기도에 항상 힘쓰며

　소망 중에 즐거워 하며 환난 중에 참으며 기도에 항상 힘쓰며 (롬12;12)

■ 쉬지 말고 기도하라

　쉬지 말고 기도하라 (살전5;17)

■ 기도를 계속하고 기도에 감사함으로 깨어 있으라

기도를 계속하고 기도에 감사함으로 깨어 있으라 (골4;2)

26 노아의 때에 된 것과 같이 인자의 때에도 그러하리라

27 노아가 방주에 들어가던 날까지 사람들이 먹고 마시고 장가들고 시집가더니 홍수가 나서 그들을 다 멸망시키셨으며

28 또 롯의 때와 같으리니 사람들이 먹고 마시고 사고 팔고 심고 집을 짓더니

29 롯이 소돔에서 나가던 날에 하늘로부터 불과 유황이 비오듯 하여 그들을 멸망시켰느니라

30 인자(예수님〈막2:10〉)가 나타나는 날에도 이러하리라 (눅17;26~30)

■ 아무도 멸망하지 아니하고 다 회개하기에 이르기를 원하시느니라

9 주의 약속은 어떤 이들이 더디다고 생각하는 것같이 더딘 것이 아니라 오직 주께서는 너희를 대하여 오래 참으사 아무도 멸망하지 아니하고 다 회개하기에 이르기를 원하시느니라

■ 주의 날이 도둑같이 오리니

10 그러나 주의 날(마24:36)이 도둑같이 오리니 그날에는 하늘이 큰소리로 떠나가고 물질이 뜨거운 불에 풀어지고 땅과 그 중에 있는 모든 일이 드러나리로다 (벧후3;9~10)그날들을 감하지 아니하면 모든 육체가 구원을 얻지 못할 것이나 그러나 택하신 자들을 위하여 그날들을 감하시리라 (마24;33)

< 항상 기도하며 깨어 있으라 >

34 너희는 스스로 조심하라 그렇지 않으면 방탕함과 술취함과 생활의 염려로 마음이 둔하여지고 뜻밖에 그날이 덫과 같이 너희에게 임하리라

35 이날은 온 지구상에 거하는 모든 사람에게 임하리라

■ 너희는 장차 올 이 모든 일을 능히 피하고 인자 앞에 서도록.

■ 항상 기도하며 깨어 있으라

36 이러므로 너희는 장차 올 이 모든 일을 능히 피하고 인자 앞에 서도록 항상 기도하며 깨어 있으라 하시니라 (눅21;34~36)

하나님 아버지!
이 땅의 모든 성도들이
하나님의 날이 임하기를 바라보고
간절히 사모하게 하옵소서
의가 있는 새 하늘과 새 땅을 바라보게 하옵소서
성경에 기록된 장차 올 이 모든 환난을 능히 피하고
점도 없고 흠도 없이 평강 가운데서 예수님 앞에 서도록
항상 기도하며 깨어 있게 도와 주시옵소서
예수님 이름으로 기도합니다 아멘

2.
그때에 내가 내 영을
내 남종과 여종들에게 부어주리니

18 그때에 내가 내 영을 내 남종과 여종들에게 부어주리니 그들이 예언할 것이요

19 또 내가 위로 하늘에서는 기사를 아래로 땅에서는 징조를 베풀리니 곧 피와 불과 연기로다

20 주의 크고 영화로운 날이 이르기 전에 해가 변하여 어두워지고 달이 변하여 피가 되리라

21 누구든지 주의 이름을 부르는 자는 구원을 받으리라 하였느니라 (행 2;18~21, 욜2;29~32)

■ **내가 내 영을 내 남종과 여종들에게 부어주리니**

하나님이 나사렛 예수에게 성령과 능력을 기름 붓듯 하셨으매 그가 두루 다니시며 선한 일을 행하시고 마귀에게 눌린 모든 사람을 고치

셨으니 이는 하나님이 함께하셨음이라 (행10;38)

<성령이 임하시다>
1 오순절 날이 이미 이르매 그들이 다같이 한곳에 모였더니
2 홀연히 하늘로부터 급하고 강한 바람같은 소리가 있어 그들이 앉은 온 집에 가득하며
3 마치 불의 혀처럼 갈라지는 것들이 그들에게 보여 각 사람 위에 하나씩 임하여 있더니
4 그들이 다 성령의 충만함을 받고 성령이 말하게 하심을 따라 다른 언어들로 말하기를 시작하니라,

   오직 성령이 너희에게 임하시면 너희가 권능을 받고 예루살렘과 온 유대와 사마리아와 땅끝까지 이르러 내 증인이 되리라 하시니라 (행 2;1~4, 1;8)

■ 내가 위로 하늘에서는 기사를 (구원받은 성도)
2 내가 하늘에서 나는 소리를 들으니 많은 물소리와도 같고 큰 우렛소리와도 같은데 내가 들은 소리는 거문고 타는 자들이 그 거문고를 타는 것 같더라
3 그들이 보좌 앞과 네 생물과 장로들 앞에서 새 노래를 부르니 땅에서 속량함을 받은 십사만 사천 밖에는 능히 이 노래를 배울 자가 없더라 (계14;2~3)

■ 아래로 땅에서는 징조를 베풀리니 곧 피와 불과 연기로다 (심판받은 불신자)

19 천사가 낫을 땅에 휘둘러 땅의 포도를 거두어 하나님의 진노의 큰 포도주 틀에 던지매

20 성 밖에서 그 틀이 밟히니 틀에서 피가 나서 말 굴레에까지 닿았고 천육백 스다디온에 퍼졌더라,

9 또 다른 천사 곧 셋째가 그 뒤를 따라 큰 음성으로 이르되 만일 누구든지 짐승과 그의 우상에게 경배하고 이마에나 손에 표를 받으면

10 그도 하나님의 진노의 포도주를 마시리니 그 진노의 잔에 섞인 것이 없이 부은 포도주라 거룩한 천사들 앞과 어린 양 앞에서 불과 유황으로 고난을 받으리니

11 그 고난의 연기가 세세토록 올라가리로다 짐승과 그의 우상에게 경배하고 그의 이름표를 받는 자는 누구든지 밤낮 쉼을 얻지 못하리라 하더라 (계14;19~20, 9~11)

■ 해가 변하여 어두워지고 달이 변하여 피가 되리라 (일곱 봉인에 담긴 심판)

12 내가 보니 여섯째 인을 떼실 때에 큰 지진이 나며 해가 검은 털로 짠 상복같이 검어지고 달은 온통 피같이 되며,

17 그들의 진노의 큰 날이 이르렀으니 누가 능히 서리요 하더라 (계 6;12, 17)

■ 누구든지 주의 이름을 부르는 자는 구원을 받으리라

　누구든지 주의 이름을 부르는 자는 구원을 받으리라 (롬10;13)

3.
모든 성경은 하나님의 감동으로 된 것으로 사사로이 풀 것이 아니니

■ 모든 성경은 하나님의 감동으로 된 것으로

16 모든 성경은 하나님의 감동으로 된 것으로 교훈과 책망과 바르게 함과 의로 교육하기에 유익하니
17 이는 하나님의 사람으로 온전하게 하며 모든 선한 일을 행할 능력을 갖추게 하려함이라,
15 또 어려서부터 성경을 알았나니 성경은 능히 너로 하여금 그리스도 예수 안에 있는 믿음으로 말미암아 구원에 이르는 지혜가 있게 하느니라 (딤후3;16~17, 15)

여호와의 교훈은 정직하여 마음을 기쁘게 하고 여호와의 계명은 순결하여 눈을 밝게 하시도다 (시19;8)

사랑하는 자들아 내가 새 계명을 너희에게 쓰는 것이 아니라 너희가

처음부터 가진 옛 계명이니 이 옛 계명은 너희가 들은 바 말씀이거니와 (요일2;7)

■ 성경의 모든 예언은 사사로이 풀 것이 아니니

20 먼저 알 것은 성경의 모든 예언은 사사로이 풀 것이 아니니
21 예언은 언제든지 사람의 뜻으로 낸 것이 아니요 오직 성령의 감동하심을 받은 사람들이 하나님께 받아 말한 것임이라 (벧후1;20~21)

■ 그 중에 알기 어려운 것이 더러 있으니 억지로 풀다가 스스로 멸망에 이르느니라

또 그 모든 편지에도 이런 일에 관하여 말하였으되 그 중에 알기 어려운 것이 더러 있으니 무식한 자들과 굳세지 못한 자들이 다른 성경과 같이 그것도 억지로 풀다가 스스로 멸망에 이르느니라 (벧후3;16)

■ 하나님의 말씀은 살아있고 활력이 있어 마음의 생각과 뜻을 판단하나니

12 하나님의 말씀은 살아있고 활력이 있어 좌우에 날선 어떤 검보다도 예리하여 혼과 영과 및 관절과 골수를 찔러 쪼개기까지 하며 또 마음의 생각과 뜻을 판단하나니
13 지으신 것이 하나도 그 앞에 나타나지 않음이 없고 우리의 결산을 받으실 이의 눈앞에 만물이 벌거벗은 것같이 드러나느니라 (히4;12~13)

내가 아버지께로부터 너희에게 보낼 보혜사 곧 아버지께로부터 나오시는 진리의 성령이 오실 때에 그가 나(요1;14)를 증언하실 것이요 (요15;26)

- 성령이 모든 것을 가르치고 생각나게 하리라

  보혜사 곧 아버지께서 내 이름으로 보내실 성령 그가 너희에게 모든 것을 가르치고 내가 너희에게 말한 모든 것을 생각나게 하리라 (요 14;26)

- 진리의 성령이 오시면 그가 너희를 모든 진리 가운데로 인도하시리니

  그러나 진리의 성령이 오시면 그가 너희를 모든 진리 가운데로 인도하시리니 그가 스스로 말하지 않고 오직 들은 것을 말하며 장래 일을 너희에게 알리시리라 (요.16;13)

9 기록된 바 하나님이 자기를 사랑하는 자들을 위하여 예비하신 모든 것은 눈으로 보지 못하고 귀로 듣지 못하고 사람의 마음으로 생각하지도 못하였다 함과 같으니라

- 오직 하나님의 성령으로 이것을 우리에게 보이셨으니

10 오직 하나님의 성령으로 이것을 우리에게 보이셨으니 성령은 모든 것 곧 하나님의 깊은 것까지도 통달하시느니라

- 하나님의 일도 하나님의 영 외에는 아무도 알지 못하느니라

11 사람의 일을 사람 속에 있는 영 외에 누가 알리요 이와 같이 하나님의 일도 하나님의 영 외에는 아무도 알지 못하느니라

- 성령이 하나님께서 우리에게 은혜로 주신 것들을 알게 하려 하심이라

12 우리가 세상의 영을 받지 아니하고 오직 하나님으로부터 온 영을 받았으니 이는 우리로 하여금 하나님께서 우리에게 은혜로 주신 것들을 알게 하려 하심이라

■ 영적인 일은 영적인 것으로 분별하느니라

13 우리가 이것을 말하거니와 사람의 지혜가 가르친 말로 아니하고 오직 성령께서 가르치신 것으로 하니 영적인 일은 영적인 것으로 분별하느니라 (고전2;9~13)

130 주의 말씀을 열면 빛이 비치어 우둔한 사람들을 깨닫게 하나이다

131 내가 주의 계명들을 사모하므로 내가 입을 열고 헐떡였나이다

132 주의 이름을 사랑하는 자들에게 베푸시던 대로 내게 돌이키사 내게 은혜를 베푸소서 (시119,130~132)

18 내 눈을 열어서 주의 율법에서 놀라운 것을 보게 하소서

■ 나는 땅에서 나그네 되었사오니 주의 계명들을 내게 숨기지 마소서

19 나는 땅에서 나그네 되었사오니 주의 계명들을 내게 숨기지 마소서

20 주의 규례들을 항상 사모함으로 내 마음이 상하나이다 (시119;18~20)

그러나 사람의 속에는 영이 있고 전능자의 숨결이 사람에게 깨달음을 주시나니 (욥32;8)

■ 아버지께서 지혜와 계시의 영을 너희에게 주사 하나님을 알게 하시고

17 우리 주 예수 그리스도의 하나님, 영광의 아버지께서 지혜와 계시의 영을 너희에게 주사 하나님을 알게 하시고

18 너희 마음의 눈을 밝히사 그의 부르심의 소망이 무엇이며 성도 안에서 그 기업의 영광의 풍성함이 무엇이며

19 그의 힘의 위력으로 역사하심을 따라 믿는 우리에게 베푸신 능력의 지극히 크심이 어떠한 것을 너희로 알게 하시기를 구하노라 (엡1;17~19)

■ 그들의 마음을 열어 성경을 깨닫게 하시고

44 또 이르시되 내가 너희와 함께 있을 때에 너희에게 말한 바 곧 모세의 율법과 선지자의 글과 시편에 나를 가리켜 기록된 모든 것이 이루어져야 하리라 한 말이 이것이라 하시고

45 이에 그들의 마음을 열어 성경을 깨닫게 하시고

46 또 이르시되 이같이 그리스도가 고난을 받고 제삼 일에 죽은 자 가운데서 살아날 것과

■ 그의 이름으로 죄 사함을 받게 하는 회개가

47 또 그의 이름으로 죄 사함을 받게 하는 회개가 예루살렘에서 시작하여 모든 족속에게 전파될 것이 기록되었으니

■ 회개하여 예수 그리스도의 이름으로 세례를 받고 성령의 선물을 받으리니

베드로가 이르되 너희가 회개하여 각각 예수 그리스도의 이름으로 세례를 받고 죄 사함을 받으라 그리하면 성령의 선물을 받으리니 (행 2;38)

48 너희는 이 모든 일의 증인이라

49 볼지어다 내가 내 아버지께서 약속하신 것을 너희에게 보내리니 너희는 위로부터 능력으로 입혀질 때까지 이 성에 머물라 하시니라 (눅 24;44~49)

■ 오직 성령이 너희에게 임하시면 너희가 권능을 받고 내 증인이 되리라

오직 성령이 너희에게 임하시면 너희가 권능을 받고 예루살렘과 온 유대와 사마리아와 땅끝까지 이르러 내 증인이 되리라 하시니라 (행 1;8)

4.
신앙, 믿음은 말씀을 먹고 자란다

너는 성령께서 말씀을 깨달아 알게 하시고, 기억 속에 담아 말씀 따라 살게 해달라고 새벽마다 기도한다. 처음 말씀을 읽기 시작할 때, 성경책 몇 장을 읽고 되돌아 보면, 언제 내가 이 말씀을 읽고 지나갔나 생소하기만 했다고 한다. 그건 지금도 마찬가지다. 말씀을 아는 것이 많지 않기 때문이다. 너는 언제부턴가 CBS성서학당 ○○○목사님의 강해설교를 즐겨 들었다. 그 목사님의 강해설교가 너가 말씀을 이해하고 알아가는데 크게 도움이 되었다. 그런데 그 유명한 목사님도 성경 말씀에 대해 부족한 면이 있었다. 마태복음 3장 11절 말씀에 "그는 성령과 불로 너희에게 세례를 베풀 것이요" 여기서 '성령과 불로'에서 '불'을 심판의 도구로 잘못 설명하고 있다. 사도행전 2장 3,4절에 "마치 불의 혀처럼 갈라지는 것들이 그들에게 보여 각 사람 위에 하나씩 임하여 있더니 그들이 다 성령의 충만함을 받고"는 성령 세례를 이렇게 표현하고 있다. "성령과 불로 너희에게 세례를 베풀 것이요"는 "성령 세례를 너희에게 베풀 것이요"로 이해하면 된다.

너는 2011년부터 10여 년간 순복음교회를 다닌 적이 있었다. 그 교회에서는 새번역 성경을 사용하고 있다. 그 성경은 읽기가 편하기 때문에 한달에 한 번 통독을 할 수 있었다. 그러므로 3개월에 3번 통독을 할 수 있었다. 그때 성경 말씀을 읽은 것이, 말씀을 이해하고 기억하는데 많은 도움이 되고 있다. 말씀은 쉽게 이해되거나 기억되지 않는다. 그것은 계시의 말씀이기 때문이다. 계시의 말씀은 성령의 도움 없이는 이해할 수 없다. 그래서 말씀 읽을 때 성령의 도움을 받아야 한다. 그러면 어떻게 하면 성령의 도움을 받을 수 있나. 성령을 부어달라고 하나님께 기도하면, 예수님께서 하나님으로부터 성령을 받아 우리 마음에 부어주신다. 성령 부어주시기를 기도하라. "너희가 악할지라도 좋은 것을 자식에게 줄 줄 알거든 하물며 너희 하늘 아버지께서 구하는 자에게 성령을 주시지 않겠느냐 하시니라 (눅11;13), 하나님이 오른손으로 예수를 높이시매 그가 약속하신 성령을 아버지께 받아서 너희가 보고 듣는 이것을 부어 주셨느니라 (행2;33)"

5.
영의 양식인 말씀을 먹으라

■ **살리는 것은 영이니 내가 너희에게 이른 말은 영이요 생명이라**

살리는 것은 영이니 육은 무익하니라 내가 너희에게 이른 말은 영이요 생명이라 (요6,63)

■ **말씀이 육신이 되어 우리 가운데 거하시매**

말씀이 육신이 되어 우리 가운데 거하시매 우리가 그의 영광을 보니 아버지의 독생자의 영광이요 은혜와 진리가 충만하더라 (요1;14)

■ **예수께서 이르시되 내가 곧 길이요 진리요 생명이니**

예수께서 이르시되 내가 곧 길이요 진리요 생명이니 나로 말미암지 않고는 아버지께로 올 자가 없느니라 (요14;6)

■ **나는 하늘에서 내려온 살아있는 떡이니 사람이 이 떡을 먹으면 영생하리라**

51 나는 하늘에서 내려온 살아있는 떡이니 사람이 이 떡을 먹으면 영생하리라 내가 줄 떡은 곧 세상의 생명을 위한 내 살이니라 하시니라,

53 예수께서 이르시되 내가 진실로 진실로 너희에게 이르노니 인자의 살을 먹지 아니하고 인자의 피를 마시지 아니하면 너희 속에 생명이 없느니라

54 내 살을 먹고 내 피를 마시는 자는 영생을 가졌고 마지막 날에 내가 그를 다시 살리리니

55 내 살은 참된 양식이요 내 피는 참된 음료로다

56 내 살을 먹고 내 피를 마시는 자는 내 안에 거하고 나도 그의 안에 거하나니

"예수께서 대답하여 이르시되 사람이 나를 사랑하면 내 말을 지키리니 내 아버지께서 그를 사랑하실 것이요 우리가 그에게 가서 거처를 그와 함께 하리라, 그의 계명을 지키는 자는 주 안에 거하고 주는 그의 안에 거하시나니 우리에게 주신 성령으로 말미암아 그가 우리 안에 거하시는 줄을 우리가 아느니라, 사랑하는 자들아 내가 새 계명을 너희에게 쓰는 것이 아니라 너희가 처음부터 가진 옛 계명이니 이 옛 계명은 너희가 들은 바 말씀이거니와, 말씀이 육신이 되어 우리 가운데 거하시매 우리가 그의 영광을 보니 아버지의 독생자의 영광이요 은혜와 진리가 충만하더라 (요14;23, 요일3;24, 2;7, 요1;14)"

57 살아계신 아버지께서 나를 보내시매 내가 아버지로 말미암아 사는 것같이 나를 먹는 그 사람도 나로 말미암아 살리라

58 이것은 하늘에서 내려온 떡이니 조상들이 먹고도 죽은 그것과 같지 아니하여 이 떡을 먹는 자는 영원히 살리라 (요6;51, 53~58)

■ 사람이 하나님의 입으로부터 나오는 모든 말씀으로 살 것이라

예수께서 대답하여 이르시되 기록되었으되 사람이 떡으로만 살 것이 아니요 하나님의 입으로부터 나오는 모든 말씀으로 살 것이라 하였느니라 하시니 (마4;4)

너를 낮추시며 너를 주리게 하시며 또 너도 알지 못하며 네 조상들도 알지 못하던 만나를 네게 먹이신 것은 사람이 떡으로만 사는 것이 아니요 여호와의 입에서 나오는 모든 말씀으로 사는 줄을 네가 알게 하려 하심이니라 (신8;3)

■ 말씀을 먹으니 그것이 내 입에서 달기가 꿀 같더라

1 또 그가 네게 이르시되 인자야 너는 발견한 것을 먹으라 너는 이 두루마리를 먹고 가서 이스라엘 족속에게 말하라 하시기로
2 내가 입을 벌리니 그가 그 두루마리를 내게 먹이시며
3 내게 이르시되 인자야 내가 네게 주는 이 두루마리를 네 배에 넣으며 네 창자에 채우라 하시기에 내가 먹으니 그것이 내 입에서 달기가 꿀 같더라 (겔3;1~3)

만군의 하나님 여호와시여 나는 주의 이름으로 일컬음을 받는 자라 내가 주의 말씀을 얻어 먹었사오니 주의 말씀은 내게 기쁨과 내 마음의 즐거움이오나 (렘15;16)

주의 말씀의 맛이 내게 어찌 그리 단지요 내 입에 꿀보다 더 다니이다 (시119;103)

6. 성도들의 죽음과 부활

■ 신자는 죽은 후에 몸은 흙으로 돌아가고 영은 그것을 주신 하나님께로 돌아간다

네가 흙으로 돌아갈 때까지 얼굴에 땀을 흘려야 먹을 것을 먹으리니 네가 그것에서 취함을 입었음이라 너는 흙이니 흙으로 돌아갈 것이니라 하시니라 (창3;19)

흙은 여전히 땅으로 돌아가고 영은 그것을 주신 하나님께로 돌아가기 전에 기억하라 (전12;7)

■ 그들이 수고를 그치고 쉬리니

또 내가 들으니 하늘에서 음성이 나서 이르되 기록하라 지금 이후로 주 안에서 죽는 자들은 복이 있도다 하시매 성령이 이르시되 그러하다 그들이 수고를 그치고 쉬리니 이는 그들의 행한 일이 따름이라 하시더라 (계14;13)

■ 무덤 속에 있는 자가 다 그의 음성을 들을 때가 오나니

진실로 진실로 너희에게 이르노니 죽은 자들이 하나님의 아들의 음성을 들을 때가 오나니 곧 이때라 듣는 자는 살아나리라 (요5;25)

28 이를 놀랍게 여기지 말라 무덤 속에 있는 자가 다 그의 음성을 들을 때가 오나니

■ 선한 일을 행한 자는 생명의 부활로 악한 일을 행한 자는 심판의 부활로

29 선한 일을 행한 자는 생명의 부활로, 악한 일을 행한 자는 심판의 부활로 나오리라 (요5;28~29)

* 예수께서 이르시되 네가 어찌하여 나를 선하다 일컫느냐 하나님 한 분 외에 선한 이가 없느니라, 예수께서 대답하여 이르시되 하나님께서 보내신 이를 믿는 것이 하나님의 일이니라 하시니 (막10;18, 요6;29)
  땅의 티끌 가운데에서 자는 자 중에서 많은 사람이 깨어나 영생을 받는 자도 있겠고 수치를 당하여서 영원히 부끄러움을 당할 자도 있을 것이며 (단12;2)

■ 예수님의 영광의 몸의 형체와 같이 변하게 하시리라

그는 만물을 자기에게 복종하게 하실 수 있는 자의 역사로 우리의 낮은 몸을 자기 영광의 몸의 형체와 같이 변하게 하시리라 (빌3;21)

■ 구름 속으로 끌어 올려 공중에서 주를 영접하게 하시리니

■ 그리하여 우리가 항상 주와 함께 있으리라

16 주께서 호령과 천사장의 소리와 하나님의 나팔 소리로 친히 하늘로부터 강림하시리니 그리스도 안에서 죽은 자들이 먼저 일어나고

17 그후에 우리 살아남은 자들도 그들과 함께 구름 속으로 끌어 올려 공중에서 주를 영접하게 하시리니 그리하여 우리가 항상 주와 함께 있으리라 (살전4;16~17)

7. 부활

■ **우리 몸의 속량을 기다리느니라**

그뿐 아니라 또한 우리 곧 성령의 처음 익은 열매를 받은 우리까지도 속으로 탄식하여 양자 될 것 곧 우리 몸의 속량을 기다리느니라 (롬 8;23)

■ **예수님의 부활과 같은 모양으로**

4 그러므로 우리가 그의 죽으심과 합하여 세례를 받음으로 그와 함께 장사되었나니 이는 아버지의 영광으로 말미암아 그리스도를 죽은 자 가운데서 살리심과 같이 우리로 또한 새 생명 가운데서 행하게 하려 함이라

5 만일 우리가 그의 죽으심과 같은 모양으로 연합한 자가 되었으면 또한 그의 부활과 같은 모양으로 연합한 자도 되리라 (롬6;4~5)

■ **예수님의 영광의 몸의 형체와 같이 변하게 하시리라**

20 그러나 우리의 시민권은 하늘에 있는지라 거기로부터 구원하는 자 곧 주 예수 그리스도를 기다리노니

21 그는 만물을 자기에게 복종하게 하실 수 있는 자의 역사로 우리의 낮은 몸을 자기 영광의 몸의 형체와 같이 변하게 하시리라 (빌3;20~21)

■ **마지막 나팔에 순식간에 홀연히 다 변화되리니**

51 보라 내가 너희에게 비밀을 말하노니 우리가 다 잠잘 것이 아니요 마지막 나팔에 순식간에 홀연히 다 변화되리니

52 나팔 소리가 나매 죽은 자들이 썩지 아니할 것으로 다시 살아나고 우리도 변화되리라 (고전15;51~52)

■ **육의 몸이 있은즉 영의 몸도 있느니라**

육의 몸으로 심고 신령한 몸으로 다시 살아나나니 육의 몸이 있은즉 또 영의 몸도 있느니라 (고전15;44)

■ **하늘에 속한 이의 형상을 입으리라**

우리가 흙에 속한 자의 형상을 입은 것같이 또한 하늘에 속한 이의 형상을 입으리라 (고전15;49)

■ **하늘에 있는 천사들과 같으니라**

부활 때에는 장가도 아니 가고 시집도 아니 가고 하늘에 있는 천사들과 같으니라 (마22;30)

8.
하나님을 사랑하는 것은 계명을 지키는 것이요 계명은 너희가 들은 바 말씀이거니와

■ **하나님을 사랑하는 것은 그의 계명을 지키는 것**

하나님을 사랑하는 것은 이것이니 우리가 그의 계명들을 지키는 것이라 그의 계명들은 무거운 것이 아니로다 (요일5;3)

■ **이 옛 계명은 너희가 들은 바 말씀이거니와**

사랑하는 자들아 내가 새 계명을 너희에게 쓰는 것이 아니라 너희가 처음부터 가진 옛 계명이니 이 옛 계명은 너희가 들은 바 말씀이거니와 (요일2;7)

■ **그의 계명들은 곧 그 아들 예수 그리스도의 이름을 믿고 서로 사랑할 것이니라**

그의 계명들은 이것이니 곧 그 아들 예수 그리스도의 이름을 믿고 그가 우리에게 주신 계명대로 서로 사랑할 것이니라 (요일3;23)

- **너희도 내 계명을 지키면 내 사랑 안에 거하리라**

  내가 아버지의 계명을 지켜 그의 사랑 안에 거하는 것같이 너희도 내 계명을 지키면 내 사랑 안에 거하리라 (요15;10)

- **내 계명은 내가 너희를 사랑한 것같이 너희도 서로 사랑하라 하는 이것이니라**

  내 계명은 곧 내가 너희를 사랑한 것같이 너희도 서로 사랑하라 하는 이것이니라 (요15;12)

- **또 사랑은 이것이니 우리가 그의 계명을 따라 행하는 것이요**
- **계명은 너희가 처음부터 들은 바와 같이 그 가운데서 행하라 하심이라**

  또 사랑은 이것이니 우리가 그의 계명을 따라 행하는 것이요 계명은 이것이니 너희가 처음부터 들은 바와 같이 그 가운데서 행하라 하심이라 (요이1;6)

- **우리가 하나님을 사랑한 것이 아니요 하나님이 우리를 사랑하사**

  사랑은 여기 있으니 우리가 하나님을 사랑한 것이 아니요 하나님이 우리를 사랑하사 우리 죄를 속하기 위하여 화목제물로 그 아들을 보내셨음이라 (요일4;10)

- **그의 계명을 지키는 자는 주 안에 거하고 주는 그의 안에 거하시나니**

  그의 계명을 지키는 자는 주 안에 거하고 주는 그의 안에 거하시나니 우리에게 주신 성령으로 말미암아 그가 우리 안에 거하시는 줄을 우리가 아느니라 (요일3;24)

- **나의 계명을 지키는 자라야 나를 사랑하는 자니**

  나의 계명을 지키는 자라야 나를 사랑하는 자니 나를 사랑하는 자는

내 아버지께 사랑을 받을 것이요 나도 그를 사랑하여 그에게 나를 나타내리라 (요14;21)

■ 이 옛 계명은 너희가 들은 바 말씀이거니와

7 사랑하는 자들아 내가 새 계명을 너희에게 쓰는 것이 아니라 너희가 처음부터 가진 옛 계명이니 이 옛 계명은 너희가 들은 바 말씀이거니와 8 다시 내가 너희에게 새 계명을 쓰노니 그에게와 너희에게도 참된 것이라 이는 어둠이 지나가고 참빛이 벌써 비침이니라 (요일2;7~8)

9 참 빛 곧 세상에 와서 각 사람에게 비추는 빛이 있었나니

10 그가 세상에 계셨으며 세상은 그로 말미암아 지은 바 되었으되 세상이 그를 알지 못하였고,

1 태초에 말씀이 계시니라 이 말씀이 하나님과 함께 계셨으니 이 말씀은 곧 하나님이시라

2 그가 태초에 하나님과 함께 계셨고

3 만물이 그로 말미암아 지은 바 되었으니 지은 것이 하나도 그가 없이는 된 것이 없느니라,

■ 말씀이 육신이 되어 우리 가운데 거하시매

14 말씀이 육신이 되어 우리 가운데 거하시매 우리가 그의 영광을 보니 아버지의 독생자의 영광이요 은혜와 진리가 충만하더라 (요1;9~10, 1~3, 14)

■ 크고 첫째 되는 계명은 네 마음과 목숨과 뜻을 다하여 주 너의 하나님을 사랑하라

37 예수께서 이르시되 네 마음을 다하고 목숨을 다하고 뜻을 다하여

주 너의 하나님을 사랑하라 하셨으니

38 이것이 크고 첫째 되는 계명이요

■ **둘째도 그와 같으니 네 이웃을 네 자신같이 사랑하라**

39 둘째도 그와 같으니 네 이웃을 네 자신같이 사랑하라 하셨으니

40 이 두 계명이 온 율법과 선지자의 강령이니라 (마22;37~40)

요한일서 2장 7절에 계명이 말씀이라고 한다. 따라서 크고 첫째 되는 계명은 하나님을 사랑하는 것이고, 둘째는 이웃을 사랑하는 것이라고 한다. 네 마음을 다하고 목숨을 다하고 뜻을 다하여 주 너의 하나님을 사랑하라. 그리고 네 이웃을 네 자신같이 사랑하라 하신 계명을, 말씀을 지키는 것이 우리 성도들의 참된 도리이다. 한마디로 하나님을 사랑하고 이웃을 사랑하는 것을 우선적으로 행해야 한다.

■ **믿음이 있노라 하고 행함이 없으면 그 믿음이 능히 자기를 구원하겠느냐**

14 내 형제들아 만일 사람이 믿음이 있노라 하고 행함이 없으면 무슨 유익이 있으리요 그 믿음이 능히 자기를 구원하겠느냐

■ **만일 형제나 자매가 헐벗고 일용할 양식이 없는데**

15 만일 형제나 자매가 헐벗고 일용할 양식이 없는데

■ **그 몸에 쓸 것을 주지 아니하면 무슨 유익이 있으리요**

16 너희 중에 누구든지 그에게 이르되 평안히 가라, 덥게 하라, 배부르게 하라 하며 그 몸에 쓸 것을 주지 아니하면 무슨 유익이 있으리요

■ **이와 같이 행함이 없는 믿음은 그 자체가 죽은 것이라**

17 이와 같이 행함이 없는 믿음은 그 자체가 죽은 것이라 (약2;14~17)

9.
여호와의 말씀을 듣지 못한 기갈이라
이는 내 말을 들을 줄 알지 못함이로다

- **여호와의 말씀을 듣지 못한 기갈이라**

  주 여호와의 말씀이니라 보라 날이 이를지라 내가 기근을 땅에 보내리니 양식이 없어 주림이 아니며 물이 없어 갈함이 아니요 여호와의 말씀을 듣지 못한 기갈이라 (암8;11)

- **이는 내 말을 들을 줄 알지 못함이로다**

  어찌하여 내 말을 깨닫지 못하느냐 이는 내 말을 들을 줄 알지 못함이로다 (요8;43)

- **진리가 그 속에 없으므로 진리에 서지 못하고**

  44 너희는 너희 아비 마귀에게서 났으니 너희 아비의 욕심대로 너희도 행하고자 하느니라 그는 처음부터 살인한 자요 진리가 그 속에 없으므로 진리에 서지 못하고 거짓을 말할 때마다 제 것으로 말하나니 이는

그가 거짓말쟁이요 거짓의 아비가 되었음이라

■ 내가 진리를 말하므로 너희가 나를 믿지 아니하는도다

45 내가 진리를 말하므로 너희가 나를 믿지 아니하는도다

■ 내가 진리를 말하는데도 어찌하여 나를 믿지 아니하느냐

46 너희 중에 누가 나를 죄로 책잡겠느냐 내가 진리를 말하는데도 어찌하여 나를 믿지 아니하느냐

■ 하나님께 속한 자는 하나님의 말을 듣나니

■ 너희가 듣지 아니함은 하나님께 속하지 아니하였음이로다

47 하나님께 속한 자는 하나님의 말씀을 듣나니 너희가 듣지 아니함은 하나님께 속하지 아니하였음이로다 (요8;44~47)

■ 무릇 진리에 속한 자는 내 음성을 듣느니라

빌라도가 이르되 그러면 네가 왕이 아니냐 예수께서 대답하시되 네 말과 같이 내가 왕이니라 내가 이를 위하여 태어났으며 이를 위하여 세상에 왔나니 곧 진리에 대하여 증언하려 함이로라 무릇 진리에 속한 자는 내 음성을 듣느니라 하신대 (요18,37)

■ 내 말이 너희 안에 있을 곳이 없으므로 나를 죽이려 하는도다

나도 너희가 아브라함의 자손인 줄 아노라 그러나 내 말이 너희 안에 있을 곳이 없으므로 나를 죽이려 하는도다 (요8;37)

■ 내가 내 자녀들이 진리 안에서 행한다 함을 듣는 것보다 더 기쁜 일이 없도다

내가 내 자녀들이 진리 안에서 행한다 함을 듣는 것보다 더 기쁜 일이 없도다 (요삼1;4)

■ 우리가 그의 계명을 지키면 이로써 우리가 그를 아는 줄로 알 것이요

3 우리가 그의 계명을 지키면 이로써 우리가 그를 아는 줄로 알 것이요

■ 그를 아노라 하고 그의 계명을 지키지 아니하는 자는 거짓말하는 자요

4 그를 아노라 하고 그의 계명을 지키지 아니하는 자는 거짓말하는 자요 진리가 그 속에 있지 아니하되

■ 누구든지 그의 말씀을 지키는 자는 이로써 우리가 그의 안에 있는 줄을 아노라

5 누구든지 그의 말씀을 지키는 자는 하나님의 사랑이 참으로 그 속에서 온전하게 되었나니 이로써 우리가 그의 안에 있는 줄을 아노라

■ 그의 안에 산다고 하는 자는 그가 행하시는 대로 자기도 행할지니라

6 그의 안에 산다고 하는 자는 그가 행하시는 대로 자기도 행할지니라 (요일2;3~6)

■ 누가 이 세상의 재물을 가지고 형제의 궁핍함을 보고도

■ 도와 줄 마음을 닫으면 하나님의 사랑이 어찌 그 속에 거하겠느냐

17 누가 이 세상의 재물을 가지고 형제의 궁핍함을 보고도 도와 줄 마음을 닫으면 하나님의 사랑이 어찌 그 속에 거하겠느냐

■ 자녀들아 우리가 말과 혀로만 사랑하지 말고 행함과 진실함으로 하자

18 자녀들아 우리가 말과 혀로만 사랑하지 말고 행함과 진실함으로 하자

■ 이로써 우리가 진리에 속한 줄을 알고 우리 마음을 주 앞에서 굳세게 하리니

19 이로써 우리가 진리에 속한 줄을 알고 또 우리 마음을 주 앞에서 굳세게 하리니 (요일3;17~19)

■ 가난한 자들을 삼키며 땅에 힘없는 자들을 망하게 하려는 자들아 이 말을 들으라

4 가난한 자를 삼키며 땅에 힘없는 자들을 망하게 하려는 자들아 이 말을 들으라

■ 에바를 작게 하고 세겔을 크게 하여 거짓 저울로 속이며

5 너희가 이르기를 월삭이 언제 지나서 우리가 곡식을 팔며 안식일이 언제 지나서 우리가 밀을 내게 할꼬 에바를 작게 하고 세겔을 크게 하여 거짓 저울로 속이며

■ 은으로 힘없는 자를 사며 신 한 켤레로 가난한 자를 사며 찌꺼기 밀을 팔자하는도다

6 은으로 힘없는 자를 사며 신 한 켤레로 가난한 자를 사며 찌꺼기 밀을 팔자하는도다

■ 여호와께서 그들의 모든 행위를 절대로 잊지 아니하리라

7 여호와께서 야곱의 영광을 두고 맹세하시되 내가 그들의 모든 행위를 절대로 잊지 아니하리라 하셨나니 (암8;4~7)

■ 여기 내 형제 중에 지극히 작은 자 하나에게 한 것이 곧 내게 한 것이니라

40 임금이 대답하여 이르시되 내가 진실로 너희에게 이르노니 여기 내 형제 중에 지극히 작은 자 하나에게 한 것이 곧 내게 한 것이니라 하시고

■ 나를 떠나 마귀와 그 사자들을 위하여 예비된 영원한 불에 들어가라

41 또 왼편에 있는 자들에게 이르시되 저주를 받은 자들아 나를 떠나 마귀와 그 사자들을 위하여 예비된 영원한 불에 들어가라,

■ **이 지극히 작은 자 하나에게 하지 아니한 것이 곧 내게 하지 아니한 것이니라**

45 이에 임금이 대답하여 이르시되 내가 진실로 너희에게 이르노니 이 지극히 작은 자 하나에게 하지 아니한 것이 곧 내게 하지 아니한 것이니라 하시리니

■ **그들은 영벌에, 의인들은 영생에 들어가리라 하시니라**

46 그들은 영벌에, 의인들은 영생에 들어가리라 하시니라 (마25;40~41, 45~46)

10.
복음을 듣고 그 안에서 또한 믿어
약속의 성령으로 인침을 받았으니

- **주 여호와의 영이 내게 내리셨으니 이는 여호와께서 내게 기름을 부으사**
  주 여호와의 영이 내게 내리셨으니 이는 여호와께서 내게 기름을 부으사 가난한 자에게 아름다운 소식을 전하게 하려 하심이라 나를 보내사 마음이 상한 자를 고치며 포로된 자에게 자유를 갇힌 자에게 놓임을 선포하며 (사61;1)

- **구원의 복음을 듣고 그 안에서 또한 믿어 약속의 성령으로 인침을 받았으니**
  그 안에서 너희도 진리의 말씀 곧 너희의 구원의 복음을 듣고 그 안에서 또한 믿어 약속의 성령으로 인치심을 받았으니 (엡1;13)

- **하나님의 성령을 근심하게 하지 말라**
  하나님의 성령을 근심하게 하지 말라 그 안에서 너희가 구원의 날까지 인치심을 받았느니라 (엡4;30)

■ 우리에게 기름을 부으신 이는 하나님이시니

21 우리를 너희와 함께 그리스도 안에서 굳건하게 하시고 우리에게 기름을 부으신 이는 하나님이시니

22 그가 또한 우리에게 인치시고 보증으로 우리 마음에 성령을 주셨느니라 (고후1;21~22)

그의 증언을 받는 자는 하나님이 참되시다는 것을 인쳤느니라 (요 3;33)

■ 오직 이마에 하나님의 인침을 받지 아니한 사람들만 해하라

그들에게 이르시되 땅의 풀이나 푸른 것이나 각종 수목은 해하지 말고 오직 이마에 하나님의 인침을 받지 아니한 사람들만 해하라 하시더라 (계9;4)

썩을 양식을 위하여 일하지 말고 영생하도록 있는 양식을 위하여 하라 이 양식은 인자가 너희에게 주리니 인자는 아버지 하나님께서 인치신 자니라 (요6;27)

2 또 보매 다른 천사가 살아계신 하나님의 인을 가지고 해 돋는 데로부터 올라와서 땅과 바다를 해롭게 할 권세를 받은 네 천사를 향하여 큰 소리로 외쳐

3 이르되 우리가 우리 하나님의 종들의 이마에 인치기까지 땅이나 바다나 나무들을 해하지 말라 하더라

4 내가 인침을 받은 자의 수를 들으니 이스라엘 자손의 각 지파 중에서 인침을 받은 자들이 십사만 사천이니 (계7;2~4)

11.
날마다 하나님께 찬미의 제사를 드리다

　너는 어느새부터인가 자신도 모르게 찬송가를 암송하고 있었다. 맨 처음 암송한 곡이 찬송가 563장 '예수 사랑하심을'이었다. 초등학생 남자 아이인 듯한 목소리가 선창을 하고 너는 그저 따라 부르게 되었다. "예수 사랑하심을 성경에서 배웠네~~" 하면, 그 소리를 따라 반복하여 부를 때에, 그 찬송가가 기억에 남게 되었다. 그리하여 여러 찬송가가 기억되기 시작하면서 어느샌가 그 목소리는 사라지고, 성령이 찬송가를 지정하여 핸드폰에서 검색하여 반복하여 따라 부르도록 이끌어 가셨다. 새 찬송가로 바뀌기 전부터 그러기를 수없이 반복하게 되었다. 통일찬송가에서 새찬송가로 바뀌면서 일부 찬송가사도 새롭게 되어, 다시 새찬송가로 고쳐 부르는 과정이 결코 쉽지만은 않았다. 이제 기억되었나 싶었는데, 막상 부르려면 가사 한줄이, 또는 첫 소절이 기억나지 않아 처음으로 되돌아가는 일이 부지기수였다. 그러나 너는 언제 어디서나 찬송가를 즐겨 부르고 있다. 기억속 소중한 찬송가를 소개하려고 한다. 의도치 않게.

〈 찬송가 〉

15 하나님의 크신 사랑
23 만입이 내게 있으면
64 기뻐하며 경배하세
79 주 하나님 지으신
80 천지에 있는 이름 중
85 구주를 생각만 해도
88 내 진정 사모하는
91 슬픈 마음 있는 사람
93 예수는 나의 힘이요
94 주 예수보다 더 귀한 것은 없네
95 나의 기쁨 나의 소망되시며
96 예수님은 누구신가
135 어저께나 오늘나
143 웬말인가 날 위하여
144 예수 나를 위하여
149 주 달려 죽은 십자가
150 갈보리산 위에
171 하나님의 독생자
179 주 예수의 강림이
180 하나님의 나팔 소리
183 빈들에 마른 풀같이

184 불길 같은 주 성령
185 이 기쁜 소식을
190 성령이여 강림하사
191 내가 매일 기쁘게
195 성령이여 우리 찬송 부를 때
197 은혜가 풍성한 하나님은
200 달고 오묘한 그 말씀
212 겸손히 주를 섬길 때
213 나의 생명 드리니
214 나 주의 도움 받고자
216 성자의 귀한 몸
220 사랑하는 주님 앞에
242 황무지가 장미꽃같이
252 나의 죄를 씻기는
254 내 주의 보혈은
258 샘물과 같은 보혈은
259 예수 십자가에 흘린 피로써
260 우리를 죄에서 구하시려
261 이 세상의 모든 죄를
268 죄에서 자유를 얻게 함은
270 변찮는 주님의 사랑과

272 고통의 멍에 벗으려고
279 인애하신 구세주여
280 천부여 의지 없어서
284 오랫동안 모든 죄 가운데 빠져
285 주의 말씀 받은 그 날
286 주 예수님 내 맘에 오사
288 예수를 나의 구주 삼고
292 주 없이 살 수 없네
295 큰 죄에 빠진 나를
301 지금까지 지내온 것
303 날 위하여 십자가의
304 그 크신 하나님의 사랑
305 나 같은 죄인 살리신
310 아 하나님의 은혜로
311 내 너를 위하여
313 내 임금 예수 내 주여
314 내 구주 예수를 더욱 사랑
315 내 주 되신 주를 참 사랑하고
317 내 주 예수 주신 은혜
320 나의 죄를 정케하사
321 날 대속하신 예수께
323 부름받아 나선 이 몸
324 예수 나를 오라 하네
325 예수가 함께 계시니
327 주님 주실 화평
337 내 모든 시험 무거운 짐을

338 내 주를 가까이 하게 함은
341 십자가를 내가 지고
342 너 시험을 당해
348 마귀들과 싸울지라
349 나는 예수 따라 가는
350 우리들이 싸울 것은
354 주를 앙모하는 자
357 주 믿는 사람 일어나
361 기도하는 이 시간
365 마음 속에 근심있는 사람
366 어두운 내 눈 밝히사
368 주 예수여 은혜를
369 죄짐 맡은 우리 구주
370 주 안에 있는 나에게
375 나는 갈 길 모르니
380 나의 생명되신 주
382 너 근심 걱정 말아라
383 눈을 들어 산을 보니
384 나의 갈 길 다 가도록
390 예수가 거느리시니
391 오 놀라운 구세주
393 오 신실하신 주
401 주의 곁에 있을 때
406 곤한 내 영혼 편히 쉴 곳과
407 구주와 함께 나 죽었으니
411 아 내 맘속에

412 내 영혼의 그윽히 깊은 데서
415 십자가 그늘 아래
419 주 날개 밑 내가 편안히 쉬네
420 너 성결키 위해
423 먹보다도 더 검은
425 주님의 뜻을 이루소서
428 내 영혼에 햇빛 비취니
430 주와 같이 길 가는 것
435 나의 영원하신 기업
438 내 영혼이 은총 입어
439 십자가로 가까이
440 어디든지 예수 나를 이끌면
442 저 장미꽃 위에 이슬
445 태산을 넘어 험곡에 가도
446 주 음성 외에는
449 예수 따라가며
450 내 평생 소원 이것뿐
452 내 모든 소원 기도의 제목
453 예수 더 알기 원하네
455 주님의 마음을 본받는 자
457 겟세마네 동산의
459 누가 주를 따라
461 십자가를 질 수 있나
463 신자되기 원합니다
471 주여 나의 병든 몸을
488 이 몸의 소망 무언가

490 주여 지난 밤 내 꿈에
491 저 높은 곳을 향하여
492 잠시 세상에 내가 살면서
493 하늘 가는 밝은 길이
502 빛의 사자들이여
505 온 세상 위하여
522 웬일인가 내 형제여
531 자비한 주께서 부르시네
539 너 예수께 조용히 나가
540 주의 음성을 내가 들으니
542 구주 예수 의지함이
543 어려운 일 당할 때
546 주님 약속하신 말씀 위에서
549 내 주여 뜻대로
552 아침 해가 돋을 때
563 예수 사랑하심을
568 하나님은 나의 목자시니
569 선한 목자 되신 우리 주
570 주는 나를 기르시는 목자
585 내 주는 강한 성이요
588 공중 나는 새를 보라
595 나 맡은 본분은
597 이전에 주님을 내가 몰라
621 찬양하라 내 영혼아

이 많은 찬송가를 자신의 힘으로 기억하고 부르려 했다면, 그건 말이 않된다는 생각이 들 것이다. 이 많은 찬송가 제목과 수많은 가사를 너 자신의 힘으로는 도저히 기억할 수 없을 것이다. 성령의 도우심과 하나님의 은혜로 그 제목들과 가사를 기억하게 되고, 소리내어 찬양할 수 있게 되었다. 지금도 늦지는 않을 것이다. 늦다고 생각하는 그때가 가장 알맞은 때일지도 모른다. 당신도 하나님께 기도하면서 도전해 보기를 소원한다.

"이 백성은 나를 위하여 지었나니 나를 찬송하게 하려 함이니라, 이스라엘의 찬송 중에 계시는 주여 주는 거룩하시니이다 (사43;21, 시22;3)"

12. 하나님의 나라(새 예루살렘·천국)는 너희 안에 있느니라

1) 예수님이 하나님의 나라다

"또 여기 있다 저기 있다고도 못하리니 하나님의 나라는 너희 안에 (요2;21) 있느니라 (눅17;21)"

그러나 예수는 성전된 자기 육체를 가리켜 말씀하신 것이라 (요2;21)

21 또 여기 있다 저기 있다고도 못하리니 하나님의 나라는 너희 안에 있느니라,

25 그러나 그가 먼저 많은 고난을 받으며 이 세대에게 버린 바 되어야 할지니라 (눅17;21, 25)

27 그때에 사람들이 인자가 구름을 타고 능력과 큰 영광으로 오는 것을 보리라

28 이런 일이 되기를 시작하거든 일어나 머리를 들라 너희 속량이 가

까웠느니라 하시더라.

31 이와 같이 너희가 이런 일이 일어나는 것을 보거든 하나님의 나라가 가까이 온 줄을 알라 (눅21;27~28, 31)

2) 주 하나님 곧 전능하신 이와 및 어린 양이 그 성전이심이라. 하나님과 어린 양이 하나님 나라다. 천국이다.

"성안에서 내가 성전을 보지 못하였으니 이는 주 하나님 곧 전능하신 이와 및 어린 양이 그 성전이심이라 (계21;22)" 이 말씀은 새 예루살렘을 설명하고 있다. 또한 하나님과 어린 양이 그 성전이라고 한다. 즉 그들이 하나님의 나라다. 하나님과 어린 양이 하나님의 나라다. 천국이다.

22 성안에서 성전을 내가 보지 못하였으니 이는 주 하나님 곧 전능하신 이와 및 어린 양이 그 성전이심이라

23 그 성은 해나 달의 비침이 쓸데없으니 이는 하나님의 영광이 비치고 어린 양이 그 등불이 되심이라

■ 땅의 왕들과 사람들이 자기 영광을 가지고 그리로 들어가리라.

24 만국이 그 빛 가운데로 다니고 땅의 왕들(벧전2;9~10, 계20;4~6)이 자기 영광을 가지고 그리로 들어가리라

25 낮에 성문들을 도무지 닫지 아니하리니 거기에는 밤이 없음이라

26 사람들(계7;9~17, 21;3~4)이 만국의 영광과 존귀를 가지고 그리로 들어가겠고

■ **어린 양의 생명책에 기록된 자들만 들어가리라**

27 무엇이든지 속된 것이나 가증한 일 또는 거짓말하는 자˚는 결코 그리로 들어가지 못하되 오직 어린 양의 생명책에 기록된 자들만 들어가리라 (계21;22~27)

> ˚ 그를 아노라 하고 그의 계명을 지키지 아니하는 자는 거짓말하는 자요 진리가 그 속에 있지 아니하되, 거짓말하는 자가 누구냐 예수께서 그리스도이심을 부인하는 자가 아니냐 아버지와 아들을 부인하는 그가 적그리스도니, 미혹하는 자가 세상에 많이 나왔나니 이는 예수 그리스도께서 육체로 오심을 부인하는 자라 이런 자가 미혹하는 자요 적그리스도니 (요일2:4, 22, 요이1;7)

■ **아버지의 뜻대로 행하는 자라야 들어가리라**

21 나더러 주여 주여 하는 자마다 다 천국에 들어갈 것이 아니요 다만 하늘에 계신 내 아버지의 뜻대로 행하는 자(요6;40)라야 들어가리라

22 그날에 많은 사람이 나더러 이르되 주여 주여 우리가 주의 이름으로 선지자 노릇 하며 주의 이름으로 귀신을 쫓아내며 주의 이름으로 많은 권능을 행하지 아니하였나이까 하리니

23 그때에 내가 그들에게 밝히 말하되 내가 너희를 도무지 알지 못하니 불법을 행하는 자들아 내게서 떠나가라 하리라 (마7;21~23)

■ **주 예수 그리스도의 이름과 우리 하나님의 성령 안에서 씻음과 거룩함과 의롭다 하심을 받은 자라야 들어가리라**

9 불의한 자가 하나님의 나라를 유업으로 받지 못할 줄을 알지 못하느냐 미혹을 받지 말라 음행하는 자나 우상 숭배하는 자나 간음하는 자나 탐색하는 자나 남색하는 자나

10 도적이나 탐욕을 부리는 자나 술 취하는 자나 모욕하는 자나 속여

빼앗는 자들은 하나님의 나라를 유업으로 받지 못하리라
11 너희 중에 이와 같은 자들이 있더니 주 예수 그리스도의 이름과 우리 하나님의 성령 안에서 씻음과 거룩함과 의롭다 하심을 받았느니라 (고전6;9~11)

■ **물 세례와 성령과 불로 세례를 받은 자라야 들어가리라**

예수께서 대답하시되 진실로 진실로 네게 이르노니 사람이 물과 성령으로 나지 아니하면 하나님의 나라에 들어갈 수 없느니라 (요3;5)
물은 예수 그리스도께서 부활하심으로 말미암아 이제 너희를 구원하는 표니 곧 세례라 이는 육체의 더러운 것을 제하여 버림이 아니요 하나님을 향한 선한 양심의 간구니라 (벧전3;21)
나는 너희로 회개하게 하기 위하여 물로 세례를 베풀거니와 내 뒤에 오시는 이는 나보다 능력이 많으시니 나는 그의 신을 들기도 감당하지 못하겠노라 그는 성령과 불로 너희에게 세례를 베풀것이요 (마3;11)
1 오순절 날이 이미 이르매 그들이 다같이 한곳에 모였더니
2 홀연히 하늘로부터 급하고 강한 바람 같은 소리가 있어 그들이 앉은 온 집에 가득하며
3 마치 불의 혀처럼 갈라지는 것들이 그들에게 보여 각 사람 위에 하나씩 임하여 있더니
4 그들이 다 성령의 충만함을 받고 성령이 말하게 하심을 따라 다른 언어들로 말하기를 시작하니라 (행2;1~4)

- 오직 주께서는 아무도 멸망하지 아니하고 다 회개하기에 이르기를 원하시느니라

  주의 약속은 어떤 이들이 더디다고 생각하는 것같이 더딘 것이 아니라 오직 주께서는 너희를 대하여 오래 참으사 아무도 멸망하지 아니하고 다 회개하기에 이르기를 원하시느니라 (벧후3;9)

- 하나님은 모든 사람이 구원을 받기를 원하시느니라

  하나님은 모든 사람이 구원을 받으며 진리를 아는데에 이르기를 원하시느니라 (딤전2;4)

3) 새 하늘과 새 땅

1 또 내가 새 하늘과 새 땅을 보니 처음 하늘과 처음 땅이 없어졌고 바다도 다시 있지 않더라

2 또 내가 보매 거룩한 성 새 예루살렘이 하나님께로부터 하늘에서 내려오니 그 준비한 것이 신부가 남편을 위하여 단장한 것 같더라

3 내가 들으니 보좌에서 큰 음성이 나서 이르되 보라 하나님의 장막이 사람들과 함께 있으매 하나님이 그들과 함께 계시리니 그들은 하나님의 백성이 되고 하나님은 친히 그들과 함께 계셔서

4 모든 눈물을 그 눈에서 닦아 주시니 다시는 사망이 없고 애통하는 것이나 곡하는 것이나 아픈 것이 다시 있지 아니하리니 처음 것들이 다 지나갔음이러라

5 보좌에 앉으신 이가 이르시되 보라 내가 만물을 새롭게 하노라 하시고 또 이르시되 이 말은 신실하고 참되니 기록하라 하시고

6 또 내게 말씀하시되 이루었도다 나는 알파와 오메가요 처음과 마지막이라 내가 생명수 샘물을 목마른 자에게 값없이 주리니
7 이기는 자는 이것들을 상속으로 받으리라 나는 그의 하나님이 되고 그는 내 아들이 되리라
8 그러나 두려워하는 자들과 믿지 아니하는 자들과 흉악한 자들과 살인자들과 음행하는 자들과 점술가들과 우상숭배자들과 거짓말하는 모든 자들은 불과 유황으로 타는 못에 던져지리니 이것이 둘째 사망이라 (계21;1~8)

- **이기는 자(성도)는 둘째 사망의 해를 받지 아니하리라**

  귀 있는 자는 성령이 교회들에게 하시는 말씀을 들을지어다 이기는 자는 둘째 사망의 해를 받지 아니하리라 (계2;11)

4) 새 예루살렘

9 일곱 대접을 가지고 마지막 일곱 재앙을 담은 일곱 천사 중 하나가 나아와서 내게 말하여 이르되 이리 오라 내가 신부 곧 어린 양의 아내를 네게 보이리라 하고
10 성령으로 나를 데리고 크고 높은 산으로 올라가 하나님께로부터 하늘에서 내려오는 거룩한 성 예루살렘을 보이니
11 하나님의 영광이 있어 그 성의 빛이 지극히 귀한 보석 같고 벽옥과 수정같이 맑더라
12 크고 높은 성곽이 있고 열두 문이 있는데 문에 열두 천사가 있고 그 문들 위에 이름을 썼으니 이스라엘 자손 열두 지파의 이름들이라

13 동쪽에 세 문, 북쪽에 세 문, 남쪽에 세 문, 서쪽에 세 문이니
14 그 성의 성곽에는 열두 기초석이 있고 그 위에는 어린 양의 열두 사도의 열두 이름이 있더라
15 내게 말하는 자가 그 성과 그 문들과 성곽을 측량하려고 금 갈대 자를 가졌더라
16 그 성은 네모가 반듯하여 길이와 너비가 같은지라 그 갈대 자로 그 성을 측량하니 만 이천 스다디온이요 길이와 너비와 높이가 같더라
17 그 성곽을 측량하매 백사십사 규빗이니 사람의 측량 곧 천사의 측량이라
18 그 성곽은 벽옥으로 쌓였고 그 성은 정금인데 맑은 유리 같더라
19 그 성의 성곽의 기초석은 각색 보석으로 꾸몄는데 첫째 기초석은 벽옥이요 둘째는 남보석이요 셋째는 옥수요 넷째는 녹보석이요
20 다섯째는 홍마노요 여섯째는 홍보석이요 일곱째는 황옥이요 여덟째는 녹옥이요 아홉째는 담황옥이요 열째는 비취옥이요 열한째는 청옥이요 열두째는 자수정이라
21 그 열두 문은 열두 진주니 각 문마다 한 개의 진주로 되어 있고 성의 길은 맑은 유리 같은 정금이더라 (계21;9~21)

13.
믿는 자들에게는
이런 표적이 따르리니

 너는 그의 일생에 이런 기괴하고 놀라운 일이 일어나리라고 상상도 못했다. 7월 무더운 여름날에 폐에 좋다는 나리꽃을 찾아 백양리 강변을 헤매고 있었다. 너가 가는 곳마다 아름다운 나리꽃이 너의 발걸음을 멈추게 했다. 나리꽃으로 배낭이 가득 채워졌다. 많이 채취했다. 8리터 유리병에 식초를 담그는 데는 충분한 양이다. 그는 몹시 기뻤다. 이렇게 많은 나리꽃을 채취하기는 처음이었다. 그것도 식초를 담글만큼.
 이제 집으로 돌아가려고 백양리역으로 가는 비상구에 이르러 첫계단을 올랐다. 등산화 끈이 풀린 것 같아 다시 매려고 계단에 오른발을 올려놓고, 허리를 굽혀 끈을 매려는 순간, 어떤 강력한 힘이 너의 상체를 바로 세우는가 싶더니, 그대로 뒤로 자빠뜨리는 게 아닌가? 넘어지는 충격으로 날카로운 대리석 모서리에 뒷통수가 부딪쳤다. 마음속으로 "아! 이렇게 죽게 되는구나"라는 생각이 들었다. 그런데 바로 일어서졌다. 죽은 줄 알았는데 멀쩡하다. 아픈 데도 없다. 다친 곳도 없다. 그 일이 그에게 지금까지 미스터리로 남아 있다. 거짓말이라고 생각하지 말라. 이것이 거짓이면 너의 믿음도 신앙도 거짓이 된다. 거짓말로 너가 얻을 게 뭐가 있겠나. "무엇이든지 속된 것이나 가증한 일 또는 거짓말하는 자는 결코 그리로 들어가지 못하되 오직 어린 양의 생명책에 기록된 자들만 들어가리라 (계21;27)

운길산역에서 도곡동으로 넘어가기 전에, 개울가를 따라 밤나무 숲이 길게 이어져 있다. 언젠가 너가 그 개울가 도로를 지나다가 배초향이 무리지어 자라는 것을 본 적이 있었다. 밤송이가 탐스럽게 벌어지는 화창한 가을날에, 그 꽃을 채취하여 가루내어 복용할 요량으로 그 길을 걷고 있었다. 오른쪽은 비탈진 산이 버티고 있고 왼쪽엔 작은 개울물이 흐르고 있다. 이따금씩 알밤이 개울물에 떨어지는 소리가 들렸다. 배초향이 있던 곳에 다다랐다. 그런데, 그 꽃이 보이지 않았다. 꽃나무도 보이지 않았다. 누구인지 모르지만 그 약초가 필요해서 너보다 한발 먼저 채취해 간 것이라 생각하니 기분이 나쁘지 않았다.

이왕에 여기까지 온김에 알밤이나 몇 개 줏어가려고, 큰 밤나무가 있는 개울가로 내려갔다. 다행히 알밤이 더러 떨어진 게 눈에 들어왔다.

그런데 소발자국 크기의 오목한 바위 구멍에 큰 알밤이 너의 눈에 띄었다.

기분이 너무 좋았다. 가까이 다가가서 쪼그려 앉아 밤을 집었다.

그순간 칠점사와 눈이 마주쳤다.

너는 갑자기 정신을 잃고 말았다.

정신이 들고 보니 집에 돌아와 있었다.

바위 구멍에 독사가 똬리를 틀고 있는 그 위에 밤이 얹혀 있었는데 너의 눈에는 밤만 보이고 독사는 보이지 않았다. 그러니까 밤을 집었겠지.

그 독사는 국내에서 흔치 않는 맹독사다. 지금은 산속을 걷는 중에 독사가 너를 보면 먼저 슬그머니 피해 사라진다. 독사는 사람을 보면 절대 물러서지 않는다. 사람이 피해 가야 한다. 다음 해에도 독사를 만난 그 자리에 가면 그 독사를 보게 된다. 독사는 사는 곳을 옮기지 않는 모양이다. 하나님이 그의 천사들을 너에게 보내셔서 절체절명의 위기 순간에 너를 지켜 보호해주셨음을 너는 믿고 있다.

"그가 너를 위하여 그의 천사들을 명령하사 네 모든 길에서 너를 지키게 하심이라 (시91;11)"

■ 믿는 자들에게는 이런 표적이 따르리니

17 믿는 자들에게는 이런 표적이 따르리니 곧 그들이 내 이름으로 귀신을 쫓아내며 새 방언을 말하며

18 뱀을 집어올리며 무슨 독을 마실지라도 해를 받지 아니하며 병든 사람에게 손을 얹은 즉 나으리라 하시더라 (막16;17~18)

14.
너는 새벽 기도로 하루를 시작한다

너는 한때 천식으로 인해 숨이 너무 차다는 생각이 들어 영양 해발 350m 산골짜기에서 일 년 반동안 휴양한 적이 있었다. 섬기던 교회가 집에서 8km 멀리 떨어져 있어 거리도 멀지만, 워낙 길이 험해 교회에 가서 새벽 기도를 드리는 게 몹시 어려워 집에서 새벽 기도를 드리게 되었다.

너는 261장 찬송으로 새벽 기도를 시작한다.

이 세상에 모든 죄를 맑히시는 주의 보혈

성자 예수 그 귀한 피 찬송하고 찬송하세

주님 앞을 멀리 떠나 길을 잃고 헤맬 때에

나의 뒤를 따라오사 친히 구원하셨도다

흰 눈 보다더 흰 눈 보다더 주의 흘리신 보혈로

희게 씻어 주옵소서 아멘

그리고 그 다음엔 성경말씀 시편 91편 말씀을 자신에게 선포한다.

1 지존자의 은밀한 곳에 거주하며 전능자의 그늘 아래에 사는 자여,

2 나는 여호와를 향하여 말하기를 그는 나의 피난처요 나의 요새요 내가 의뢰하는 하나님이라 하리니

3 이는 그가 너를 새 사냥꾼의 올무에서와 심한 전염병에서 건지실 것임이로다

4 그가 너를 그의 깃으로 덮으시리니 네가 그의 날개 아래에 피하리로다 그의 진실함은 방패와 손 방패가 되시나니

5 너는 밤에 찾아오는 공포와 낮에 날아드는 화살과

6 어두울 때 퍼지는 전염병과 밝을 때 닥쳐오는 재앙을 두려워하지 아니하리로다

7 천 명이 네 왼쪽에서, 만 명이 네 오른쪽에서 엎드러지나 이 재앙이 네게 가까이하지 못하리로다

8 오직 너는 똑똑히 보리니 악인들의 보응을 네가 보리로다

9 네가 말하기를 여호와는 나의 피난처시라 하고 지존자를 너의 거처로 삼았으므로

10 화가 네게 미치지 못하며 재앙이 네 장막에 가까이 오지 못하리니

11 그가 너를 위하여 그의 천사들을 명령하사 네 모든 길에서 너를 지키게 하심이라

12 그들이 그들의 손으로 너를 붙들어 발이 돌에 부딪히지 아니하게 하리로다

13 네가 사자와 독사를 밟으며 젊은 사자와 뱀을 발로 누르리로다

14 하나님이 이르시되 그가 나를 사랑한즉 내가 그를 건지리라 그가 내 이름☆을 안즉 내가 그를 높이리라

☆ 여호와는 용사시니 여호와는 그의 이름이시로다 (출15;3)

15 그가 내게 간구하리니 내가 그에게 응답하리라 그들이 환난 당할 때에 내가 그와 함께하여 그를 건지고 영화롭게 하리라

16 내가 그를 장수하게 함으로 그를 만족하게 하며 나의 구원을 그에게 보이리라 하시도다 아멘

이어 하나님께 기도를 드린다.

거룩하시고 존귀하신 하나님 아버지!

이 새벽에 하나님께 기도하도록 인도하시니 감사합니다.

온전히 주님만 바라보게 하옵소서.

온전히 주님만 믿고 순종하게 하옵소서.

온전히 주님만 믿고 의지하게 하옵소서.

삶을 진리로 거룩하게 하셔서 영과 진리로 예배하는 삶을 살도록 인도해주시옵소서.

마음을 다하여 찬미의 제사를 드리는 삶을 살도록 인도해주시옵소서.

하나님 어버지.

주님의 세미한 음성 듣기를 원합니다. 나의 들을 귀를 열어 주님의 세미한 음성을 들을 수 있도록 크신 은총 베풀어 주시옵소서.

하나님 아버지

성령을 사모합니다.

내게 성령을 부어 늘 성령 충만케 하여 주시옵소서.

성령으로 나를 사로잡아 인도해 주시옵소서.

성령 충만함으로 전도문이 열려지게 하셔서, 복음을 전할 때 성령의 나타나심과 능력으로 하여 많은 전도의 열매가 맺어지도록 역사해 주시옵소서.

하나님 아버지

예수님 본 받기를 원합니다.

예수님 마음을 품기를 원합니다.

예수님 닮아가게 하옵소서.

하나님 아버지

내게 믿음의 은사를 내려주시니

감사합니다.

할렐루야! 하나님 찬양합니다.

영분별의 은사를 사모합니다.

내게 영분별의 은사를 내려주셔서

하나님 잘 섬기게 도와 주시옵소서

하나님 아버지

말씀을 늘 즐겨 묵상케 하옵소서.

성령께서 내 마음을 열어 말씀을 깨닫게 하여 주옵시고, 기억되게 하시며, 말씀을 전적으로 믿고 순종하는 믿음을 더하여 주시옵소서.

하나님 뜻이 무엇인지 분별하도록 도와주셔서 그 뜻을 깨달아 알게 하시고 그 뜻을 따라 살게 하여 주시옵소서.

하나님 아버지

내게 박자의 감각을 심어주시고, 많은 찬송가를 기억하게 하시니 감사합니다.

이를 인하여 하나님께 아름다운 찬미의 제사를 드리도록 은혜 베푸시니 감사합니다.

할렐루야! 하나님 찬양합니다.

하나님 아버지

늘 기도가 부족함을 고백합니다.

내게 기도의 영을 부어주옵소서.

성령께서 나의 기도를 인도해 주시옵소서.

성령 안에서 기도하게 도와주시옵소서.

성령으로 기도하게 도와주시옵소서.

나의 기도를 들으시고 이루어주시니 감사합니다.

늘 나와 함께 하시니 감사합니다.

나를 인도해주시니 감사합니다.

마음의 생각까지도 이루어 주시니 감사합니다.

할렐루야! 하나님 찬양합니다.

하나님 아버지

자아를 예수님 십자가에 못 박아 주옵소서.

교만함을 예수님 십자가에 못 박아 주옵소서.

고정관념을 예수님 십자가에 못 박아 주옵소서.

남을 헤아리는 나쁜 생각들을 예수님 십자가에 못 박아 주옵소서.

화를 내게 하는 악한 생각들을 예수님 십자가에 못 박아 주옵소서.

세상 헛된 마음을 예수님 십자가에 못 박아 주옵소서.

내 안에 예수님의 십자가만 나타나게 하옵소서.

내 안에 하나님의 말씀만 나타나게 하옵소서.

내 안에 하나님의 은혜만 나타나게 하옵소서.

내 안에 하나님의 사랑만 나타나게 하옵소서 .

하나님 아버지

하나님의 사랑을 모든 성도들 마음, 마음에 부어주셔서 모든 성도들이 하나님을 더욱 사랑하게 하옵소서. 서로 사랑하게 하옵소서.

하나님 아버지

우리 주 예수 그리스도께서 강림하실 때에 모든 성도들이 흠 없는 사람으로 설 수 있도록 주님께서 모든 성도들을 끝까지 튼튼히 세워 주시옵소서.

하나님 아버지.

저는 죄인입니다.

회개의 영을 부어 주옵소서.

회개할 수 있는 은혜를 내려 주옵소서.

내게 죄를 나타내보이시고, 통회자복하게 하옵소서.

내 죄를 자복하게 하시니 감사합니다. 사하시고 깨끗하게 하시니 감사합니다.

할렐루야! 하나님 찬양합니다.

하나님 아버지.

무지하고 연약하고 부족한 저를 사용하여 주시니 감사합니다.

할렐루야! 하나님 찬양합니다.

저를 쓰셔서

"성령의 인도하심 따라,

말씀을 바로 알고 말씀 따라 살기를 힘쓰라.

요한계시록을 통하여 하나님의 구속 경륜을 보라,

항상 복종하여 두렵고 떨림으로 너희 구원을 이루라,

말씀과 성령으로 풀어보는 로마서 주석,

천국의 황홀한 아름다움과 기쁨과 평안을 맛본 사람들.

당신이 알지 못하는 신, 성령이 당신에게 임하시면"

이라는 제목들로 책을 쓰도록 은혜로 인도하시니 감사합니다.

책마다 성령의 감동하심과 인도하심으로 원고가 작성되게 하시고 완성되게 하시니 감사합니다.

이제 이 책들이 우리 주님의 때에, 우리 주님의 뜻을 따라 우리 주님의 은혜로 각각 출판 제작되어, 이 책들이 들려지기로 예정된 손길, 손길 위에 들려지게 하시고, 이 책들을 통하여 하나님의 뜻이 드러나게 하시고, 이루어지게 하실 줄 믿고 감사합니다.

할렐루야! 하나님 찬양합니다.

하나님 아버지.

○○교회를 이 땅 위에 세워주시니 감사합니다. ○○교회를 통해 우리 주님 영광 받아 주시옵소서.

○○○목사님 찾아 주시고 만나 주시고 만져 주셔서 하나님을 뜨겁게 경험하게 도와 주시옵소서. 성령 세례를 베푸시고 방언을 표로 주셔서, 하나님께 뜨겁게 예배하고 뜨겁게 찬양하며, 영광을 아버지께 돌리는 거룩한 성도의 삶을 살아가도록 축복해 주시옵소서. 무엇을 하든지 예수님 이름으로 하게 하시고, 성령의 인도하심 따라 말씀을 선포하게 하시며, 오로지 말씀 가운데 성령이 말하게 하심을 따라 말씀을 전하게 하여 주시옵소서.

하나님 아버지.

한국 교회와 성도들 위해 기도합니다. 한국 교회와 성도들이 말씀과 성령으로 거듭나게 도와 주시옵소서.

한국 교회 성도들에게 성령을 충만히 부어주셔서, 하나님께 뜨겁게 예배하고, 뜨겁게 찬양하며 영광을 아버지께 돌리는 거룩한 성도의 삶을 살아가도록 축복해 주시옵소서.

한국 교회 성도들에게 전도문이 열려지게 하셔서 복음을 전할 때, 성령의 나타나심과 능력으로 하여 많은 전도의 열매가 맺어지도록 역사해 주시옵소서.

한국 교회와 성도들이 말씀과 성령으로 새롭게 하여 주시옵소서. 한국 교회가 성령 안에서 하나되게 도와 주시옵소서……

하나님 아버지.

이 나라 이 백성들을 사랑하셔서 오늘날 풍요로운 삶을 살도록 축복하신 주님, 감사와 찬양과 영광을 돌립니다.

하나님 아버지.

하오나, 이 백성들 너무나 죄악된 삶을 살아가고 있음을 우리 주님 보십니다.

이 백성들 불쌍히 여기사 긍휼을 베풀어 주시옵소서.

이 땅 고쳐주시옵소서.

이 백성들 고쳐주시옵소서. 이 땅의 교회들을 사용하시고 성도들을 사용하셔서 저 불쌍한 영혼들이 다 주께로 돌아오는 구원의 역사가 이 땅에 넘쳐나게 하옵소서.

하나님 아버지.

이 백성들 본의 아니게 남북으로 나뉘어져 있음을 우리 주님 아십니다.

저 북한 땅에 우리 주님 남겨두신 남은 성도들과 이 땅의 성도들의 기도와 간구와 눈물을 보시고 남북이 복음으로 하나 되는 역사가 일어나게 하여 주시기를 간절히 빌고 원합니다.

하나님 아버지.

이 나라 대통령과 지도자들과 위정자들에게 하나님 경외하는 마음을 주시고 지혜를 더하여 주셔서 저들이 진정 나라를 위하고 백성들을 위해 일하도록 저들의 모든 것을 주관하시고 다스려 주시옵소서.

이 백성들이 우리 주님 은혜로 복된 삶을 살 수 있도록 축복애 주시옵소서.

하나님 아버지

너를 불쌍히 여기사 모든 질병을 고쳐주시니 감사합니다.

할렐루야! 하나님 찬양합니다.

당뇨병을 고쳐주시니 감사합니다.

알레르기 천식을 고쳐주시니 감사합니다.

췌장의 종양을 고쳐주시니 감사합니다.

비문증을 고쳐주시니 감사합니다.

고관절염과 무릎관절염을 고쳐주시니 감사합니다.

양손 류마티스 관절염을 고쳐주시니 감사합니다.

오른손 신경통을 고쳐주시니 감사합니다.

영육간에 더욱 강건케 하시니 감사합니다.

할레루야! 하나님 찬양합니다.

하나님 아버지

이 땅의 모든 성도들이

하나님의 날이 임하기를 바라보고

간절히 사모하게 하옵소서

의가 있는 새 하늘과 새 땅을 바라보게 하옵소서

성경에 기록된 장차 올 이 모든 환난을 능히 피하고

점도 없고 흠도 없이 평강 가운데서 예수님 앞에 서도록

항상 기도하며 깨어 있게 도와 주시옵소서

이 모든 말씀 우리 주 예수 그리스도의 이름으로 기도드립니다 아멘.

15.
류마티스 관절염의
고통에서 벗어나게 하시다

너는 어느 날 밤에 손가락 마디마디가 아파 잠을 이룰 수 없었다. 인터넷에 검색해보았다. 류마티스 관절염이라고 한다. 아산병원 류마티스 담당교수가 치료방법이 없다고 한다. 그럼 어떻게 해야 하나? 하나님께 기도드렸다. 너 낮에 본 거 그걸 쓰라고 하셨다. 낮에 본거. 뭐였더라. 17년 전에 동막골에서 본 약초를 낮에 텃밭 근처 강가에서 보았다. '호장근'이라는 약초였다. 하지만, 그 약초는 지금 당장 쓸 수가 없다. 지금은 뙤약볕이 뜨거운 8월이다. 10월말에 가서 채취해야 하기 때문이다. 잘 아는 약초가게 사장님께 전화로 물어봤다. 호장근이 있다고 한다. 자연산인지 알 수 없지만 철원 약초꾼이 가져온 것이라고 한다. 야생이든 재배든 가릴 처지가 못 되었다. 호장근 한근을 사다가 20g을 2리터 물을 붓고 2시간 반동안 달여 250mml(작은 생수병 반병)를 저녁

식사 1시간 전에 복용했다. 그날밤 잠을 잘 잤다. 아프지 않았다. 그렇지만 그 약초를 장기간 써서는 안된다고 한다.

하나님께 기도 드렸다. 너 텃밭에 들어갈 때 길가에 있는 그것을 쓰라고 하셨다. 텃밭에 들어갈 때 길가에 있는 그 것? 쑥, 질경이, 금계국, 둥글레, 사상자 한가지 귀한 약초가 있다. 쥐꼬리망초다. 쥐꼬리 망초는 중부이남지역 산기슭이나 길가 후미진 곳에서 흔히 볼 수 있는 약초라고 한다. 그렇지만 서울근교에서 보기 힘든 약초다. 꽃차례가 쥐꼬리를 닮았다고 붙여진 이름이라고 한다. 작고 앙증맞은 자주색 꽃이 꽃대에 한두송이가 피어 있어 자세히 보아야 눈에 들어온다.

"2018년 영양 산골에 잠시 머물러 있을 때, 산중턱에서 성령께서 쥐꼬리망초를 보여주셔서 알게 하셨다. 그 후 서울에 올라와 굴봉산 산행 중에 그 약초를 보게 돼, 채취하여 군대친구 부인에게 도움을 준 적이 있었다. 그 부인은 허리가 아파 그 약초를 복용하게 되었는데, 효험을 보게 되었다고 했다. 지금 꽃이 피고 있다. 채취하기에 적당한 시기다. 대부분 약초들은 꽃이 필 때 채취하여 사용한다. 그때가 약효가 가장 좋다고 알려져 있다. 텃밭 입구에서 쥐꼬리 망초를 채취해서 그늘에 말려 전자저울로 달아보았다. 90g이다. 쥐꼬리망초는 부피에 비해 가볍다. 15g씩 6봉지를 만들었다. 한봉지를 전기약탕기에 넣고 물 2리터를 붓고 2시간 반 동안 달여 저녁 식사 1시간 전에 복용했다. 다음 날 아침 잠이 깰 때까지 편히 잠잘 수 있었다. 아프지 않았다. 그래서 매년 9월 초에 쥐꼬리 망초를 채취하여 다음 해 9월까지 복용하고 있다. 아직까지 완치되지 않고 있다. 병이 악화되거나 통증이 있는 것은 아니다. 손가락에 운동장애가 있는 것도 아니다. 쥐꼬리망초만 있으면 손가락 류마티스 관절염은 아무런 문제가 되지 않는다. 병증이 정지 상태에 있는 것이다.

하나님의 은혜다. 새벽마다 하나님께 감사 기도를 드린다.

16. 알레르기 천식을 낫게 하시다

너는 알레르기 천식을 앓고 있다. 어려서부터 그 병으로 어려움을 겪고 있다. 어머니께서 그 병으로 고생하시다가 67세에 돌아가셨다. 여러 병원을 다녀 보았지만 딱히 좋은 치료 방법이 없었다. 젊은시절에는 그런대로 지냈지만, 나이가 들면서 점점 숨쉬기가 힘들어졌다. 지하철을 타고 갈 때나 버스를 타고 갈 때, 기침 가래로 남들에게 해를 끼치게 되어 몹시 불편하다. 도라지가 좋다고 해서, 오미자가 좋다고 해서 남들의 얘기대로 해봤지만 너에게는 아무런 효험이 없었다. 도라지효소를 구입하여 쓰면서 그렇게 너를 괴롭히던 아토피가 깜쪽같이 사라졌다. 아토피는 사라졌지만 그 흔적은 오른팔에 남아있다. 아토피에는 도라지효소가 특효약이다. 그렇지만 천식은 조금도 좋아지지 않았다.

너는 언제 어디서 그 정보를 접했는지 알 수 없었지만, 어떤 분이 산초기름을 복용하고 기관지 천식이 깨끗이 나았다는 얘기를 듣게 되었다. 인터넷에 산초기름의 효능을 알아 보았다. 산초기름이 기관지 천식이나 호흡기 질환을 낫게한다고 한다. 특히 야생 산초가 그렇다고 한다.

너는 산초열매를 찾아 산속을 헤매기 시작했다. 맨처음 첫발을 디딘 곳이 예봉산이다. 가끔씩 산행을 한 곳이라서 지형을 잘 알고 있다. 산 정상으로 가는 등산로 주변에서 산초나무를 본 적이 없었다. 그래서 너는 그리 높지 않은 예빈산 쪽을 택해 등산로를 따라 산길을 올라갔다. 이른 봄에 홑잎나물을 채취한 곳에 이르렀다. 산초나무는 보이지 않았다. 이곳은 아닌가 보다 생각하고 산을 내려왔다. 팔월 중순이라 무척 더웠다. 등산복이 온통 땀에 흠뻑 졌었다.

그다음날 팔당땜 주변 낮으막한 산을 찾았다. 산초나무 3그루가 있다. 아주 크다. 산초열매도 탐스럽게 많이 달렸다. 조심조심 나무가지를 후려잡아 산초열매를 땄다. 산초나무에는 가시가 있다. 그렇지만 찔리지 않았다. 아주 조심스럽게 가지를 잡고 열매를 땄기 때문이다. 수확량도 많았다. 무더운 날씨였지만 기분이 무척 좋았다.

며칠 후 너는 소요산을 지나 수목원 좌측 능선을 헤매고 있었다. 산초나무가 드문드문 눈에 띄긴 하는데 나무가 작다. 열매도 없다. 동막골 위쪽에 다달았다. 동막골이 발 아래 보이는데 내려 갈 수가 없다. 온통 찔레가시넝쿨이 산에 꽉 들어차 있다. 그 시각이 오후 2시다. 빨리 산을 내려가야 어둡기 전에 집에 갈 수 있다. 하나님 어떻게 해요. 길이 막혔네요. 도와주세요. "찔레가시넝쿨을 뚫고 내려가라"고 하나님께서 말씀하신다. 전지가위로 찔레가시넝쿨을 잘라내어 터널을 만들면서 조금씩 넝쿨 속을 뚫고 기다시피 헤쳐 나갔다. 눈대중으로 50여 미터 가시넝쿨 속을 간신히 빠져나온 것 같았다. 험한 산 속을 헤쳐나와 도로에 다달아 무사히 집으로 돌아올 수 있었다.

하나님 말씀은 무조건 믿고 따르면 된다.

믿음이 작은 자여 왜 의심하느냐?

의심은 조금도 도움이 되지 않는다.

하나님 말씀은 진리이기 때문이다.

한번은 동두천에서 신탄리까지 가는 경원선을 타고 소요산역을 지나 초성리역에서 내렸다. 초성리에서 마차산쪽으로 방향을 잡고 산을 오르기로 하고 산 초입에 다달았다. 눈 앞에 산초열매가 보인다. 탐스럽게 열렸다. 산초나무와 싸리나무, 억새풀이 뒤엉켜 있었다. 산초열매만 보면서 숲속을 헤쳐갔다. 그순간 귀에 헬리콥터 소리가 들리는가 싶더니 뒷 목에 침을 깊숙히 박는 느낌이 들었다. 장수말벌이 너의 뒷목에 침을 박은 것이다. 아주 따끔했다. 더이상 앞으로 나아갈 수가 없었다. 앞에 있는 산초나무 속 어딘가에 말벌집이 있는 듯했기 때문이다. 자세를 최대한 낮추고 뒷걸음치면서 숲을 헤치고 빠져 나왔다. 다행히 한 번밖에 쏘이지 않았다. 그날은 선초열매를 채취할 마음이 싹 사라졌다. 처음 말벌에 쏘일 때만 따끔했지 아프거나 어떤 증상도 너에게 나타나지 않았디. 너는 귀 연골막암으로 너무나 많은 벌침을 맞았기 때문에 벌독에 대한 내성이 생긴 모양이다.

너는 그해 산초열매 7되를 채취해서 산초기름 3병을 얻었다. 복용법에 따라 그 기름을 복용했으나 아무런 효험을 보지는 못했다. 하지만 그 수많은 시간 산속을 헤맨 시간들이 너의 몸을 더욱 건강하게 하였음을 너는 알게 되었다.

하나님의 은혜다.

너는 2021년초에 갑자기 양손이 시퍼래져서 깜짝 놀랐다. 인터넷에 검색해 보았다. 청색증이란다. 청색증은 혈액의 산소 수준을 낮추는 많은 유형의 심각한 폐나 심장 질환에 의해 야기 될 수 있다고 한다. 혈액의 적절하지 않은 산소양으로 발생되는 피부의 푸르거나 잿빛 변색이라고 한다. 너에게는 만성기관지염으로 양손에 산소공급이 원활하지 못해 나타나는 증상이라고 너는 판단하게 되었다.

너는 급히 병원에서 검사를 받았다. 병원 검사 결과지를 구청에 제출하여 호흡기장애 1급 판정을 받았다. 국가로부터 소정의 장애연금을 받아 국내에서 호흡기 질병을 잘 치료하는 한의원에서 약물치료를 받게 되었다. 처음 약물을 복용하면서 1개월이 지나자 숨쉬기가 편해졌다. 3개월이 지나면서부터 앉고 서는데 장애가 생기기 시작했다. 고관절과 손가락에 류마티스 관절염이 생기기 시작했다. 호흡기 치료약물 부작용이 나타나기 시작한 것이다. 코로나로 대면진료가 불가한 때라 약물치료를 중단하게 되었다. 호흡기 치료효과는 매우 좋았다. 호흡기 1급 장애에서 3급 판정을 받게 되었다. 앉고 일어서는 것은 스쿼트 운동을 통해 어느 정도 좋아졌으나, 치료약물을 끊음으로 숨도 차고 걸어다니는 것이 매우 힘들었다.

어느날 새벽 기도 중에 하나님께서 가막사리를 알아보라고 하셨다. 논가나 개울가에 자라는 그 가시가 사람들을 귀찮게 하는 잡초다. 또 그와 아주 흡사하게 닮은 것이 있다. 도깨비바늘과 미국가막사리다. 언뜻 봐서는 구분이 가지 않는다. 자세히 살펴 보면 확실히 구별된다. 가막사리는 풀전체가 녹색이다. 도깨비바늘도 녹색이지만 잎의 모양이 약간 다르다. 미국가막사리는 색이 다르다. 가막사리는 녹색인데 반해 미국가막사리는 갈색이다.

너는 직장 후배와 운길산 개울가에서 아주 많은 가막사리를 채취할 수 있었다. 그는 병원에서 주는 심비코트 터브헬러와 가막사리를 복용하여 숨쉬기가 많이 좋아졌다. 같은 시기에 쥐꼬리망초를 복용하여 류마티스 관절염도 좋아졌다. 걸어다니는 데는 크게 불편하지 않게 되었다.

또 쑥갓의 효능을 알게 하셔서 그것을 말려서 다려 복용함으로 한결 숨쉬기가 편해졌다. 쑥갓은 여러가지 좋은 효능이 많지만 알레르기 질환에 크게 도움이 되는 채소다. 너는 음식물을 섭취하면, 다리, 특별히 종아리에 두드러기가 많이 생기는데, 쑥갓을 나물로 먹기만 해도 금방 두드러기가 사라졌다. 지금은 2개월 정도 쑥갓 다린 물을 마셨는데 두드러기가 나지 않는다. 쑥갓은 잘 마르지 않는다. 가정용 건조기에 30시간 정도 말려야 한다. 건조된 쑥갓 15g을 물 2리터를 붓고 2시간 반 달여서 1회 250ml, 생수병으로 반병 정도 마시면 된다.

7월초에 심한 기침 가래가 너를 괴롭히기 시작했다. 하나님께서 살구를 써보라고 하셨다. 경동시장에 가서 살구 100개를 사왔다. 7월이 지나면 살구를 구할 수 없다. 터키산 건살구를 사다 써 보았는데 농약 때문에 천식이 더 심해졌다. 아침 식전에 살구 4개씩 일주일 동안 먹었는데 기침 가래가 잦아들기 시작했다. 부랴부랴 경동시장에서 살구 오백개를 더 사다 냉동 보관하여 지금까지 먹고 있다. 4개월이 지난 지금 기침 가래가 거의 사라졌다. 기침 가래에는 살구가 특효약이다. 기침 가래로 고통 받는 여러분들께 권하고 싶다.

2024년 11월 6일 병원으로부터 에너제어흡입용캡슐을 처방 받았다. 230이던 호기유속이 복용 3일 후에 재어보니 250이 되었다. 2021년 한의원에서 호흡기 약물치료 받던 그때 이후 처음이다. 오른쪽으로 누우면 숨이 차서 그 쪽으로 눕지 못했는데 오른쪽으로도 누워 잘 수 있게 되었다. 그런데 코가 막힌다. 심하게 막힌다. 에너제어흡입용캡슐 부작용이다. 약효는 아주 좋은 것 같았지만 부작용 때문에 13일간 흡입하고 그 약 흡입을 중단할 수밖에 없었다.

하나님께서 너에게 말씀하셨다. "네 주변에 에너제어흡입용캡슐보다 부작용이 전혀없는 좋은 약이 있다 그 걸 쓰거라"라고 말씀하셨다.

그게 뭔대요?

"네게 아주 가까이 있다"라고 말씀하셨다.

네게 아주 가까이?

얼른 생각이 나지 않았다.

아차! 그거였구나.

며칠 전에 우연히 생강효능을 인터넷에서 검색하게 되었다. 놀랍게도 기관지 확장 효능이 있다는 것을 알게 되었다. 너는 기관지가 좁아지기 때문에 숨쉬기가 힘들다. 그럼 생강을 쓰면 숨쉬기가 편해지겠구나 하는 생각에 건생각 300g을 사 놓았다. 너는 폐기능이 아주 약하다.

폐기능을 좋게하는 하는 것은 무엇이 있을까? 인터넷에 검색해서 대추를 찾았다. 인터넷 쇼핑몰에서 보은 건대추를 1kg을 구입했다. 1회 복용양을 약초책에서 찾아 봤다. 생강도 대추도 물 2리터에 각각 20g을 쓰면 되겠다는 생각이 들었다. 생강과 대추를 같이 쓰면 상승효능이 있을 것 같아 인터넷에 검색해 봤다. 생강대추차를 만들어 팔기도 한다. 그럼 아무런 문제가 없다. 생강과 대추를 같이 써서 상승효과를 기대해 볼만하다. 생강20g, 대추 20g을 약탕기에 넣고 물 2리터를 부어 2시간 30분간 달였다.

병원에서 처방해준 심비코트 터브헬러 흡입을 중단하고, 아침·점심 식전에 생강·대추 달인 물을 250ml를 복용했다. 복용 3일째 밤에 잠자리에 누웠다. 오른쪽으로 누웠는데 숨쉬기가 편하다. 몹시 기뻤다. 30여 년간 흡입해오던 병원 처방약을 흡입하지 않아도 되겠다는 생각이 들었다. 오늘이 생강·대추 달인 물을 복용한지 15일째 되는 날이다. 그동안 심비코트 터브헬러를 한번도 흡입하지 않았다. 이제 그 흡입약과는 영원한 이별을 고해야 할 때가 된 것 같다.

그런데 호기유속이 점점 떨어진다. 하나님께 기도했다. 하나님께서 생강·대추만으론 부족하다고 하신다. 그럼 어떡해요. 기관지에 쌓인 염증을 제거하는 파인애플을 쓰라고 하신다. 파인애플은 염증 치료에 탁월한 과일이다. 기관지 염증을 낫게 한다. 그리고 호기유속을 좋게하는 심비코트 터브헬러도 아침 저녁으로 흡입하라고 하신다. 끝으로 가슴에 기관지천식을 치료하는 혈자리를 찾아 압봉으로 시침하도록 하라고 하신다. 가슴에 기관지천식을 낫게 하는 혈자리를 찾았다. 욱중혈을 찾았다. 그것만으로는 부족할 것 같아 욱중혈 바로 위에 있는 유부혈과 아래 약간 떨어져 있는 보랑혈과 쇄골 아래 조금 떨어져 있는 중부혈을 찾았다. 각 혈자리에 백살압봉을 꽂았다. 아무런 느낌도 없다. 오랜 시행착오 끝에 제자리에 시침된 것 같았다. 이따금씩 기관지가 열리는 느낌이 목 안에서 나타나기 시작했다. 뜬금없이 로마서 8장 28절 말씀이 떠올랐다. "우리가 알거니와 하나님을 사랑하는 자 곧 그의 뜻대로 부르심을 입은 자들에게는 모든 것이 합력하여 선을 이루느니라" 하나님 말씀 따라 하기를 시작한지 22일째 되는 날, 2025년 1월 7일, 한 의원에서 치료 받을 때와 에너제어흡입용캡슐 흡입한 때에 나타난 호기유속 250이 이루어진 것이다. 그때는 약물 부작용으로 치료를 중단했지만 이번에 하나님 은혜로 치유가 시작된 것이다. 1월 7일 호기유속 250에 이어 1월 14일 250, 1월 21일 250, 2월 14일 250, 호기유속 250이 계속 유지되고 있다. 호기유속이 250이면 생활하는데 크게 불편하지 않다.

"할렐루야! 하나님 감사합니다." 하나님께 감사기도를 드렸다.

"하나님은 사람이 아니시니 거짓말을 하지 않으시고 인생이 아니시니 후회가 없으시도다 어찌 그 말씀하신 바를 행하지 않으시며 하신 말씀을 실행하지 않으시랴 (민23;19)"

■ **순종이 제사보다 낫다**

"사무엘이 이르되 여호와께서 번제와 다른 제사를 그의 목소리를 청종하는 것을 좋아하심같이 좋아하시겠나이까 순종이 제사보다 낫고 듣는 것이 숫양의 기름보다 나으니 (삼상15;22)"

17.
산삼을 주셔서 심한 변비로부터 해방되게 하시다

너는 30여 년간 심한 변비로 고통을 겪어왔다. 그렇지만 그것이 한 방에 해결되었다. 너는 2017년부터 영양 산골짜기에 잠시 머문 적이 있었다. 그해 4월초부터 집뒷산을 좌로부터 우로 골짜기마다 한 번씩 오르기 시작했다. 처음 산을 오를 때마다 멧돼지 소리에 두려웠다. 그렇지만 산을 오를 때마다 만나는 봄나물과 약초들이 너를 반가이 맞아 주었다. 어제는 어수리 나물이 너를 반겨주고 오늘은 취나물이 너에게 "나 여기 있어요"라고 손짓하고 있다. 내일은 무슨 산나물일까. 약초일까. 그 산에는 참당귀, 어수리, 두릅, 다래순, 엄나무, 잔대, 더덕, 지치, 물레나물, 바디나물, 둥글레, 머위, 으름덩굴 가시오가피, 지치, 송담, 단풍마 등이 작은 군락을 지어 자라고 있었다. 어떤 때는 아주 드물게 더덕도 만날 수 있었다. 산나물이나 약초들은 끼리끼리 모여 자라고 있다. 한번은 산을 오르다가 치지 약초를 만났다. 보기드문 귀한 약초다. 한뿌리를 캐고 몇 걸음 뗴었을 때 어떤 강력한 물리적 힘이 그를 넘어뜨렸다. 일어나 보니 옆에 지치 약초 한 포기가 있었다. 그 약초를 보지 못하고 지나치려는 것을 성령께서 그를 넘어뜨려 지치를 보게 하시고 채취하게 하신 것이다.

너는 뒷산 골짜기를 오르기 시작한지 29일만에 마지막 골짜기를 오르게 되었다. 골짜기에 들어서자 사람이 다녀간 흔적이 보이지 않았다. 두릅이 여기 저기 돋아 있고, 가시오가피 새순도 돋아 있는데 아무도 손을 대지 않았다. 마을에서 약간 외진 골짜기였다. 마을이라야 그를 포함해서 아홉 가구뿐이다. 한 집은 마을에서 약간 떨어져 있다. 그 집에서 골짜기까지는 2, 3백미터 밖에 떨어져 있지 않았다. 가시오가피순을 따고 두릅을 꺾으면서 골짜기 안에 다달았다. 능선에서 시원한 바람이 불어왔다. 상쾌하기 그지없다. 뭔가 모르게 이상한 기분이 들었다. 그런데 기분이 좋은 느낌이랄까. 어! 이게 뭐야. 그의 발 앞에 산삼 다섯 포기가 나란히 서 있었다. 처음 보는 산삼이라 무척 황홀했다. 이게 꿈인가 생신가. 그런데 너의 눈에는 산삼이 어려 보여 그냥 두고 골짜기 위로 오르기 시작했다. 너가 기대하는 다 자란 산삼은 보이지 않았다. 두릅도 없고 큰 산삼도 보이지 않아 집에 돌아가려고 내려오는데, 산삼 세 포기가 너의 시야에 들어왔다. 이번 산삼은 크다. 4구삼이다. TV방송에서 약초꾼들이 산삼을 조심스럽게 캐는 것을 본 그대로 세 뿌리를 캤다. 그리고 먼저 본 다섯 뿌리 가운데 3구삼 두 뿌리만 캤다.

할렐루야!

하나님 감사합니다.

하나님 은혜에 감사기도를 드렸다.

기분이 날아갈듯 좋았다. 3구삼 한 뿌리와 2구삼 두 뿌리를 남겨두고 산을 내려왔다. 산삼을 형제들에게 나눠드리고, 3구삼 한 뿌리를 저녁을 굶고 잎사귀부터 100번을 씹어 먹었다. 아침에 화장실에 갔다. 30년 변비가 사라졌다.

"할렐루야!

하나님 감사합니다" 큰소리로 외쳤다.

작은 형수님도 산삼 한 뿌리를 먹고 난치병인 '이명'이 나았다고 "감사하고 고맙다"고 좋아하셨다.

너는 산을 오르내리다가 간혹 멧돼지나 독사를 만나게 된다. 처음엔 멧돼지 소리만 들어도 오금이 저리고 몹시 두려웠다, 그러다가 새벽 기도 가운데 말씀을 선포하게 되면서부터 그 두려움이 사라지게 되었다. "그가 너를 위하여 그의 천사들을 명령하사 네 모든 길에서 너를 지키게 하심이라 (시91;11)" 이 말씀을 선포할 때에 말씀이 믿어지게 되고, 너의 마음판에 새겨지게 됨으로 모든 두려움이 사라졌다. 산을 오를 때에 하나님의 명령을 따라 천사들이 멧돼지를 쫓아낼 때, 멧돼지가 쫓겨가는 소리를 가끔 들을 때가 있다.

한번은 7부능선에서 멧돼지와 2m 정도 거리를 두고 마주친 적이 있었다. 멧돼지가 "길을 잘못들었네요. 죄송해요"하는 듯 하면서 되돌아 달아나기도 했다. 간혹 독사를 만나게 될 때도 있다. 그럴때면 독사도

"죄송해요 길을 잘못들었네요"하면서 그를 피해서 옆으로 슬그머니 사라진다.

이런 게 믿음이고

신앙이다.

18.
항상 기도하며 깨어 있으라

너희는 스스로 조심하라. 그렇지 않으면 방탕함과 술취함과 생활의 염려로 마음이 둔하여지고 뜻밖에 그날

"그러나 주의 날이 도둑같이 오리니 그날에는 하늘이 큰 소리로 떠나가고 물질이 뜨거운 불에 풀어지고 땅과 그 중에 있는 모든 일이 드러나리로다 이 모든 것이 이렇게 풀어지리니 너희가 어떠한 사람이 되어야 마땅하냐 거룩한 행실과 경건함으로 하나님의 날이 임하기를 바라보고 간절히 사모하라 그날에 하늘이 불에 타서 풀어지고 물질이 뜨거운 불에 녹아지려니와 우리는 그의 약속대로 의가 있는 곳인 새 하늘과 새 땅을 바라보도다 그러므로 사랑하는 자들아 너희가 이것을 바라보나니 주 앞에서 점도 없고 흠도 없이 평강 가운데서 나타나기를 힘쓰라" (벧후3;10~14)

이 덫과 같이 너희에게 임하리라 이날은 온 지구상에 거하는 모든

사람에게 임하리라 이러므로 너희는 장차 올 이 모든 일을 능히 피하고 인자 앞에 서도록

"이 일 후에 내가 보니 각 나라와 족속과 백성과 방언에서 아무도 능히 셀 수 없는 큰 무리가 나와 흰옷을 입고 손에 종려 가지를 들고 보좌 앞과 어린 양 앞에 서서 큰 소리로 외쳐 이르되 구원하심이 보좌에 앉으신 우리 하나님과 어린 양에게 있도다 하니" (계7;9~10)

항상 기도하며 깨어 있으라 (눅21;34~36)

19.
믿음은 들음에서 나며 들음은 그리스도의 말씀으로 말미암았느니라

우리 성도들이 다같이 믿고 따르는 것이 무엇인가? 하나님의 약속이 아닌가? 하나님의 약속의 말씀을 믿고 따르는 것이다.

"태초에 하나님이 천지를 창조하시니라 (창1;1)" 이 말씀을 당신은 알고 있는가? 이 말씀을 당신은 믿는가? 이 말씀이 믿어지지 않으면 당신은 종교인이지 신앙인이 아니다. 믿는 자, 바꾸어 말하면 신앙인은 살아계신 하나님의 약속의 말씀을 믿고 따르는 자이다. 믿어지지 않으면 말씀을 믿게 해달라고 하나님께 기도하라.

"믿음은 들음에서 나며 들음은 그리스도의 말씀으로 말미암았느니라 (롬10;17) "믿음과 말씀"이 우리 믿는 자들에게 신앙의 바탕이 된다. 에베소서 2장 8절에 "믿음은 하나님의 선물"이라고 한다. 믿음은 말씀을 들을 때에 하나님이 선물로 주신다고 한다.

"사람이 떡으로만 살 것이 아니요 하나님의 입으로부터 나오는 모든 말씀으로 살 것이라 (마4;4)" "사람이 하나님의 모든 말씀으로 살 것이다"라고 한다. 그렇다면 하나님의 말씀은 성도들의 영의 양식이다. 삶의 자양분이다. 그렇다면 우리는 말씀을 먹어야 산다. 설교 말씀을 듣고, 말씀을 읽고, 필사를 하는 모든 것이 말씀을 먹는 것이다.

목사님의 설교, 물론 중요하다. 하지만 그것만으로는 부족하다. 우리 성도들은 밤이나 낮이나 말씀을 읽어야 한다. 필사를 하는 것도 하나의 방법이다. 말씀을 알아야 믿게 되고 순종하게 되는 것이다.

"영생은 곧 유일하신 참 하나님과 그가 보내신 자 예수 그리스도를 아는 것이니이다 (요17;3)" 하나님과 예수님을 아는 것이 영생이라고 한다. 하나님과 예수님은 성경 말씀 안에 있다. 그분들을 알기 위해서는 말씀을 읽어야 한다. 말씀을 읽어야 하나님과 그가 보내신 자 예수 그리스도를 알게 된다. 그분들을 아는 것이 영생이다. 영생을 얻으려면 그분들을 알아야 한다. 따라서 말씀을 듣고, 읽고, 필사하므로 하나님과 예수님을 알아가는 그 길이 영생으로 가는 길이다.

■ **말씀을 듣고 믿음으로 성령을 받는다고 한다**

2 내가 너희에게서 다만 이것을 알려 하노니 너희가 성령을 받은 것이 율법의 행위로냐 혹은 듣고 믿음으로냐,
5 너희에게 성령을 주시고 너희 가운데서 능력을 행하시는 이의 일이 율법의 행위에서냐 혹은 듣고 믿음에서냐
6 아브라함이 하나님을 믿으매 그것을 그에게 의로 정하셨다 함과 같으니라 (갈3;2,5~6)

8 그러면 무엇을 말하느냐 말씀이 네게 가까워 네 입에 있으며 네 마음에 있다 하였으니 곧 우리가 전파하는 믿음의 말씀이라

■ **네가 만일 네 입으로 예수를 주로 시인하며**

9 네가 만일 네 입으로 예수를 주로 시인하며 또 하나님께서 그를 죽은 자 가운데서 살리신 것을 네 마음에 믿으면 구원을 받으리라

■ **사람이 마음으로 믿어 의에 이르고**

10 사람이 마음으로 믿어 의에 이르고 입으로 시인하여 구원에 이르느니라 (롬10;8~10)

■ **믿음의 결국 곧 영혼의 구원을 받음이라**

믿음의 결국 곧 영혼의 구원을 받음이라 (벧전1;9)

아브람이 여호와를 믿으니 여호와께서 이를 그의 의로 여기시고 (창15;6)

성경이 무엇을 말하느냐 아브라함이 하나님을 믿으매 그것이 그에게 의로 여겨진 바 되었느니라 (롬4;3)

이에 성경에 이른 바 아브라함이 하나님을 믿으니 이것을 의로 여기셨다는 말씀이 이루어졌고 그는 하나님의 벗이라 칭함을 받았나니 (약2;23)

복음에는 하나님의 의가 나타나서 믿음으로 믿음에 이르게 하나니 기록된 바 오직 의인은 믿음으로 말미암아 살리라 함과 같으니라 (롬1;17)

예수께서 이르시되 딸아 네 믿음이 너를 구원하였으니 평안히 가라 네 병에서 놓여 건강할지어다 (막5;34)

~ 예수께서 이르시되 내가 능히 이 일 할 줄을 믿느냐 대답하되 주여 그러하오이다 하니 이에 예수께서 그들의 눈을 만지시며 이르시되 너희 믿은대로 되라 하시니 (마9;28~29)

예수께서 이르시되 가라 네 믿음이 너를 구원하였느니라 하시니 그가 곧 보게 되어 예수를 길에서 따르니라 (막10;52)

이에 예수께서 대답하여 이르시되 여자여 네 믿음이 크도다 네 소원대로 되리라 하시니 그때로부터 그의 딸이 나으니라 (마15;28)

예수께서 여자에게 이르시되 네 믿음이 너를 구원하였으니 평안히 가라 하시니라 (눅7;50)

그에게 이르시되 일어나 가라 네 믿음이 너를 구원하였느니라 (눅17;19)

그 이름을 믿음으로 그 이름이 너희가 보고 아는 이 사람을 성하게 하였나니 예수로 말미암아 난 믿음이 너희 모든 사람 앞에서 이같이 완전히 낫게 하였느니라 (행3;16)

우리가 그 안에서 그를 믿음으로 말미암아 담대함과 확신을 가지고 하나님께 나아감을 얻느니라 (엡3;12)

믿음이 없어 하나님의 약속을 의심하지 않고 믿음으로 견고하여져서 하나님께 영광을 돌리며 약속하신 그것을 또한 능히 이루실 줄을 확신하였으니 그러므로 그것이 그에게 의로 여겨졌느니라 (롬4;20~22)

20.
이단에 속한 사람을 한두 번 훈계한 후에 멀리하라

■ 이단에 속한 사람을 한두 번 훈계한 후에 멀리하라

10 이단에 속한 사람을 한두 번 훈계한 후에 멀리하라

11 이러한 사람은 네가 아는 바와 같이 부패하여 스스로 정죄한 자로서 죄를 짓느니라 (딛3;10~11)"

■ 하나님의 영과 적그리스도의 영

1 <하나님의 영과 적그리스도의 영> 사랑하는 자들아 영을 다 믿지 말고 오직 영들이 하나님께 속하였나 분별하라 많은 거짓 선지자가 나왔음이라

■ 예수 그리스도께서 육체로 오신 것을 시인하는 영마다 하나님께 속한 것이요

2 이로써 너희가 하나님의 영을 알지니 곧 예수 그리스도께서 육체로

오신 것을 시인하는 영마다 하나님께 속한 것이요

■ 예수를 시인하지 아니하는 영마다 적그리스도의 영이니라

3 예수를 시인하지 아니하는 영마다 하나님께 속한 것이 아니니 이것이 곧 적그리스도의 영이니라 오리라 한 말을 너희가 들었거니와 지금 벌써 세상에 있느니라

4 자녀들아 너희는 하나님께 속하였고 또 그들을 이기었나니 이는 너희 안에 계신 이가 세상에 있는 자보다 크심이라

5 그들은 세상에 속한 고로 세상에 속한 말을 하매 세상이 그들의 말을 듣느니라

■ 진리의 영과 미혹의 영을 이로써 아느니라

6 우리는 하나님께 속하였으니 하나님을 아는 자는 우리의 말을 듣고 하나님께 속하지 아니한 자는 우리의 말을 듣지 아니하나니 진리의 영과 미혹의 영을 이로써 아느니라 (요일4:1~6)

■ 거짓 선지자들과 거짓 선생들

<거짓 선지자들과 거짓 선생들> 그러나 백성 가운데 또한 거짓 선지자들이 일어났었나니 이와 같이 너희 중에도 거짓 선생들이 있으리라 그들은 멸망하게 할 이단을 가만히 끌어들여 자기들을 사신 주를 부인하고 임박한 멸망을 스스로 취하는 자들이라 (벧후2;1)

성경 말씀에 '이단'을 자세하게 기록하지 않고 있다. 문자적으로 해석하면"끝이 다르다"는 뜻이다. 믿는 자는 천국으로 가게 되고, 이단은 지옥, 다른 말로 불못에 떨어지게 된다는 것이다. 우리는 자신과 믿음이 다르거나 성령의 은사가 다른 사람들을 불문곡직하고 이단

으로 내몰아 비난한다. 과연 그것이 옳은 일일까? 아래 말씀에 그 답이 있는 것 같다. 우리는 '이단'을 아는 것이 쉽지 않다. 따라서 우리는 '믿는 자', 그 누구라도 잘 알지도 못하면서 이단으로 내몰거나 비난해서도 않된다. 말씀과 성령 안에서 그 답을 찾아야 할 것이다.

■ 우리를 반대하지 않는 자는 우리를 위하는 자니라

38 〈우리를 위하는 사람〉 요한이 예수께 여짜오되 선생님 우리를 따르지 않는 어떤 자가 주의 이름으로 귀신을 내쫓는 것을 우리가 보고 우리를 따르지 아니하므로 금하였나이다

39 예수께서 이르시되 금하지 말라 내 이름을 의탁하여 능한 일을 행하고 즉시로 나를 비방할 자가 없느니라

40 우리를 반대하지 않는 자는 우리를 위하는 자니라 (막9;38~40)

■ 적그리스도와 하나님의 자녀

18 아이들아 지금은 마지막 때라 적그리스도가 오리라는 말을 너희가 들은 것과 같이 지금도 많은 적그리스도가 일어났으니 그러므로 우리가 마지막 때인 줄 아노라

19 그들이 우리에게 나갔으나 우리에게 속하지 아니하였나니 만일 우리에게 속하였더라면 우리와 함께 거하였으려니와 그들이 나간 것은 다 우리에게 속하지 아니함을 나타내려함이니라

■ 너희는 거룩하신 자에게서 기름부음을 받고 모든 것을 아느니라

20 너희는 거룩하신 자에게서 기름부음을 받고 모든 것을 아느니라

21 내가 너희에게 쓰는 것은 너희가 진리를 알지 못하기 때문이 아니라 알기 때문이요 또 모든 거짓은 진리에서 나지 않기 때문이라

■ 거짓말하는 자

22 거짓말하는 자가 누구냐 예수께서 그리스도이심을 부인하는 자가 아니냐 아버지와 아들을 부인하는 그가 적그리스도니

23 아들을 부인하는 자에게는 또한 아버지가 없으되 아들을 시인하는 자에게는 아버지도 있느니라

■ 처음부터 들은 것이 너희 안에 거하면 너희가 아들과 아버지 안에 거하리라

24 너희가 처음부터 들은 것을 너희 안에 거하게 하라 처음부터 들은 것이 너희 안에 거하면 너희가 아들과 아버지 안에 거하리라˙

■ 그의 계명을 지키는 자는 주 안에 거하고 주는 그의 안에 거하시나니

■ 성령으로 말미암아 그가 우리 안에 거하시는 줄을 우리가 아느니라

> * 그의 계명을 지키는 자는 주 안에 거하고 주는 그의 안에 거하시나니 우리에게 주신 성령으로 말미암아 그가 우리 안에 거하시는 줄을 우리가 아느니라, 또 사랑은 이것이니 우리가 그 계명을 따라 행하는 것이요 계명은 이것이니 너희가 처음부터 들은 바와 같이 그 가운데서 행하라 하심이라, 누구든지 그의 말씀을 지키는 자는 하나님의 사랑이 참으로 그 속에서 온전하게 되었나니 이로써 우리가 그의 안에 있는 줄을 아노라 (요일3;24, 요일1;6, 요일2;5)

■ 그가 우리에게 약속하신 것은 영원한 생명이니라

25 그가 우리에게 약속하신 것은 이것이니 곧 영원한 생명이니라

26 너희를 미혹하는 자들에 관하여 내가 이것을 너희에게 썼노라

27 너희는 주께 받은 바 기름부음이 너희 안에 거하나니 아무도 너희를 가르칠 필요가 없고 오직 그의 기름부음이 모든 것을 너희에게 가르치며 또 참되고 거짓이 없으니 너희를 가르치신 그대로 주 안에 거하라 보혜사 곧 아버지께서 내 이름으로 보내실 성령 그가 너희에게 모든 것

을 가르치고 내가 너희에게 말한 모든 것을 생각나게 하리라 (요14;26)

28 자녀들아 이제 그의 안에 거하라 이는 주께서 나타내신 바 되면 그가 강림하실 때에 우리로 담대함을 얻어 그 앞에서 부끄럽지 않게 하려 함이라

29 너희가 그가 의로우신 줄 알면 의를 행하는 자마다 그에게서 난 줄을 알리라 (요일2;18~29)

21.
하나님이 너의 귀 연골막암을 고치시고 표적을 나타내 보이시다

2007년 2월 7일 너가 평생 잊지 못할 날이다. 너에게 귀가 가려운 건지 아픈 건지 아무튼 이상한 느낌이 들기 시작했다.

그 후

너의 귀가 점점 커져갔다.

뭐, 별 일이 있으려나.

그렇게

무심코 세월은 덧없이 흘러 갔다.

그해 추석 전날 보라매 공원 인근에 있는 서울대학병원 이비인후과에 진료를 받으러 갔다. 의사 선생님이 고개를 갸우뚱하더니 외국서적을 이것 저것 살펴본다. 너의 귀와 꼭같은 사진이 있는 페이지에서 시선이 머문다. 그때 세 명의 의사 선생님이 합류하는 듯 모여든다. 한참을 서로 얘기를 주고 받더니 처음 진료하던 그 의사 선생님이 진찰 결과를 너에게 말했다.

"귀 연골막암입니다.

국내에선 처음 있는 희귀암입니다.

입원하여 치료를 받도록 하시죠."

청천벽력 같은 소리로 들렸다.

잘 알려진 암도 치료가 어려운 시기다.

더구나 국내에서 사례가 없는 희귀암이라니!

아무 생각도 나지 않았다.

어떻게 할까?

입원해서 치료를 받아볼까?

국내에서 발생한 적이 없는 희귀암.

암환자 상대생존률이 높지 않은 때다.

입원 치료를 받아도 완치된다는 보장도 없다.

연구 대상으로는 가치가 있겠구나.

그럼 네 목숨은?

생각이 거기까지 미치자.

일단 집에 가자.

집에 가서 하나님께 여쭤보자.

그날이 추석 전날이다. 내일부터 추석연휴다. 입원해봐야 당장 치료를 받을 수도 없다. 돈만 날린다. 다시 오겠습니다. 의사 선생님께 인사하고 집으로 돌아왔다.

집에 오자마자

하나님께 무릎 꿇고 기도했다.

아무 말씀도 없으시다.

답답하다.

아프지 않다.

가끔 가려울 때가 있다.

그냥 지내볼까

기도 응답도 없다.

그렇게 시간은 흘러 그해 12월 17일에 삼성서울병원 진료 예약이 잡혔다. 그날이 왔다. 진료를 받으러 병원 진료실 앞 의자에 앉았다. ○○○님 들어오세요. 간호사가 너를 진료실로 안내했다. 의사 선생님이 너의 병든 귀를 이리저리 살펴보고, 서울대학병원에서와 마찬가지로 외국서적을 뒤적거리더니, 먼저 사진과 똑같은 사진에 대한 설명을 읽는 듯 했다. 동료 의사 몇 분을 불러 모았다. 서로 얘기가 오갔다. 진료 의사 선생님이

"귀 연골막암입니다.

수술 날짜를 잡아

수술받도록 하시죠?"

"수술하면 완치됩니까?"

"완치된다는 보장은 없지만,

또한 다른 치료 방법도 없습니다."

막막했다.

살리지도 못하면서 왜 수술은 해?

돈 벌려고?

너에게 수술비도 없다. 너가 할 수 있는 길은 오직 하나님께 매달려 떼를 쓰는 것 밖에 없었다. 너를 만드신 이도 하나님이시요. 너의 생사도 그분께 달려 있지 않은가. 생각이 거기까지 미치자. 수술 받지 않겠습니다. 의사 선생님께 말하고 진료실을 나왔다. 기분이 좀 나아지는 것 같았다. 병원 정문을 나섰다. 하늘을 쳐다 보았다. 너의 눈에 하나님은 보이지 않았다. 뜬금없이 "그들이 돌로 스데반을 치니 스데반이 부르짖어 이르되 주 예수여 내 영혼을 받으시옵소서" 이 말씀이 생각났다. 네가 이제 죽을 때가 되었나. 불길한 생각이 들었다.

집에 돌아와서 하나님 앞에 무릎을 꿇고

간절히 기도했다.

"하나님 네 병이 죽을 병입니까?"

아니라고 말씀하신다.

"그럼 어떻게 해야 합니까?"

"너 배운대로 해라"

너 배운대로 해라? 네가 배운 것이 뭐였드라.

얼른 생각이 나지 않았다.

하나님도 참,

너 배운 거 그걸 하라 하시면 좋으련만.

아하! 그걸 말씀하시는구나.

너는 몇 년 전에 ○○대학 평생교육원에서 봉침을 배운 적이 있었다. 우리 몸에 시침 혈자리도 거의 알고 있었다.

"하나님 감사합니다

말씀대로 따르도록 하겠습니다."

네 암을 네가 배운 것으로 치료하라는 것이구나. 너는 몇 년 전에 봉침을 배운 것이 생각났다. 봉침으로 너의 암을 치료하라는 말씀이라는 것을 깨달아 알게 되었다. 당장 봉침용 벌을 사와야 한다. 청계산 밑에 봉침용 벌을 사러 가기 위해 지하철을 타고 또 버스를 갈아 탔다. 봉침용 벌을 파는 양봉원에 도착했다. 양봉원 주인이 너를 반가이 맞아 주었다. 그분은 강남에 있는 어느 교회 집사님이다. 전에 여러 번 벌을 사러온 적이 있어 잘 아는 사이다. 그때는 봉침 시험용으로 벌을 사서 썼지만 이번엔 귀 암치료를 위해서다. 주인이 그의 귀를 보고 "귀가 엄청 부었네요. 왜 그래요"

병원에서 암이래요"

그럼 어떡해요?

봉침으로 치료하려구요.

전에 어떤 분이 암치료한다고 벌을 사간적이 있었는데.

글쎄요.

더 이상 말을 아꼈다.

벌 한통만 주세요.

하나님이 벌침으로 치료하래요.

하나님요?

전지전능하신 하나님의 말씀이면 말씀대로 해야죠.

그럼 나을거예요.

벌 한통 여기 있습니다.

벌 먹이는요?

벌 먹이도 주셔야죠.

벌 한통과 벌 먹이를 사서 집으로 돌아왔다.

먼저 하나님 앞에 무릎을 꿇었다.

하나님 아버지 감사합니다.

미리 봉침 공부를 하게 하시고 오늘 봉침으로 암을 치료하게 하시니 감사합니다. 봉침을 놓을 때마다 성령께서 함께 하셔서 인도하시고, 통증을 견딜 수 있도록 도와 주시옵소서. 주님만 믿고 의지하게 하옵소서. 예수 그리스도의 이름으로 기도합니다. 아멘. 하나님께 기도를 드렸다.

책상 앞에 앉았다. 미리 준비해 둔 거울을 앞에 세웠다. 왼손에 손거울을 들고 오른손에 핀셋을 잡았다. 거울 속에 비춰진 귀에 핀셋을 갖다 대 보았다. 암 부위에 정확히 벌침을 놓을 수 있을 것 같았다. 벌통을 살짝 열어 벌 한 마리를 핀셋으로 집어 암으로 커져 있는 귀에 갖다 댔다. 벌이 귀에다 침을 꽂았다. 벌침을 빼지 않고 그대로 두고 또 한 마리를 벌통에서 집어내 귀에다 댔다. 이번에도 벌이 귀에다 침을 꽂았다. 그러기를 벌통의 벌이 다 없어질 때까지 반복했다. 그날 봉침 시침이 끝났다. 암부위가 아파오기 시작했다. 벌침을 꽂아 아픈건지 암으로 아픈건지 너는 알 수 없었다. 그런대로 견딜만 했다. 그리고 핸드폰을 들고 벌침 놓은 자리를 촬영했다. 암이 낫게 되리라는 확신이 있기 때문에, 하나님이 고쳐주신다는 약속을 믿기 때문에 사진으로 남기고 싶었다.

"하나님은 사람이 아니시니 거짓말을 하지 않으시고 인생이 아니시니 후회가 없으시도다 어찌 그 말씀하신 바를 행하지 않으시며 하신 말씀을 실행하지 않으시랴 (민23;19)

사흘이 지났다. 또 벌을 사러갔다. 귀에는 벌침이 누에가 알을 낳은 것처럼 새카맣게 꽂혀있는 채로.

"벌침을 빼지 않았네요"

벌 한통을 귀에다 다 쓴 것을 보고 무척 놀라는 눈치였다. 벌장사하면서 이런 일은 처음이네요. 낫게 해달라고 기도할께요. 그 말이 고마웠다.

또 벌을 사러 오셨군요.

이번에는 얼마나 드려요

두 통만 주세요.

먹이는요?

쓰던 거 남아 있어요..

너는 벌 두통을 사들고 집으로 돌아왔다.

먼저 하던대로 거울을 책상 위에 세워 놓고 왼손에 손거울을 들고 오른손에 핀셋을 집어 들었다. 벌통에서 벌 한 마리를 꺼내려다.

아! 참, 기도하지 않았네.

너는 전과 같이 하나님께 기도를 드렸다.

그리고 벌통에서 벌 한 마리를 꺼내 집어 들었다. 암 부위에 벌을 갖다 댔다. 벌이 침을 그곳에 꽂았다. 벌침 놓는 것이 어렵지 않았다. 벌침을 놓으려고 생각한 곳에 벌을 갖다 댈 때마다 원하는 자리에 벌이 잘도 침을 꽂았다. 벌 두 통을 다 썼다. 그날의 벌침 시침이 끝났다. 핸드폰으로 시침한 부위를 찍었다. 귀가 먼저보다 많이 커졌다. 벌의 독기로 부은 것일까? 아니면 암덩어리가 커진 것일까? 어찌됐든 너는 남의 시선 따위 아랑곳 하지 않는다.

벌침을 놓은 자리가 아프기 시작했다.

그렇지만 견딜만 한 것 같았다.

밤이 되었다.

쑤시고 아파서 잠을 잘 수가 없었다.

아침이 찾아왔다.

약국에 가서 약사 선생님께 진통제를 달라고 했다.

약사 선생님이 어디가 어떻게 아프냐고 물었다.

귀 연골막암인데 벌침을 놓았다고 했다.

약사 선생님이 깜짝 놀란다.

암이면 병원에 가서 치료를 받아야죠.

병원에서 못 고친대요.

그럼 어떡해요.

하나님이 벌침 놓으래요.

그분이 누구신대요?

하나님은 너를 지으신 분이에요.

그 약사 선생님은 어이없다는 듯이

그럼 제일 강한 진통제로 드릴까요.

네, 제일 쎈 진통제로 주세요.

너는 진통제를 받아 들고 집으로 돌아왔다. 진통제 한 알을 꺼내 들고 주전자로 컵에 물을 따랐다. 그리고 진통제 한 알을 입 안에 넣고 물을 마셨다. 한참이 지났는데도 통증은 가라앉지 않았다. 약을 적게 먹어 그런가보다 생각하고 이번에는 진통제 두 알을 먹었다. 또 한참이 지났다. 한 알만 먹으라는 약사 선생님의 말은 너에게 아무런 의미가 없었다. 약을 먹고 아프지 않아야 한다. 진통제 다섯 알을 먹었다. 통증이 조금 가라앉는 듯했다. 견딜만 했다. 그리고 3일이 지났다. 이번엔 벌 다섯 통을 사왔다. 벌 한 통에 200마리. 꾹꾹 눌러 담아 달라고 했다. 이백 마리 곱하기 다섯 통, 천마리다. 엄청난 숫자다.

그 독의 양은 얼마나 될까?

이 벌독의 양이면 암이 나을 수 있을까?

그 건 네가 알 바가 아니고 난 하나님의 말씀 대로 시침만 하면 되는 거다. 생각이 거기에 미치자 아무 생각도 없어졌다.

이제 통증이 점점 심해졌다. 통증을 견디기 힘들어 졌다.

하늘을 쳐다 보았다.

하나님은 너의 눈에 보이지 않았다.

"스데반이 성령 충만하여 하늘을 우러러 주목하여 하나님의 영광과 및 예수께서 하나님 우편에 서신 것을 보고 말하되 보라 하늘이 열리고 인자가 하나님 우편에 서신 것을 보노라 (행7;55~56)

스데반은 하나님을 본다고 했는데?

너는 믿음이 작다는 말인가?

"스데반이 성령 충만하여"

너도 하나님께 성령으로 충만하도록 부어 달라고 기도하면 되겠다는 생각이 들었다. 성령을 구하면 주신다고 약속하신 하나님 아버지 그 약속 믿고 기도합니다. 네게 성령을 부어 성령 충만케 하여 주시옵소서. 스데반이 성령으로 충만했던 것처럼 성령 충만게 하셔서, 성령이 암 부위를 만져주셔서, 이 견디기 힘든 통증을 네 귀에서 사라지게 하여 주시옵소서. 귀 연골막암을 고쳐 주시옵소서. 예수 그리스도의 이름으로 기도드립니다. 아멘.

기도를 드렸는데도 아프다.

그 통증을 견디기 힘들다.

주여!

도와주시옵소서

통증이 사라지게 하여 주시옵소서.

통증을 견딜 수 있는 힘을 주시옵소서.

부르짖어 기도하고

또 기도했다

같은 기도를

또 하고 또 한다.

"주여!"라고 부르짖을 때

통증이 잦아드는 것 같았다.

그럼 계속해서 "주여!, 주여!"라고 부르짖으면 되겠네.

주여!~

하나님 앞에 떼를 쓴다고 되는 것은 아니라는 생각이 들었다. 통증을 참아야 한다. 통증을 견뎌야 한다. 이럴 줄 알았으면 삼성서울병원에서 진료 받을 때 암환자용 진통제라도 처방해달라고 할 걸. 진통을 견딜 수 없어 방바닥에 머리를 대고 물구나무서기를 했다. 좀 견딜만한 것 같았다. 그렇다고 계속해서 물구나무서기는 힘들었다. 방구석을 빙글빙글 돌면서 뛰었다. 조금 견딜만한 것 같았다. 너는 알레르기 천식 환자다 숨이 차서 오래 뛸 수도 없다.

주여!

아프지 않게 도와주시옵소서

이 통증을 견딜 수 있게 힘을 주시옵소서.

주여!~

갑자기, "하나님 감사합니다"하는 소리가 자신도 모르게 너의 입에서 터져 나왔다.

이건 하나님이 너에게 주시는 아주 특별한 선물이라는 걸 깨닫게 되었다.

하나님이 그를 쓰시기 위해 만들어 가신다?

슬퍼하기보다 기뻐해야 한다.

통증을 참아내야 한다.

통증을 이겨내야 한다.

하나님이 공급하는 힘으로.

하나님이 주시는 믿음으로.

견뎌낼 그때?

하나님이 너를 쓰시겠다. 말씀하시리라.

"그러나 내가 가는 길을 그가 아시나니 그가 나를 단련하신 후에는 내가 순금같이 되어 나오리라 (욥23:;10)"

욥이 자녀와 재산을 잃고도

"욥이 일어나 겉옷을 찢고 머리털을 밀고 땅에 엎드려 예배하며 이르되 내가 모태에서 알몸으로 나왔사온즉 또한 알몸이 그리로 돌아가올지라 주신이도 여호와시요 거두신 이도 여호와시오니 여호와의 이름이 찬송을 받으실지니이다 하고 (욥1:20~21)"

"욥의 이 믿음이.

욥의 이 예배가 네 것이 되게 하옵소서"라고

너는 하나님께 기도드렸다.

그런데 식사를 도무지 할 수 없다. 입맛이 당기지 않아 아무것도 먹을 수가 없다. 이렇게 먹지 못하면 굶어 죽을 수도 있겠다는 생각이 들었다. 하나님 어떻게 해요? 기도를 드렸다. 하나님께서 수박을 사서 먹으라고 하셨다. 수박을 한 통 사 왔다. 수박을 물로 깨끗이 씻어 키친타올로 물기를 닦고 꼭지 부분을 얇게 잘랐다. 과일칼로 수박 속을 조금 베어 내었다. 포크로 찍어 입에 갔다 댔다. 거부 반응이 없다. 먹어도 될 것 같다. 수박을 입에 넣고 씹었다. 달고 맛있다. 양껏 먹었다. 수박을 공기가 들어가지 않도록 비닐봉지로 싸서 냉장고에 넣었다.

점심 때 수박을 먹고 저녁식사 때가 되었다. 먹을 수 있는 건 수박 밖에 없다. 냉장고에서 수박을 꺼내 위에서부터 조금씩 잘라 먹었다. 배가 불렀다. 살 것 같았다. 다음날 아침에도 수박으로 아침을 떼우게 되었다. 점심식사 시간이 되었다. 밥을 먹어도 될 것 같다는 생각이 들었다. 점심상 앞에 앉았다. 아무런 문제 없이 평소와 같이 식사를 할 수 있었다. 수박 먹고 밥 먹고 그러기를 반복하는데 문제가 생겼다. 겨울에는 수박값이 너무 비싸다. 구하기도 힘들다. 다음해부터는 늦여름에 수박을 잔뜩 사서 아파트 베란다에 놓고 먹었다. 이듬해 봄까지 상하지 않고 그렇게 먹을 수 있었다.

수박 장기보관은 위에서 보는 것 같이 간단하다. 수박을 물로 깨끗이 씻은 다음 키친타올로 물기를 닦고 매일 위에서부터 먹을만큼씩 얇게 베어 먹고, 공기가 들어가지 않게 비닐 봉지에 싸서 냉장고에 세워 보관하면 수박을 다 먹을 때까지 상하지 않는다. 수박 벤 자리에 비닐이 닿으면 않된다. 단 매일 베어 먹어야 한다. 그렇지 않으면 상할 수도 있다.

이번엔 벌 8통을 샀다. 벌 한 통에 이백 마리. 전부 다 벌침을 놓게 되면 어림 잡아 1,600마리. 아침부터 이튿날 새벽 4시까지까지 죽기 살기로 벌침을 놓았다. 핸드폰으로 벌침 놓은 자리를 찍었다. 그리고 잠에 곯아떨어졌다. 잠에서 깨어보니 암 부위가 흐물흐물한 것이 너 보고 그 암덩어리를 뜯어내라고 손짓하는 것 같았다.

"하나님 감사합니다" 기도했다.

언제나 그랫듯이.

너는 핸드폰을 꺼내들었다.

사진을 찍었다.

요리조리 방향을 바꾸어 가면서

미친듯이 핸드폰으로

암 부위

벌침 놓은 부위를

찍고 또 찍었다.

그 흉측한 몰골을 어디다 쓰려고?

그러고 나서

너는

가위와 핀셋을 꺼내들었다.

늘어진 암덩어리를 아주 조금 가위로 잘라보았다.

아프지 않았다.

핀셋으로 암덩어리를 조금씩 뜯어냈다.

얼마를 자르고 뜯어냈을까.

아프다!

더 이상 찢거나 잘라낼 수가 없다.

다시 벌침을 놓기 시작했다.

뜯어낸 암덩어리가 벌침으로 새까맣게 덮여졌다.

벌침 시침을 마쳤다.

그런데 이대로 벌을 사다 쓰기에는 돈도 돈이고, 벌 큰통을 한 통 사다 써야겠다는 생각을 하게 되었다. 친한 친구한테 부탁했다. 벌 한 통을 사서 적당한 장소에 두고 필요로 하는 벌을 그때 그때 갖다 주면 좋겠다고. 친구가 흔쾌히 그렇게 해주겠다고 했다. 벌은 도봉산 양봉원에 가서 사면 된다고 했다. 그 이튿날 벌을 사서 도봉산 아래 사람 발길이 드문 골짜기에 두었다고 했다. 그렇게 발품을 팔지 않고 큰 돈을 들이지 않고 벌을 마음대로 쓸 수 있게 되었다. 그래서 늘어진 암덩어리를 가위로 자르고 핀셋으로 뜯어내고 벌침을 놓기를 반복했다.

어느 날 갑자기 무명실 같은 것이 귓바퀴에 덜렁거린다.

이게 뭘까?

핀셋을 대어보면 어떨까.

도대체 이게 뭘까?

그로서는 알 수가 없다.

핀셋을 가까이 대어보았다.

소스라치게 놀랐다.

암통증에 버금가는 통증이다.

그게 바로 신경이다.

속에 있어야 할 신경이 밖으로 나와 덜렁거린다.

신경을 건드리면 그렇게 아프다는 소리를 들어본 적이 없었다.

신경이 실같이 생겼다는 것도 듣지 못했다.

신경이 왜 밖으로 나와.

어떻게 된 일이야.

벌침으로 흐물흐물해진 살을 뜯어내므로 살 속에 있던 신경이 밖으로 돌출된 것이다. 어떻게 하면 신경을 본래 자리로 들어가게 할 수 있을까? 그것은 너에게 난제 중에 난제였다. 어떻게 할 방법이 없었다. 그래서 그냥 두기로 했다.

귀 암조직을 어느 정도 뜯어냈다고 생각되었다. 저녁이 되고 아침이 왔다.

그는 기절초풍하고 말았다.

암이 그의 귀 뒷머리에 붙어있지 않은가?

하나님 이게 뭐예요.

암이 다 나아간다고 생각했는데.

암이 뒷머리에 붙다니요.

하나님께서 "걱정할 것 없다"고 말씀하셨다.

그에게는 아주 큰일이지만.

하나님 계획은 그게 아니었다.

하나님 너 이제 어떻게 해요.

"걱정할 것 없다. 내가 하라는 대로 하거라."

그럼 어떻게 하면 돼요?

"헤어드라이기로 그 부위를 지지거라."

예, 말씀대로 하겠습니다.

그렇게

벌침은

그날로

종지부를 찍게 되었다.

견디기 힘든 아픔도,

잠 못드는 밤도,

새로운 치료 방법에

속절없이 묻혀버렸다.

너는 아침 저녁으로 시간을 정해 놓고 15분씩 헤어드라이기로 그 부위를 지지기 시작했다. 암이 붙은 부위가 아주 조금씩 줄어든다는 느낌이 들었다.

하루는 암 부위에 딱지가 앉은 것을 떼면 암 부위가 줄어들겠다는 생각이 들었다. 암 딱지를 떼는 순간 물총에서 물이 뿜어지는 것처럼 선혈이 쫙 뻗혀 나왔다. 끔찍했다. 딱지를 뗀다는 것이 머리로 올라가는 동맥을 잘 못 건드린 것이다. 동맥이 터졌다. 급한 나머지 피가 솟구치는 곳을 양손으로 쎄게 눌렀다.

피가 손가락 사이로 솟구친다.

"수건! 수건!" 하면서

아내를 급하게 불렀다.

주방에서 일하던 아내가 놀라 달려왔다.

"수건!"이라고 크게 외치는 소리를 듣고 급히 수건을 가져왔다.

너가 머리를 베게에 대고 모로 누웠다. 아내가 피가 솟는 곳에 수건을 갖다 대고 힘을 주어 눌렀다.

주여! 나를 도우소서.

살리소서.

큰 소리로 외쳤다.

너는 이렇게 죽는구나! 생각하기도 했다.

절체절명의 위기를 넘긴 것 같았다.

하나님은 살아계신다.

늘 우리 곁에 계신다

언제.

어디서나

우리 믿는 성도들은

믿음으로

하나님만 바라보고,

믿고 의지해야 한다.

하나님께 구해야 한다.

너는 내게 부르짖으라 내가 네게 응답하겠고 네가 알지 못하는 크고 은밀한 일을 네게 보이리라 (렘33:3)

아침 식후에 15분, 저녁 식전에 15분 시간을 정해놓고 헤어드라이기로 암이 새로 붙은 부위를 지져갔다. 통증이 현저히 사라져 갔다. 이제 살만하다는 생각이 든다. 하나님 아버지 감사합니다. 이 벌레 같은 죄인을 불쌍히 여기시고 돌보시고 치료하여 암을 낫게 하시니 감사합니다. 예수님 이름으로 기도드립니다. 아멘.

그맘때 너는 다니던 교회에서 쫓겨나게 되었다. 그날은 주일 오후 시간이었던 것 같다. 식사 시간은 아닌 것 같았는데 식당에 모여 있었다. 담임목사님이 오시더니 다짜고짜 너를 끌고 교회 정문으로 가서 문을 열고 문 밖으로 너를 밀어 제치고 안에서 문을 잠갔다. 아무 말도 없이 아무 이유도 모른체 너는 그 교회에서 쫓겨나게 되었다. 즐겨 오르던 도봉산 포대능선으로 올라가 바위에 걸터 앉아 생각을 정리했다. 그 교회 담임목사님은 곧 그 교회 법이자 임금님이다. 그분 허락없이는 교회 안에서 어떤 일도 할 수 없다. 그런데 너는 교회에서 무릎 아픈 성도들에게 봉침 치료를 하고, 너의 생각대로 전도 명함을 세겨 돌렸다. 성경 말씀 빌립보서에 아래와 같이 기록하고 있다.

15 어떤 이들은 투기와 분쟁으로, 어떤 이들은 착한 뜻으로 그리스도를 전파하나니

16 이들은 내가 복음을 변증하기 위하여 세우심을 받은 줄 알고 사랑으로 하나

17 그들은 나의 매임에 괴로움을 더하게 할 줄로 생각하여 순수하지 못하게 다툼으로 그리스도를 전파하느니라

18 그러면 무엇이냐 겉치례로 하나 참으로 하나 무슨 방도로 하든지 전파되는 것은 그리스도니 이로써 나는 기뻐하고 또한 기뻐하리라 (빌 1;15~18)

그 다음 주일에 그 교회 성도들이 주일 예배를 드린 후에 너를 찾아왔다. 아파트 앞 쉼터에서 그들을 만났다. 장로님 한 분이 교회에 나올 것을 권했다. 그분들이 다같이 권했다. 그렇지만 너는 아무 말도 하지 않았다. 그 목사님의 잘 못이 아니라 하나님께서 너를 너가 사는 동네에 있는 순복음교회로 이끄심이라는 것을 깨달아 알았기 때문이다. 그저 너를 찾아와 준 장로님, 안수집사님, 권사님 일곱 성도님들에게 미안 할 뿐이었다.

순복음교회가 한때는 이단으로 내몰려 지탄을 받은 적이 있다. 성령을 바로 알지 못하는 일부 목회자들의 어리석은 행동이 성령을 근심하

게 만든 웃지 못할 사건이었다. 지금도 일부 몰지각한 성도들이 순복음교회를 이단으로 잘 못 알고 있다. 순복음교회는 예배드릴 때, 찬송 부를 때, 기도할 때 하나님의 영, 성령이 임하시므로 성령으로 뜨거운 교회다. 예배가 살아 있고, 찬양이 살아 있고 기도가 살아 응답 받는 교회다. 비난하기 전에 성령에 대해 알기를 힘써야 할 것이다.

순복음교회에서는 성경 말씀 공부 가운데 새 신자 성령 체험 시간이 있다. 목사님으로부터 성도 한분 한분이 안수기도 받을 때, 성령이 임하시므로 성령으로 충만하여 눈물 콧물 흘리며, 성령이 눈 앞에 영화 필름처럼 나타내보이시는 자기죄를 통회자복하게 된다. 자신도 알지 못하는 죄가 어찌 그리 많은지 놀라게 된다. 성도는 자신의 죄를 다 알지 못한다. 그런 회개가 남을 비난하는 당신에게도 속히 일어나길 바랄 뿐이다.

이것이 성령 세례다.

성령으로 거듭남이다.

어린 양의 생명책에 자기 이름이 기록되는 순간이 아니겠는가?

아래 말씀들을 눈여겨 보라.

말씀 안에 답이 있다.

하나님도

예수님도

성령님도

우리 성도들은 말씀을 통해 알 수 있다.

16 예수께서 세례를 받으시고 곧 물에서 올라오실새 하늘이 열리고 하나님의 성령이 비둘기같이 내려 자기 위에 임하심을 보시더니

17 하늘로부터 소리가 있어 이는 내 사랑하는 아들이요 내 기뻐하는 자라 하시니라 (마3;16~17)

■ 사람이 물과 성령으로 나지 아니하면 하나님의 나라에 들어갈 수 없느니라

　예수께서 대답하시되 진실로 진실로 네게 이르노니 사람이 물과 성령으로 나지 아니하면 하나님의 나라에 들어갈 수 없느니라 (요3;5)

4 사도와 함께 모이사 그들에게 분부하여 이르시되 예루살렘을 떠나지 말고 내게서 들은 바 아버지께서 약속하신 것을 기다리라

■ 성령으로 세례를 받으리라

5 요한은 물로 세례를 베풀었으나 너희는 몇 날이 못되어 성령으로 세례를 받으리라 하셨느니라 (행1;4~5)

■ 어린 양의 생명책에 기록된 자들만 들어가리라

　무엇이든지 속된 것이나 가증한 일 또는 거짓말하는 자는 결코 그리로 들어가지 못하되 오직 어린 양의 생명책에 기록된 자들만 들어가리라 (계21;27)

12 하나님의 말씀은 살아있고 활력이 있어 좌우에 어떤 날선 어떤 검보다도 예리하여 혼과 영과 및 관절과 골수를 찔러 쪼개기까지 하며 또 마음의 생각과 뜻을 판단하나니

13 지으신 것이 하나도 그 앞에 나타나지 않음이 없고 우리의 결산을 받으실 이의 눈앞에 만물이 벌거벗은 것같이 드러나느니라 (히4;12~13)

■ 아래 말씀들은 곧 성령의 역사를 나타내는 것이다

창세기 2장 2절 말씀에

"땅이 혼돈하고 공허하며 흑암이 깊음 위에 있고 하나님의 영은 수면 위에 운행하시니라"

성령은 구약시대에도 일하셨고

마가복음 1장12절에

성령이 곧 예수를 광야로 몰아내신지라

누가복음 4장 1, 2절 말씀에

예수께서 성령의 충만함을 입어 요단 강에서 돌아오사 광야에서 사십 일 동안 성령에게 이끌리시며 마귀에게 시험을 받으시더라

사도행전은 성령행전이라고 말하지 않는가? 그 말은 성령의 일하심을 나타내보인 말씀이란 뜻이다. 성령의 역사를 기록하고 있다. 구약시대를 비롯하여 신약시대에 일하신 성령님의 사역이 오늘날에는 왜 부정되어야 하는가? 고린도전서 12장 3절 말씀에 성령으로 아니하고는 누구든지 예수를 주시라 할 수 없다. 당신들은 지금 주여! 주여! 주여! 부르짖으며 기도하고 있지 않은가? 그게 바로 오늘날 성령의 역사다. 성령의 역사는 여러가지로 나타난다. 고린도 전서 12장 9절 병 고치는 은사를 받은 성도들의 치유의 사역도 성령의 역사다. 부정하고 비난하려들지 말고 성령을 부어 달라고 기도하라. 누가복음 11장 13절에 구하는 자에게 성령을 주시지 않겠느냐고 말씀하신다. 성령으로 충만함을 받으면 성령님에 대하여 바로 알게 된다.

여의도순복음교회 조용기 목사님이 여러 나라들을 두루 다니시며

성령의 역사를 드러낸 사실을 당신들은 너무나 잘 알고 있다. 비단 조용기 목사님뿐만 아니라, 온누리교회 하용조 목사님도 영국 골드힐교회 예배 가운데 성령님의 임재를 목도하고, 삼위일체 하나님을 잘못알고 있음을 뼈저리게 느껴, 통회자복하고 성령세례를 받아 국내는 물론 미국에서 까지도 병든 몸을 이끌고 성령을 전하는 일에 전심전력을 다 하셨음을 우리는 알아야 한다.

오늘날에도 순복음교회에서 보는 바와 같이 성령이 우리 안에서, 밖에서 일하심을 우리 성도들은 반드시 알아야 한다. 지식적으로 아는 것 뿐만 아니라 체험적으로도 알아야 한다. 성부 하나님, 성자 예수님, 성령님 이분들이 삼위 하나님이시다. 삼위 하나님을 아는 것이 영생이라고 성경 말씀에서 말하고 있지 않은가? 말씀을 바로 알고 말씀 따라 참된 신앙인의 삶을 살아가시길 다시한번 부탁드린다.

칼빈주의, 알미니안주의, 교단, 교리 등 전혀 성경 말씀에 없는, 말씀 밖의 일에 힘을 쏟는 어리석은 일이 없길 바랄 뿐이다.

1 〈성령이 하나되게 하신 것〉 그러므로 주 안에서 갇힌 내가 너희를 권하노니 너희가 부르심을 받은 일에 합당하게 행하여

2 모든 겸손과 온유로 하고 오래 참음으로 사랑 가운데서 서로 용납하고

■ **성령이 하나 되게 하신 것을 힘써 지키라**

3 평안의 매는 줄로 성령이 하나 되게 하신 것을 힘써 지키라

4 몸이 하나요 성령도 한 분이시니 이와 같이 너희가 부르심의 한 소망 안에서 부르심을 받았느니라

5 주도 한 분이시요 믿음도 하나요 세례도 하나요

6 하나님도 한 분이시니 곧 만유의 아버지시라 만유 위에 계시고 만유를 통일하시고 만유 가운데 계시도다

5 하나님은 한 분이시요 또 하나님과 사람 사이에 중보자도 한 분이시니 곧 사람이신 그리스도 예수라 (엡4:1~6, 딤전2;5)

너의 암도 하나님의 명령 따라 헤어드라이기로 암 부위를 지지므로 날로 날로 그 부위가 작아져 갔다. 그 견디기 힘든 통증도 그즈음에 완전히 사라졌다.

하나님 감사합니다!

할렐루야!

하나님 찬양합니다.

이제 하나님의 일하심을 몸으로 체험함으로써 너의 삶은 하늘을 나는 듯 기쁘고 즐거웠다. 이게 믿음이고 신앙이다. 우리 모든 성도들이 하나님 앞에 참된 믿음으로 참된 신앙인으로 바로 서기를 소원해본다.

할레루야! 아멘.

그 교회는 수요예배 기도 시간이 몹시 뜨겁다. 모든 성도들이 일어서서 춤추며, 통곡하며, 부르짖으며 뜨겁게 뜨겁게 기도한다. 어떤 성도는 방언으로, 어떤 성도는 마음으로 기도한다. 너도 그들 가운데서 뜨겁게 기도하고 있었다. 통성기도할 때 불을 끄고 어두움 속에서 기도한다.

갑자기 너의 눈 앞에 고무풍선 같은 광명한 빛덩어리가 나타났다.

그 속을 자세히 들여다 보니 '실타래'가 들어있었다.

"이게 네게 붙어 있던 암덩어리다. 이제 이것을 고무풍선과 함께 공중으로 날려 보내주노라" 할랠루야! 아멘

하나님 감사합니다. 부르짖어 하나님께 영광을 돌렸다.

너는 기뻐 춤추며 노래했다.

찬양하라 내 영혼아

찬양하라 내 영혼아

온 맘과 정성 다하여 주 찬양하라

경배하라 내 영혼아

경배하라 내 영혼아

온 맘과 정성 다하여 주 경배하라 (찬송가621장)

너는 오른쪽 퀴바퀴가 없다.

귀 연골막암과 함께 사라졌다.

다만 예수의 흔적으로 남아 있을 뿐이다.

22.
큰아들이 뇌졸중으로
숨이 끊어진 것을 하나님께서 살리시다

너는 2017년 4월 14일, 영양 해발 350m 산골짜기에 5년 계약으로 집을 얻어 살게 되었다. 그런데 1년 6개월을 살고 철수하게 되었다. 잠잘 때 방 안에 지네가 들어오고, 집주인이 마당이나 뜰에 심어 놓은 곡식에 제초제를 뿌려 곡식을 죽게 함으로 더 이상 살 수 없을 것 같아 2018년 10월에 서울 집으로 돌아오게 되었다.

그 모든 것이 하나님의 계획이었다는 것을 후에 깨닫게 되는 일이 일어났다 그곳에서 그때까지 살았다면 큰아들을 잃을 수도 있었을 일이 2019년 4월 1일 너의 아파트에서 일어났다.

2019년 4월 1일 저녁 일곱시 너는 그날 그 시간을 정확히 기억한다. 그날 그 시각에 사랑하는 너의 큰아들이 잠자는 중에 갑자기 숨이 끊어졌기 때문이다. 너는 그때까지 단 한 번도 타인의 죽음을 목격한 적이 없었다. 너는 그시각에 큰아들과 조금 떨어진 잠자리에 누워 눈으로 책을 읽고 있었다. 순간 뭔가 이상한 느낌이 들었다. 급히 잠자고 있는 큰아들을 보게 되었다. 눈이 이상하다. 잠자는 아이가 눈을 크게 뜨고 있다.

"119!"라고 자신도 모르게 크게 외쳤다.

그 소리에 놀라 아내가 불이나게 쫓아 왔다.

아내가 아들이 숨이 끊어진 것을 보고 급히 심폐소생술로 그의 가슴을 압박하고 있다.

너는 아들 입에 이물질이 기도를 막고 있지는 않은지? 그의 입을 열어 확인한다. 다행히 이물질은 없다. 그사이 작은아들이 119와 통화를 하며 주의사항을 중계한다. 한참을 심폐소생술을 한 것 같았다. 그때 큰아들이 '푸!~'하고 숨을 몰아 쉰다. 그와 동시에 119대원들이 들것을 들고 방으로 들어왔다. 간단한 검사를 마치고 아들을 들것에 실어 방을 나갔다. 엠뷸런스를 타고 병원에 도착했다. 응급실에서 이것 저것 검사를 마쳤다. 큰 이상은 없다고 한다. 아들을 중환자실에 입원시키고 집으로 돌아왔다.

입원 2일째 아침 6시.

아들한테서 전화가 왔다.

아프단다.

몹시 아프단다.

아파 견딜 수가 없다고 한다.

이게 어떻게 된 거야.

병원 중환자실에 입원한 아이가 아파서 견딜 수가 없다니.

뭔가 잘못되어가고 있다는 느낌이 들었다. 택시를 타고 급히 병원으로 갔다. 중환자실에 있어야 할 아이가 일반병동 6인실에 있었다. 몇 마디 물어보고 정밀검사도 하지 않고 일반병실로 옮겼다는 것이다. 기막힐 노릇이었다. 대학병원이라고 안심하고 맡겼는데.

도대체 이게 뭐야!

기막힐 노릇 아닌가.

간호사실을 찾아갔다.

당장 우리 아이 퇴원시켜달라고 했다.

그럴 수는 없다고 한다. 담당의사 선생님이 출근 전이라 않된다고 한다.

병원장 전화 연결해!

죽어가는 환자를 정밀검사도 하지않고 방치한 책임을 물을 거야.

병원측과 실랑이를 벌였지만 오전 11시에야 ○○○대학병원에서 퇴원을 하게 되었다. 급히 엠뷸런스로 삼성서울병원에 도착했다. 그런데 응급환자가 밀려 오후 2시에 입원 가능할지도 모른다고 한다. 그것도 그시간이 돼 봐야 알 수 있다고 한다. 그것도 아니면 그때 가서 다른 병원으로 이송될지도 모른다고 한다. 지체할 시간이 없다. 집에서 그리 멀지 않은 ○○대학병원으로 갔다. 그때가 정오 12시였다. 입원 시간은 정확하게 알 수 없지만 오늘 입원할 수 있다고 한다. 입원수속을 마치고 입원 대기실에서 기다렸다. 이제나저제나 입원을 기다렸지만 아무 소식도 없다.

그런데 아이가 갑자기 이상한 짓을 한다.

저기, 고양이가 가요. 나 고양이 잡으러 가요.

어디론가 걸어가고 있다.

이리저리 돌아다닌다.

안정이 되지 않는다.

이제 급하다. 뇌졸중이 악화되고 있다는 증거다.

병원 대기실에 고양이가 있을리 없지 않은가?

치매 발작이 일어난 것이다.

급하게 간호사실을 찾았다. 사실을 알리고 응급조치를 해달라고 부탁을 했다. 입원환자가 아니라서 어렵다고 한다. 그렇게 시간이 지나 다음 날 0시 5분에야 응급중환자실에 입원시켰다. 아이 엄마한테 간호를 맡기고 돌아서려는데 아이와 눈이 마주쳤다. 치매로 사리분별이 되지 않는 상태다. 의사소통도 되지 않는다. 말도 하지 못한다. 애처로운 눈빛으로 아버지를 바라보는 그 시선을 아직도 너는 잊지 못한다.

다음 날 뇌종중으로 뇌혈관이 터져 핏떡이 되어 있는 것을 제거하는 수술을 받았다. 핏떡을 깨끗이 제거했다고 한다. 그렇지만 지금 상태가 언제 회복될지는 두고봐야 한다고 했다.

하나님 아버지 감사합니다. 아들을 뇌졸중에서 살리시고, 수술로 핏떡을 깨끗하게 제거할 수 있도록 도와주신 은혜 감사합니다. 예수님 이름으로 기도합니다. 아멘. 그때 하나님께서 초석잠을 준비하라고 말씀하셨다.

초석잠이 뭔대요?

아이가 퇴원하면 먹여야 하는 약이라고 하셨다.

경동시장 한약제 시장을 찾았다. 지하철을 타고 제기역에서 내려 결혼회관쪽으로 가다가 좌측에 토종약초라고 쓴 간판이 눈에 띄었다. 그 한약국에 들어갔다.

초석잠 있습니까? 있단다.

초석잠 한 근만 주세요.

그 약제를 한 근만 샀다.

이거 어떻게 먹어요?

가루내어 작은 스푼으로 한 스푼 입에 털어 놓고 물을 마시면 된다고 한다.

멀지 않은 곳에 제분소가 있었다.

초석잠 가루내어 달라고 했다. 사온 것을 보더니 양이 너무 적어 빻을 수가 없다고 한다. 그럼 어떡해요? 한 근을 더 사오면 된다고 한다. 한 근을 더 사서 가루내어 집으로 돌아왔다. 사리분별도 못하는 아이가 가루를 입에 털어 놓고 물을 마시기란 어려울 것 같았다.

그럼 어떻게 하면 될까?

옳지! 캡슐로 만들면 되겠구나. 너는 인터넷으로 캡슐을 주문했다. 캡슐이 도착했다. 그런데 빈 캡슐에 가루를 넣는게 문제였다. 궁리끝에 방법을 찾았다. 가루를 작은 비닐백에 담고 빈 캡슐 뚜껑을 열어 가루 위를 콕콕 찌르는 것이다 그리하면 가루가 캡슐에 가득차게 된다는 원리다.

빈 캡슐을 열어 가루 위를 콕콕 찔렀다.

초석잠 가루가 캡슐에 가득찼다.

뚜껑을 닫았다. 그렇게 아이 치매약이 만들어졌다.

하나님 아버지.

감사합니다. 아이에게 필요한 약재도 주시고 캡슐로 만들어 먹일 지혜도 주시니 감사합니다. 예수님 이름으로 감사기도 드립니다. 아멘.

수술 후 7일이 지났다. 아이 병실을 찾았다. 응급중환자실에서 일반병실로 옮겼다. 말도 한다. 대화가 된다. 겉으로 보기에는 멀쩡하다. 다 나은 것 같다. 그래서 아이에게 퇴원하면 교회에 가자. 아이가 고개를 끄덕이면서 교회에 가겠다고 한다. 너는 무척 기뻤다. 무엇보다도 아이 영혼 구원이 너에게는 0순위다.

입원 13일째 되는 날 아이는 병원에서 퇴원하게 되었다.

그런데 아무 약도 주지 않는다.

일 년 동안 술, 담배하지 말고 조심하라는 말만 한다.

아이가 분명 숨이 끊어졌었고,

심폐소생술로 숨이 돌아왔고,

두 대학병원에서 검사를 받았고, 수술도 받았는데

그것도 뇌졸중으로.

입원 13일만에 퇴원을 하는데 아무 치료약이 없다.

당장은 아무 증상도 장애도 없다.

단기간에 뇌졸중이 완치되었다?

생각이 거기까지 미치자.

할렐루야! 하나님 감사합니다 라고 너는 자신도 모르게 외쳤다.

퇴원하고 집으로 돌아왔다. 약은 하나님께서 준비하셨다. 그래서 병원에서 약을 줄 수 없지 않았던가. 아들은 매일 아침 식후 초석잠 다섯 캡슐을 먹게 되었다. 퇴원하고 일주일이 지났다. 그동안 아무일도 없었다. 그 날은 아이가 직장에서 퇴근길에 술을 먹고 돌아왔다. 발작이 일어나기 시작한다. 병원에서 하던 것처럼 고양이가 아파트 베란다에 있다고 한다. 찾으러 가야한다고 한다.

이걸 어떡해.

난감하다.

방법은 하나 있다. 아침에 먹은 초석잠을 한번 더 먹여보자.

초석잠 다섯 캡슐을 먹였다. 조금 지나자 안정을 찾았다.

하나님은 전지전능하신 분이시라 모든 것을 아신다. 도움을 구하면 도우신다. 우리가 기도해야 하는 이유가 여기 있다. 하나님은 구하는 자에게 하나님의 영, 성령도 부어주신다. 그래서 초석잠을 미리 준비하게 하시고 그것으로 위기를 넘길 수 있게 도와주셨다.

하나님 아버지.

감사합니다. 너의 기도를 들으시고 너의 모든 일을 도와주시니 감사합니다. 예수님 이름으로 감사기도 드립니다. 아멘.

이런 일이 자주 일어났다

그 때마다 초서잠을 먹이면 된다.

문제는 그런 일이 반복적으로 일어난다는 것이다.

이러다가 치매라도 오면 어떡해.

속상하고

불안하고

다른 뾰족한 방법도 없다.

그러다가 언제부턴가 술을 먹고 들어와도 발작이 일어나지 않는다.

약을 먹일 필요가 없다.

뇌졸중에서 완전히 벗어난 것이다.

할렐루야!

하나님 감사합니다.

오직 하나님의 은혜로 직장에 잘 다니고 있다.

아무 장애도 없다.

아무 증상도 없다.

오직 하나님의 은혜만 남아 있을 뿐이다.

할렐루야!

하나님께 감사와 찬양과 영광을 돌립니다 아멘.

23.
너는 험한 산 속을
아무 두려움 없이 혼자 다닌다

    너는 어릴 적부터 산을 무척 좋아했다. 산에 올라가서 봄이면 소나무꽃도 따 먹고, 소나무 껍질도 베껴 먹는 것이 마냥 즐거웠다. 조금만 지나면 산딸기, 또 조금만 지나면 망개나무 열매 등을 따 먹으면서 바위 틈에 아름답게 피어 있는 능소화꽃을 보는 것이 좋아 산에 다녔다. 그가 살던 곳은 평야지대라 낮으막한 야산뿐이었다.

    그런 너가 멧돼지가 우글거리는 험한 산 속을 혼자 다닌 적이 있었다. 처음 험한 산 중턱에 다달았을 때 갑자기 머리 위에서 '멧돼지가 깨에액!'하고 소리를 질렀다.

    "여긴 내 구역이야. 오지마." 경고 같이 들렸다.

    몹시 두려웠다.

    더 이상 앞으로 나아갈 수가 없었다. 뒤돌아 황급히 뛰다시피 산을 내려왔다. 산이 두렵다는 생각이 들었다. 그때 너는 새벽마다 집에서 새벽기도를 드리고 있었다. 기도하기 전에 언제나 시편 91편 말씀을 자신에게 선포한다. 그날부터 시편 91편 말씀을 믿고 의지하도록 믿음을 달라고 하나님께 기도 했다. 그 가운데 특별히 11절 말씀 "그가 너를 위하여 그의 천사들을 명령하사 네 모든 길에서 너를 지키게 하심이라"을 믿고 의지하게 해달라고 기도했다.

다음 날 그 산을 오르고 있었다. 또 '꽥꽥'하고 멧돼지가 울었다. 그런데 어제와는 느낌이 다르다. 어제는 경고의 소리로 들렸는데 오늘은 쫓겨가는 소리로 들린다. 오늘은 천사들이 멧돼지를 쫓아내고 있다. 하나님께서 너가 가는 산 속에서 너가 두렵지 않도록 천사들이 멧돼지를 쫓아 내도록 명령하신 것 같았다.

다음 날 새벽에는 멧돼지가 꽥꽥 소리도 내지 않게 해달라고 기도했다 그 후 너는 산 속에서 멧돼지 소리를 다시는 듣지 못했다.

또한 운길산 산골짜기에서 독사 똬리 위에 놓인 밤을 집다가 기절한 이후, 독사가 그를 보면 옆으로 슬그머니 사라진다.

이 모든 일들은 말씀을 바로 알고, 믿고, 의지할 때 주님이 주시는 은혜라고 너는 믿고 있다.

너는 일 년에 주일과 눈 오는 날, 비 오는 날, 추운 겨울을 제외하고 거의 매일 산행을 즐긴다. 지금은 전처럼 산을 다니지는 않는다. 봄에 산나물 뜻으러 가든지, 여름·가을은 야생 버섯을 따러 간다. 너는 식용 버섯을 거의 알고 있다. 산 밑에서부터 해발 500m 능선까지 산에서 나는 버섯들을 여기 소개한다. 솔잣버섯, 기와버섯, 달걀버섯, 큰갓버섯,

그물버섯, 참싸리버섯, 꾀꼬리버섯, 졸각버섯, 팽이버섯, 꽃송이버섯, 노루궁뎅이버섯, 뽕나무버섯, 뽕나무버섯부치, 개암다발버섯, 검은비늘버섯, 다색벚꽃버섯, 털귀신그물버섯, 귀신그물버섯, 목이버섯, 산느타리버섯, 산표고버섯 젖비단그물버섯, 황소비단그물벗섯, 목이버섯, 연기색만가닥버섯, 구리빛그물버섯, 접시껄껄이그물버섯, 민자주방망이버섯, 회색깔대기버섯, 영지버섯, 소나무잔나비걸상버섯, 댕구알버섯, 은사시나무상황버섯 등이 있다. 이 가운데 뛰어난 맛이 있는 버섯은 기와버섯, 큰갓버섯 어린 댕구알버섯(계란크기) 뿐이다. 나머지 버섯들은 다 맛이 괜찮다. 너는 맛이 평범하거나 맛이 없는 버섯은 손대지 않는다. 그것들은 몸에 좋다고 볼 수 없기 때문이다. 맛이 괜찮거나 맛이 뛰어난 버섯들은 몸에도 좋다. 이 버섯들은 너가 다 직접 채취하여 먹어본 버섯들이다. 약용버섯으로는 영지버섯이 으뜸이다.

식용버섯도 거의 대부분 독성이 있다. 따라서 소금을 한줌 넣고 삶아 24시간 찬물에 우러낸 다음에 볶든지 된장찌게에 넣든지 취향에 따라 조리해서 먹을 수 있다. 반드시 그렇게 해야 한다. 그렇지 않으면 큰 해를 입을 수 있기 때문이다. 이 과정을 거치지 않고 생식이 가능한 버섯은 너가 아는 한 노루궁뎅이버섯, 꽃송이버섯과 송이버섯뿐이다. 큰갓버섯은 위 과정을 거치면 형체가 사라지게 된다. 먹을 게 없어진다는 말이다. 완전히 익히기만 하면 된다. 큰갓버섯은 호박잎에 싸서 후라이펜에 구워먹으면 아주 맛이 좋은 식용버섯이다.

산 속에는 언제나 위험이 도사리고 있다. 아무나 함부로 길이 나 있지 않은 산 속을 다녀서는 않된다. 그곳에는 멧돼지, 독사, 말벌, 살인진드기가 사람들에게 큰 위험으로 다가 온다. 때로는 멧돼지의 공격을 받거나, 독사에게 물리거나, 말벌에게 쏘이거나 살인진드기에 물려 목숨을 잃었다는 뉴스를 접하게 된다. 너는 산 속에서 멧돼지도 만나고, 독사도 만나고, 말벌에게 쏘여도 보고, 살인진드기에게 셀 수 없이 여러 번 물려도 봤다. 살인진드기에 처음 물렸을 때 3일 후에 그 사실을 알게 되었다. 그때 왼쪽 겨드랑이 아래 붙어 있는 살인진드기를 발견할 수 있었다. 3일 동안 몹시 피곤했다. 힘이 없어 걸을 수도 없었다. 그러다가 곧 회복되었다. 2번째, 3번째, 4번째 물렸을 때는 그때마다 병원을 찾게 되었다. 병의 증세가 나타나면 즉시 병원 진료를 받으라고 담당 교수님이 당부하셨다. 다행히 지금까지 한번도 아무 증세도 나타나지 않았다. 그리고 장수말벌에게도 쏘여봤지만 헬리곱터 소리 같은 날개 소리에 놀랐을 뿐 아무 해를 받지 않았다. 하나님이 시편 91편 11절 말씀을 믿는 믿음을 보시고, 천사들을 명령하셔서 지켜 보호해 주심을 너는 믿는다.

24.
감사의 놀라운 능력

■ **감사로 제사를 드리는 자가 나를 영화롭게 하나니**

감사로 제사를 드리는 자가 나를 영화롭게 하나니 그의 행위를 옳게 하는 자에게 내가 하나님의 구원을 보이리라 (시50;23)

■ **감사함으로 그의 문에 들어가며**

감사함으로 그의 문에 들어가며 찬송함으로 그의 궁정에 들어가서 그에게 감사하며 그의 이름을 송축할지어다 (시100;4)

■ **예수께서 떡을 가져 축사하신 후에**

11 예수께서 떡을 가져 축사하신 후에 앉아 있는 자들에게 나눠 주시고 물고기도 그렇게 그들의 원대로 주시니라

12 그들이 배부른 후에 예수께서 제자들에게 이르시되 남은 조각을 거두고 버리는 것이 없게 하라 하시므로

13 이에 거두니 보리떡 다섯 개로 먹고 남은 조각이 열두 바구니에 찼

더라 (요6;11~13)

■ 내 말을 들으신 것을 감사하나이다

41 돌을 옮겨 놓으니 예수께서 눈을 들어 우러러 보시고 이르시되 아버지여 내 말을 들으신 것을 감사하나이다

42 항상 내 말을 들으시는 줄을 내가 알았나이다 그러나 이 말을 하옵는 것은 둘러선 무리를 위함이니 곧 아버지께서 나를 보내신 것을 그들로 믿게 하려 함이니이다

43 이 말씀을 하시고 큰 소리로 나사로야 나오라 부르시니

44 죽은 자가 수족을 베로 동인 채로 나오는데 그 얼굴은 수건에 싸였더라 예수께서 이르시되 풀어놓아 다니게 하라 하시니라 (요11;41~44)

■ 그의 하나님께 감사하였더라

10 다니엘이 이 조서에 왕의 도장이 찍힌 것을 알고도 자기 집에 돌아가서는 윗방에 올라가 예루살렘으로 향한 창문을 열어 놓고 전에 하던 대로 하루 세 번씩 무릎을 꿇고 기도하며 그의 하나님께 감사하였더라,

22 나의 하나님이 이미 그의 천사를 보내어 사자들의 입을 봉하셨으므로 사자들이 나를 상해하지 못하였사오니 이는 나의 무죄함이 그 앞에 명백함이오며 또 왕이여 나는 왕에게도 해를 끼치지 아니하였나이다 하니라 (단6;10, 22)

25.
성령의 감동하심과 인도하심으로
책을 쓰게 되다

　너는 2019년 11월 17일 "어느 신자의 체험적 신앙 간증"을 첫 출간으로 지금까지 8권의 책을 쓰게 되었다. 첫 책은 너의 생각대로 썼는지 알 수 없지만, 나머지 7권의 원고는 성령의 감동하심과 인도하심으로 그 책이 쓰여지게 되었다.

　너는 저녁 8시에 잠이 든다.

　12시가 지나 잠이 깬다.

　잠이 오지 않는다.

　성령께서 시키실 일이 있다는

　신호다!

　잠잠히 기다린다.

　무언가

생각나게 하시고

핸드폰 자판을 두드리게 하신다

그래서 너는 대체로 새벽 2시 경에 원고를 쓰게 된다. 그 시간에 성령의 도우심으로 자신도 모르게 원고가 쓰여진다. 너가 전에 쓴 원고를 지금 쓰라고 하면 아무 생각도 나지 않는다. 언제 네가 이런 글을 썼지?

이 책을 언제 네가 써?

자신이 써놓고도 전혀 기억을 하지 못한다.

성령의 감동하심과 인도하심이란?

그런 것이라고 이해하면 된다.

책에 인용된 그 많은 성경 구절들.

너가 아는 것보다 모르는 게 더 많다.

그것이 성령의 감동하심과 인도하심으로 썼다는 증거다.

특히 "요한계시록을 통하여 하나님의 구속 경륜을 보라"가 그렇다.

또한 "천국의 황홀한 아름다움과 기쁨과 평안을 맛본 사람들"

그 책 속에 담겨진 "평신도 연예인 목사 선교사"

그분들을 어떻게 찾아서

그분들의 간증을 그 책 속에 담을 수 있겠는가?

성령의 감동하심과 인도하심으로

원고가 쓰여지게 되고

하나님의 은혜로 출간된 것임을

지면을 통해 밝혀 둔다.

너는 핸드폰으로 원고를 쓴다

그것도 깨알 같이 제일 작은 글씨로.

양쪽 눈 백내장 수술을 받았고

왼쪽 눈 황반변성 수술도 받았다.

두 종류의 수술로 돋보기를 쓰던 너의 시력이

핸드폰으로 글을 쓸 때는

시력이 2.0 쯤 될지도 모른다.

그 작은 글씨가 깨끗하게 잘 보인다

이게 하나님의 축복이오.

은혜다.

신앙인은 오직 하나님의 은혜로 사는 것이다.

너가 성령의 감동하심과 인도하심으로

2021년부터 쓴 책은

"성령의 인도하심 따라,

말씀을 바로 알고 말씀 따라 살기를 힘쓰라,

요한계시록을 통하여 하나님의 구속 경륜을 보라,

항상 복종하여 두렵고 떨림으로 너희 구원을 이루라,

말씀과 성령으로 풀어보는 로마서 주석,

천국의 황홀한 아름다움과 기쁨과 평안을 맛본 사람들,

하나님의 영, 성령이 당신에게 임하시면"

이 있다.

책 한권을 쓰는데 기간이 오래 걸린 책은

"천국의 황홀한 아름다움과 기쁨과 평안을 맛본 사람들"이다

7개월에 걸쳐서 원고가 쓰여졌다.

나머지 6권은 4개월 안에 그 원고가 다 쓰여진 것이다.

하지만 너가 쓴 것처럼 보일 수도 있지만

실은 성령께서 쓰신.것이다.

너의 지식과 생각으로 그와 같은 책을 쓸 수 없기 때문이다.

그래서 출판 수익도 하나님 것이다.

전액 섬기는 교회 은행계좌로 입금된다.

하나님의 때에,

하나님의 뜻대로,

하나님이 말씀하시는 대로 사용하면 된다.

사람이 하는 것이 아니다.

하나님이 하신다.

이는 하나님이 자기 뜻대로 할 마음을 너에게 주사

한뜻을 이루게 하심이라.

여기서 한마디.

"하나님은 살아 계신다"

말로만 하지 말라!

성령으로 충만함을 받으면

성령이 당신 안에서 일하심을 눈으로 볼 수 있다.

너가 원고를 쓰고,

그 원고가 책이 되어 나오고,

그 책을 우리가 읽게 되고
이 모든 일을 우리는 눈으로 본다.
이게 성령의 역사다.
하나님의 일하심이다
말이 어려울 수도 있지만
오직 하나님의 뜻대로
하나님의 은혜로
이 일들이 이루어진다고 이해하면 될 것 같다.

26.
성령으로 충만함을 받으면 이런 일들을 체험하게 된다

- 당신은 하나님께 통회자복하며 뜨거운 눈물로 부르짖어 기도한 적이 있는가?
- 당신은 성령께서 당신의 죄를 필름처럼 눈 앞에 나타내보이심에 따라 통회자복하며 회개기도를 드린 적이 있는가?
- 잠잠히 기도 속으로 빨려 들어간 적이 있는가?
- 기도 중에 목구멍 깊은 곳으로부터 이상한 소리가 나오거든 그 기도 소리를 멈추지 말고 크게 부르짖으라. 그것이 방언기도니라. 그리고 쉬지말고 방언으로 기도하라. "내가 만일 방언으로 기도하면 나의 영이 기도하거니와 나의 마음은 열매를 맺지 못하리라 그러면 어떻게 할까 내가 영으로 기도하고 또 마음으로 기도하며 내가 영으로 찬송하고 또 마음으로 찬송하리라" (고전14;14~15)
- 당신은 자신도 모르게 주체할 수 없이 많은 눈물을 흘려 본 적이 있는가?

- 기도할 때에 많은 눈물을 흘려 본 적이 있는가?
- 기도할 때에 당신 속에서 마음이 뜨겁게 달아오른 적이 있는가?
- 예배드릴 때에 하염없이 흐르는 눈물을 경험한 적이 있는가?
- 당신은 안수기도를 받은 적이 있는가?
- 성령으로 충만한 목사님께 안수기도를 받은 적이 있는가?
- 성령세례로 안수기도를 받은 적이 있는가?
- 그로인해 성령의 충만함과 방언을 은사로 받았는가?
- 치유를 위해 안수기도를 받은 적이 있는가?
- 안수기도를 받음으로 병이 나은 적이 있는가?
- 당신은 하나님의 세미한 음성을 들은 적이 있는가?
- 있었다면 몇 번이나 들었는가?
- 지금도 그 음성을 듣고 있는가?
- 앞으로도 그 음성을 듣게 될 것이라고 믿고 있는가?
- 새벽기도할 때에 머리 위에 성령의 임재를 느껴본 적이 있는가?
- 있었다면 얼마나 자주 성령의 임재를 느끼게 되었는가?
- 앞으로도 새벽기도를 통해 머리 위에 성령의 임재를 체험할 것이라고 믿는가?
- 당신은 날아갈 듯한 기쁨을 맛본 적이 있는가?
- 눈앞에 살랑거리는 나뭇잎들이 한없이 아름답게 느껴본 적이 있는가?
- 눈앞에 펼쳐진 풍경들이 아름다워 황홀지경에 빠져본 적이 있는가?
- 마음에 넘치는 기쁨으로 기뻐 뛰며 춤추어 본 적이 있는가?
- 그때에 당신은 성령의 충만함으로 주님이 주신 평안 가운데 무아지경에 이른 것이다.

27. 요한계시록에 약속된 7가지 복

1) 예언의 말씀을 읽는자, 듣는 자, 지키는 자의 복

이 예언의 말씀을 읽는 자와 듣는 자와 그 가운데 기록한 것을 지키는 자는 복이 있나니 때가 가까움이라 (계1;3)

2) 주 안에서 죽는 자의 복

또 내가 들으니 하늘에서 음성이 나서 이르되 기록하라 지금 이후로 주 안에서 죽는 자들은 복이 있도다 하시매 성령이 이르시되 그러하다 그들이 수고를 그치고 쉬리니 이는 그들이 행한 일이 따름이라 하시더라 (계14;13)

3) 자기 옷을 지켜 벌거벗고 다니지 아니하는 자의 복

보라 내가 도둑같이 오리니 자기 옷을 지켜 벌거벗고 다니지 아니하며 자기의 부끄러움을 보이지 아니하는 자는 복이 있도다 (계16;15)

4) 어린 양의 혼인 잔치에 청함을 받은 자의 복

천사가 내게 말하기를 기록하라 어린 양의 혼인 잔치에 청함을 받은 자들은 복이 있도다 하고 내게 말하되 이것은 하나님의 참되신 말씀이라 하기로 (계19;9)

5) 첫째 부활에 참여하는 자의 복

이 첫째 부활에 참여하는 자들은 복이 있고 둘째 사망이 그들을 다스리는 권세가 없고 도리어 그들이 하나님과 그리스도의 제사장이 되어 천 년 동안 그리스도와 더불어 왕 노릇 하리라 (계20;6)

6) 두루마리의 예언의 말씀을 지키는 자의 복

보라 내가 속히 오리니 이 두루마리의 예언의 말씀을 지키는 자는 복이 있으리라 하더라 (계22;7)

7) 자기 두루마기를 빠는 자의 복

자기 두루마기를 빠는 자들은 복이 있으니 이는 그들이 생명나무에 나아가며 문들을 통하여 성에 들어갈 권세를 받으려 함이로다 (계22;14)

28.
너는 해방 이듬해
깊은 시골에서 태어났다

　가을이 되면 마을 앞에는 황금 들판이 펼쳐지게 되고, 좌우에 낮으막한 산들이 병풍처럼 둘러싸여 있으며, 들판 끝으로 강이 흐르고 있다. 여름이면 홍수가 나고 겨울이면 물길이 끊기는 그리 넓지 않은 강이다. 너는 해방 이듬해 그런 깊은 시골에서 태어났다. 그때는 아이가 아프거나, 돌림병이 돌게 되면, 점을 본다거나 굿을 한다거나 또는 마당 한가운데 박바가지를 엎어놓고 그 위에 부엌칼을 칼끝이 대문을 향하게 비스듬이 꽂아놓고, "내 아이를 아프게 하는 귀신아 물러가라"라고 퇴마기도를 하는 게 전부다. 그렇지만 그게 무슨 소용이 있겠는가. 아이들은 그저 속절없이 죽어간다. 그시절에는 오늘날과 같은 병원이 없기 때문이다. 하지만 병원시설이 잘 되어 있는 오늘날에도 코로나로 인해 수많은 사람들이 죽어가지 않았는가. 병원마저 없는 그시절에야

오죽했으랴.

　너가 태어난지 백일이 갓 지난, 그리 춥지 않은 초겨울 어느 날이었다. 알지 못하는 병으로 시름시름 앓다가, 저녁 무렵에 숨이 끊어지게 되었다. 너의 어머니가 너를 살려달라고 신이란 신은 다 불러 들였다.

　부처님!
　용왕님!
　산신령님!
　비나이다! 비나이다!
　우리 아들을 살려주십시오.
　이 어린 것이 무슨 죄가 있다고 데려가십니까?
　비나이다! 비나이다!
　천지신명이시여!

　너를 살려주십시오. 살려만 주시면 잘 키우겠습니다. 애쓰고 힘써 빌어보았지만 천지신명은 아무 대답도 하지 않았다. 끝내 아의 호흡은 돌아오지 않았다.

　어둠이 마당에 내려앉을 때쯤 너를 마당 가장자리에 있는 거름더미에 묻었다. 너가 얼지 않을까. 아이가 묻힌 거름더미 위에 거적대기로 덮었다. 아침 햇살이 창호지를 뚫고 방안으로 들어온다. 햇살이 따뜻하게 느껴지는 아침이다. 너가 얼지는 않았을까. 너의 어머니가 애처로운 마음에 거적대기를 재치고 거름더미를 살짝 열어보았다.

　거름더미에서 김이 모락모락 올라온다.
　온실현상이 일어나고 있다.

따뜻하다.

너의 가슴에 살며시 손을 대어보았다.

아주 가느다란 호흡이 느껴진다.

아이가 살아있다.

너의 어머니가 너를 살포시 가슴에 안고 방으로 뛰어 들어갔다. 너를 가슴 속 깊이 끌어안고 솜이불을 덮고 모로 누웠다. 마음 속으로 천지신명이시여 너를 살려주셔서 감사하나이다. 천지 신명께 감사를 드렸다.

한참만에 너가 '응애!'하고 울음을 터뜨렸다.

죽었다고 거름더미에 묻었던 아이가 살아났다.

너야, 살아줘서 고맙구나!

아이도 엄마도 한참을 그렇게 울었다.

너가 연례행사로 고뿔을 앓기도 했지만 잘 이겨내고 건강하게 자랐다. 7살무렵 너는 앞집 아이와 바가지로 개울물을 퍼내고 물고기를 잡을 요량으로, 이웃마을에서 마을 앞 강으로 흘러드는 개울가로 갔다. 개울가를 걸으면서 물고기가 나무에서 개울물로 떨어지는 광경을 보게 되었다. 떨어졌다면 거기까지 올라갔다는 얘기가 아닌가.

기어 올라갔을까?

날아 올라갔을까?

그렇다면 나무에서 떨어진 물고기는 무엇일까?

후에 그건 가물치라고 마을 어른들이 일러 주셨다. 가물치가 나무에서 떨어지는 걸 본 사람은 많다고 한다. 반면에 가물치가 나무에 오르는 걸 본 사람은 없다고 한다.

너가 8살 때 학교갈 나이가 되어 같은 마을 아이 일곱이 초등학교에 들어갔다. 학교는 너의 마을에서 남동쪽으로 오리나 떨어져 있었다. 추운 겨울이 왔다. 아침을 먹고 학교에 간다. 바람이 등 뒤에서 밀어줘서 걷는 게 훨씬 수월하다. 학교수업을 마치고 집으로 돌아올 때는 바람을 안고 온다. 매서운 겨울 바람이 너와 여섯 아이의 걸음을 방해한다. 집으로 돌아오는 게 몹시 힘들고 춥고 배고프다. 그래서 그들은 다같이 손을 잡고 똘똘뭉쳐 그 길을 걷는다.

너가 초등학교 일학년 때 같은 반에 스무살짜리 김용길이 형도 있었고 그와 같은 나이 전광자 누나도 있었다. 그들은 일제시대와 6·25 전쟁을 겪으면서 공부할 시기를 놓쳐 늦은 나이에 너와 같이 학교에 다니게 되었다. 1반에서 4반까지 한반에 60명씩 240명이 너와 같은 학년이다. 학생수에 비해 교실이 모자라 1, 2반은 교실에서 3, 4반은 학교 뒷산에서 수업을 받는다. 다음 달에는 3, 4반은 교실에서 1, 2반은 뒷산에서 수업을 받는다. 학생들 대다수가 가난하기 때문에 도시락을 싸올 수 없어 오전 수업만 받게 된다. 어린 나이에 6·25 전쟁을 겪은 세대다. 이 아이들 중에 일생에 두번씩 전쟁을 경험한 아이들도 있다. 그 아이들이 커서 청년이 되어 월남전에 참전한 아이들도 있기 때문이다.

너가 초등학교 1학년 때 어머니와 친정이 같은 마을인, 윗마을에 사시는 권사님께서 "너 예수님 믿어라. 나 따라 주일날 교회 가자!"라고 말씀 하셨다. "네 갈게요 데려가 주세요" 너는 자신도 모르게 그렇게 대답하고 말았다. 그분에게는 두 아들이 있다. 너는 권사님과 두 아들과 같이 마을에서 1키로 떨어진 뒷마을에 있는 교회에 가서 예배를 드렸다. 예배를 마치고 과자와 연필을 받아 집으로 돌아왔다. 무척 기뻤다. 우리 마을에 교회가 있으면 좋겠다는 생각이 들었다. 지금은 너의 고향 마을에도 교회가 있다.

하나님이 창세 전에 그리스도 안에서 너를 택하셨다. 택하심은 받았지만 너는 죄인이다. 죄인은, 바꾸어 말하면 흠이 있다. 흠이 있는 사람은 하나님 나라에 들어갈 수가 없다. 흠이 없는 사람만 하나님 나라에 들어갈 수가 있다. 그래서 너는 그리스도의 사랑 안에서 흠이 없게 하시려고 그의 피로 말미암아 속량 곧 죄사함을 받게 된다. 너는 그리스도의 십자가 사랑으로 죄사함을 받고 흠이 없는 사람이 된다. 이제부터 너는 하나님이 예정하시고 이루어 놓으신 그 길을 말씀 따라 살아가야 한다. 너는 이런 신앙에 관하여 아무것도 알지 못한다. 그렇지만 너는 복음을 듣자마자 흔쾌히 예수님을 믿겠다고 약속했다. 하나님께 택함을 받은 자이기 때문이다.

고작해야 이 땅에서 칠팔십년을 살 뿐인 벌레 같은 너를 택하시고 영생을 주신다고 한다. 그런데 세상 사람들은 이 복음을 믿으려 하지 않는다. 많은 사람들이 죽으면 그만이라고 한다. 죽음 뒤에는 아무것도 없다고 한다. 죽음은 그것으로 끝이라고 한다. 어떤 종교에서 죽은 뒤에 환생한다고 믿고 있다. 사람들이 예수님을 믿어보지도 아니하고 구원도 없고 영생도 없다고 한다. 예수님을 믿으라! 그리하면 구원도 영생도 알게 된다. 그 후에 그것들을 논해도 늦지 않다. 믿으면 하나님의 영광을 보리라.

너는 교회 다니는 게 기쁘고 좋았다.

주기도문을 암송하고 칭찬 듣고 공책 받는 게 좋았고,

사도신경을 암송하여 잘 했다 칭찬 받는 게 좋았다.

"예수 사랑하심을 성경에서 배웠네~"

찬송 부르는게 좋았고,

새로운 친구를 사귀는 게 좋았다.

너가 그렇게 좋아하며 교회를 다니는 걸 오래 두고 볼 수 없었다. 사탄이 너의 이웃 친구들을 사용하여 너가 교회 가지 못하도록 막았기 때문이다.

너가 교회가는 것을 방해하는 세력이 있다. 마귀의 사주를 받은 너의 이웃 친구들이다. 너와 가장 가까이 지내는 아이들이다. 너의 친구들은 자신들이 무슨 짓을 하고 있는지 알지 못한다. 마귀가 아이들 속에 들어가 너가 교회가는 걸 막고 있다. 그럼 마귀는 도대체 누구인가? 마귀는 사람이 아니다. 마귀는 에덴동산에서 하와를 꼬드겨 선악과를 따먹게 하여 쫓겨나게 한 옛 뱀이다. 뱀은 하나님이 지으신 들짐승 중에 가장 간교하다. 성도들을 이간질하여 서로 갈라서게 만든다. 교회를 파괴한다. 사람이 천국길로 가는 걸 가만두지 않는다. 마귀는 그 수가 바다 모래알 같이 많다고 한다.

"하늘에서 큰 용이 내쫓기니 옛 뱀 곧 마귀라고도 하고 사탄이라고도 하며 온 천하를 꾀는 자라 그가 땅으로 내쫓기니 그의 사자들도 그와 함께 내쫓기니라, 땅과 바다는 화 있을진저 이는 마귀가 자기의 때가 얼마 남지 않은 줄을 알므로 크게 분내어 너희에게 내려갔음이라

(계12;9, 12)" 여기서 땅과 바다는 세상을 말한다.

너는 어려운 환경을 극복하고 집에서 오리나 떨어져 있는 초등학교를 마쳤다.

그 시절에는 버스도 없었다.

교통편은 두 다리가 전부다.

너가 초등학교 졸업할 무렵 집에서 십리나 떨어져 있는 중학교에 입학시험을 쳤다.

합격했다.

같은 반 단짝 친구는 60등, 너는 59등으로 시험에 붙었다. 그런데 둘 다 . 그 해 중학교에 들어 갈 수 없었다. 가정 형편이 그들을 중학교에 들어갈 수 없게 만들었다.

너는 할아버지가 참나무산을 밭으로 개간하는 일을 도왔다. 괭이로 참나무 뿌리를 캐고 나무가지를 톱으로 잘랐다. 일곱마지기 산을 세마지기 정도 밭을 일궜다. 그 새로 개간한 밭에 골을 파고 거름을 깔고 덮어 수박을 심었다. 수박이 탐스럽게 익어갈 때에 너는 수박을 실컷 먹고 싶었다. 어느 날 늘 눈여겨 봐둔 수박을 할아버지 몰래 따가지고 밭 뒤에 있는 산으로 올라갔다. 수박 윗 뚜껑을 자르니 새빨갛게 잘 익었다. 칼로 수박 속을 파서 배가 터지도록 먹었는데 삼분지 일도 못 먹은 것 같았다. 남은 것은 뚜껑을 덮어 땅에 묻어두었다가 내일 먹기로 하고 땅을 파고 묻었다.

이튿날 산에 묻어두었던 수박을 먹으러 산에 올라가 땅 속에 묻은 수박을 파냈다. 수박 뚜껑을 열었다.

개미가 바글바글하다.

그 수박 주인은 개미였다.

개미가 수박을 다 파먹었다.

할아버지께 죄송하고 하나님께 죄를 지은 것 같았다. 너는 마음 속으로 "할아버지 죄송해요. 하나님 절 용서해주세요 제가 너무 어려 철이 없어 그랬나봐요" 그렇게 용서를 빌게 되었다.

그럭저럭 속절없이 한 해가 훌쩍 지나갔다. 가정 형편이 좀 풀린 것 같았다. 2월 하순 입학시기가 다가왔다. 할아버지께서 빨간 돈 천원짜리 한 장을 주시면서 삼성중학교에 입학금으로 내고 학교를 다니라고 하셨다. 할아버지께서 다 알아보셨기 때문에 등록금만 가지고 가서 입학등록만 하면 된다고 하셨다. 전년도 같은 마을에서 중학교를 가지 못한 세 아이들과 금년도 초등학교를 졸업한 세 아이 합하여 여섯이 같이 가서 입학등록을 마치고 중학교에 다니게 되었다. 전년도에 설립되어 그 해 1학년 신입생을 뽑았는데 너는 그 사실을 알지 못했다. 그 중학교는 교회재단에서 설립한 학교로, 등록금이 많이 들지 않기 때문에 너와 형편이 비슷한 아이들에겐 맞춤형 학교라고 할 수 있었다.

그 학교는 매주 월요일 첫시간이 하나님께 예배드리는 예배시간이다. 마귀의 사주를 받아 너가 교회 못 가도록 막은 아이들 때문에 교회 다니는 것을 포기해야만 했던 너에게는 예배 시간이 꿈만 같았다.

하나님 아버지,

무지하고 연약하고 부족한 저를 크리스천 중학교로 인도하시고 하나님께 예배드릴 수 있게 은혜 베푸시니 감사합니다. 예수님 이름으로 기도합니다. 아멘.

너는 하나님께 예배드리는 것이 기쁘고 행복했다. 일주일에 3시간 배정되어 있는 성경공부 시간에 말씀을 배우면서 하나님과 예수님을 알아가는 첫 걸음을 떼게 되었다.

첫번째 성경공부 시간이 되었다. 선생님께서 칠판에 이렇게 쓰셨다.

"하나님이 천지를 창조하시니라"

하나님이 천지를 만들었다.

언뜻 이해가 되지 않았다.

"하나님이 빛이 있으라 하니 빛이 있었고

빛이 하나님이 보시기에 좋았더라"

하나님은 말로 다하시네.

말만하시면 돼네

신기하기도 하고 어렵기도 해서 도무지 무슨 말인지 이해가 되지 않았다.

그렇지만 성경공부하는 것이 좋았다.

너는 학생수가 적었지만 그저 행복했다. 낮에는 학교를 다니고 오후에는 소먹이 풀을 뜯었다. 풀을 베어 오면 할머니께서 늘 칭찬하셨다.

"오늘 풀을 많이 해왔구나!"

너는 늘 할머니의 칭찬을 먹고 자랐다. 너는 몸이 다른 아이들보다 약해 보였다. 그래서 너의 별명이 '새다리'다. 팔다리가 다른 아이들 보다 가늘어서다. 다른 아이들은 평행봉 운동을 잘 한다. 너도 그 운동을 하고 싶었다. 그렇지만 체력이 따라 주지 않았다. 궁리 끝에 평행봉을 집 뒤꼍 작은 공간에 세우기로 했다. 산에서 나무를 베어다가 평행봉을 세웠다. 평행봉을 잡고 올라가 후리치기를 하려는데 힘이 모자라 땅바닥에 수평으로 떨어졌다. 코뼈를 심하게 다치면서 기절하고 말았다. 어머니가 부엌에서 일을 하시다가 인기척이 나서 평행봉쪽을 바라보았다. 아이가 엎어져 꿈적을 않는다. 급히 흔들어 깨웠다. 다행히 너의 의식이 돌아왔다. 코에서 코피가 나고 코는 부어올라 있었다. 병원이 십리 밖 장터에 하나 있었지만 병원 갈 형편이 못 됐다. 그때 코를 다쳐 코뼈가 커져 코 모양이 별로지만 성형수술은 어려웠다.

너는 중학교에 들어가서 말씀을 배웠다. 찬양도 배웠다. 예배도 드렸다. 그것이 하나님의 계획이셨다. 지난 해 공립 중학교에 들어갔었다면 말씀을 배울 기회가 주어지지 않았을 것이다. 이제 미션스쿨에 들어가서 말씀 배우고 찬양하고 예배드리는 것이 좋았다. 너가 중학교를 졸업했다.

너는 중학교에서 하나님께 예배드리고, 성경말씀 배우고, 찬양을 배워 신앙에 입문한 듯 했지만 사탄은 너를 그렇게 가만두지 않는다. 너는 중학교를 졸업하고 교회에 다니지 못했다. 하나님께 예배하는 일을 까맣게 잊고 지냈다. 그리고 집에서 십리나 떨어져 있는 고등학교 3학년 초에 서울대학을 나온 5살 위 친형의 도움으로 서울대학에 들어가기 위해 입시준비를 하게 되었다. 형은 고등학교 2학년을 마치고 서울대에 합격했다. 형의 도움으로 서울대학에 두 해에 걸쳐 입학시험을 쳤지만 떨어졌다. 등록금이 비싼 사립대학을 갈 형편이 못 되었다. 너에게 대학 문턱은 너무 높았다. 너는 대학을 포기하고 군에 입대했다. 사병계 보직을 받았다. 거기서 너는 행정을 배웠다. 그것이 밑거름이 되어 한국생산성본부 행정과장을 지냈다.

너가 군대 이등병 때 할아버지가 돌아 가셨다. 부대장에게 부고장이 전해졌지만 직계가족이 아니기 때문에 휴가를 갈 수 없었다. 친하게 지내던 대대장 당번에게 자란 배경을 이야기 했다. 그가 대대장에게 너도 모르게 그 사실을 보고했다. 오후 네시쯤 되었을 때 대대장이 너를 불렀다. 네 형편을 내가 몰랐구나. 미안하구나. 지금 집에 가거라.

"충성!"

대대장님께 인사하고 길을 떠났다. 집으로 가는 버스시간이 지나 버스도 없었다. 무작정 걸었다. 어스름 달밤이라 길을 따라 갔다. 높은 산을 어떻게 넘었는지 마을 앞 강가에 다달았다. 초봄이었다. 얕은 강물이 얼어 있었다. 얼음위에 발이 닫자 꽈가강~! 하고 얼음깨지는 소리가 그의 귀 고막을 쳤다. 어렵게 집에 도착했다. 아침 7시였다.

믿음이 있을까 말까한 너였다.

아주 작은 믿음이 너를 그 밤에 험한 산을 넘어 집에 도착하게 했다고 생각했다.

"하나님! 감사합니다" 큰 소리로 외쳤다.

36개월 군생활을 마치고 만기전역했다.

불혹의 나이가 돼서야 너는 교회에 발을 들여놓을 수 있었다. 같은 부대에 근무했던 군대 친구의 도움이 컸다. 제대 후에도 세 친구가 가끔 만나서 술자리도 함께하던 친구였다. 그는 그 교회 장로가 되어 있었다.

하나님이

"너 늦었구나!

그래 잘 왔다.

나를 찾아오는데 30년이 걸렸구나.

나와 잘 지내보자." 하시면서 반가이 맞아 주시는 것 같았다.

"멀리 멀리 갔더니 처량하고 곤하며

슬프고도 외로워 정처 없이 다니니

예수 예수 내주여 지금 내게 오셔서

떠나가지 마시고 길이 함께 하소서 아멘" (찬송가 387장 1절)

그 교회에서 권사 직분도 받았지만 목사님께 물어보지도 않고 무릎이 아픈 성도들에게 벌침을 놓고, 제멋대로 전도명함을 찍어 돌린다는 이유로, 목사님이 그의 팔을 잡아 끌고 교회 문 밖으로 밀어 쫓아냈다. 너는 그때 교회가 멀리 떨어져 있어 집에서 새벽기도를 드리고 있었다. 기도 중에 목구멍에서 이상한 소리가 나오고 있었다. 너는 깜짝 놀라 기도를 멈췄다. 그것이 성령으로부터 방언을 받는 것이라는 것을 후에 순복음교회를 다니면서 알게 되었다. 그때 너는 성령을 받으면서 성도들에게 벌침 치료하고 명함을 찍어 전도할 수 밖에 없었다. 너는 성령을 받아 신앙이 뜨거웠기 때문이다.

너는 그 장로교회에서 쫓겨나 집에서 가까운 순복음교회에 다니게 되었다. 교회에 가서 새벽기도를 드리게 되었다. 그 교회에서는 새벽기도 시간에 맞춰 교회버스가 새벽마다 너의 아파트 앞에 와서 너를 태워갔다. 날마다 날마다 뜨겁게 뜨겁게 새벽기도를 드렸다.

주여!

믿음에 믿음을 더하여 주시옵소서.

주여!

성령으로 충만하도록 성령을 부어 주시옵소서.

주여!

귀 연골막암을 치료하여 낫게 해주시옵소서.

주여!

기적을 나타내 보여주시옵소서.

안수집사 직분도 받았다.

담임 목사님의 안수기도로

성령세례도 받았다.

담임목사님의 치유기도로 암도 치유받았다..

2017년 4월 하나님이 너를 영양 산골짜기에 옮겨 살도록 인도하셨다. 너는 거기 험한 산 속을 다니면서 천사들의 도움을 받고 성령께서 함께하시므로 성령의 인도하심을 받았다. 산 속을 헤메고 다닐 때에 천사들을 보내 주셔서 멧돼지를 쫓아주시고 위험에서 지켜 보호해 주셨다.

너가 잠간 다녔던 그 농촌 교회에 몰지각한 어떤 장로님이 한분 있었다. 교인들을 선동하여 전임 목사님을 내쫓았다. 이런 글을 쓰기가 참으로 민망하다. 아래 말씀은 다윗이 사울에게 목숨까지도 위험한 지경까지 쫓겨다니면서 사울을 죽일 기회가 왔음에도 불구하고 사울의 옷자락을 벤 것이 여호와께서 금하시는 것이므로 양심의 가책을 느끼는 일이다. 이런 말씀을 알지 못한다고 하더라도 "네 이웃을 네 자신같이 사랑하라 (마22;39)" 이 말씀은 알고 있지 않은가?

"5그리 한 후에 사울의 옷자락 벰으로 말미암아 다윗의 마음이 찔려 6자기 사람들에게 이르되 내가 손을 들어 여호와의 기름 부음을 받은 내 주를 치는 것은 여호와께서 금하시는 것이니 그는 여호와의 기름 부음을 받은 자가 됨이니라 하고 (삼상24;5~6)

그리고 말씀을 알고 말씀 따라 사는 것이 신앙인이다. 신앙생활이다. '장로'라는 직분은 모든 성도들의 모범이 되어야 한다.

말씀을 읽고 말씀 따라 사는 것이

순종이요

믿음이요

신앙이며

하나님 말씀, 계명을 지키는 일이다.

"순종이 제사보다 낫다" 하지 않았는가? 장로라는 직분자가 어찌 이럴 수가 있단 말인가? 한심하다 못해 기가 찬다. 남의 일이 아니다. 우리 모두의 일이다. 그 일에 동조한 성도 모두 그와 똑같다고 할 수 있다.

마태복음 4장 17절에 예수님께서 "회개하라 천국이 가까이 왔느니라" 말씀하신다. 회개하여 사함받을 수 있는 일인지 알 수 없다. 하지만 우리 성도들은 하나님 앞에 무릎 꿇고 죄를 자복하고, 하나님의 긍휼을 구해야한다. 이 죄인을 불쌍히 여기사 예수 그리스도의 보배로운 피로 죄를 깨끗이 씻어 주시고, 참된 신앙인의 길로 걸어가도록 인도해 주시기를 간구해야 할 것이다.

 그 장로님은 세상에서 어느 병원 노조위원장을 지낸 적이 있었다고 한다. 세상에서 하던 버릇을 회개하지 못하고 믿는 자, 그것도 교회 장로가 돼가지고 목사님을 쫓아내다니 자신이 하나님인 줄 착각하는 모양세다. 전임 목사님을 쫓아내고 또 후임으로 들어온 목사님을 쫓아내려던 것을 하나님께서 너 집사를 사용하여 모든 것을 본래 대로 돌려 놓으셨다.

 하나님께서 너 집사를 통해 일하기 시작하셨다. 너는 교회에서 8킬로 떨어져 살았다. 교회로 가는 길은 험한 산길이었다. 목사님이 수요예배를 위해 그 험한 산길을 봉고차를 몰고 다녔다. 한 번은 꽁꽁 얼어붙은 길모퉁이를 돌다가 미끄러져 위험한 순간도 있었다.

 너에게 수요예배 대표기도문을 작성하도록 도와 회개기도를 하도록 인도하셨다. 너 집사는 몇 개월에 걸쳐 수요예배 때마다 회개기도를 드렸다. 언제부턴가 교회내에 잔잔한 회개의 물결이 일기 시작했다. 먼저 여성 장로님이 여성목사님께 화해의 손을 내밀게 되면서, 회개를 통해 교회가 변하기 시작했다.

 그 장로가 목사님을 교회에서 쫓아냈고 또 쫓아내려는 이유라는 것이 더구나 말도 않된다. 첫번째 이유가 여자목사라서 않된다는 것이고, 두번째 이유가 목사가 장로님들의 말을 듣지 않는다는 것이다. 그 교회에는 여성 장로 한분과 남성 장로 두분이 있었다.

 그 목사님은 명성교회 부목사 출신으로 말씀이 있고, 믿음이 있고 목회사명을 잘 감당키 위해 결혼도 하지 않은 신실하신 목사님이시다.

지금도 그 교회에서 목회 사역을 잘 감당하고 있다.

믿는다는 것,

신앙 생활은

세상 눈으로 보면,

시간 낭비요.

돈 낭비요.

남이 놀때 놀지 못해.

남이 잠잘 때 새벽기도로 잠 못자

다 쓸데없는 일처럼 보일지 모르지만

세상 누릴 것 다 누려 본 솔로몬이 이렇게 말하고 있다. "일의 결국을 다 들었으니 하나님을 경외하고 그의 명령들을 지킬지어다 이것이 모든 사람의 본분이니라 하나님은 모든 행위와 모든 은밀한 일을 선악간에 심판하시리라 (전12;13)"

또한 요한계시록 21장 8절에서 "믿지 아니하는 자는 불과 유황으로 타는 못에 던져진다"고 한다. 이것이 불못 곧 지옥이다.

또 요한복음 6장 47절에 믿는 자는 영생을 가졌다고 한다. 그렇다면 우리는 세상 사람들 처럼 하나님을 떠나 제멋대로 살 수는 없지 않은가?

신앙 안에는 평안이 있다. 세상 눈으로 보면 불쌍해 보일 수도 있지만 그게 무슨 대순가?

요한복음 14장 27절에 "나의 평안을 너희에게 주노라"하고 예수님이 그의 평안을 내게 주신다고 한다. 이제 정리해보자. 세상 제멋대로 즐기며 살다가 지옥 가는 것과 예수님 잘 믿다가 천국 가는 것. 도대체 이건 비교할 일이 아니지 않는가?

뭘 꾸물대!

빨리 일어나 새벽기도 가야지.

이게 믿음이고

신앙이다.

새벽기도 가서 성령을 부어달라고 하나님께 떼를 써보라.

몇 날이 못 돼.

하나님이 성령을 부어주실 것이다.

성령을 받으면

성령이 말씀을 알게하시고

믿지 않는 사람들이

불쌍해 보이고

"예수님 믿으세요"

복음을 전하게 된다.

성령의 인도하심 따라 살게 된다.

성령이 공급하는 힘으로 살게 된다.

그게 믿음이고

신앙이다

하나님께서 이런 당신을 들어 쓰신다.

27 그러나 하나님께서 세상의 미련한 것들을 택하사 지혜 있는 자들을 부끄럽게 하려 하시고 세상의 약한 것들을 택하사 강한 것들을 부끄럽

게 하려 하시며

28 하나님께서 세상의 천한 것들과 멸시 받는 것들과 없는 것들을 택하사 있는 것들을 폐하려 하시나니

29 이는 아무 육체도 하나님 앞에서 자랑하지 못하게 하려 하심이라

30 너희는 하나님으로부터 나서 그리스도 예수 안에 있고 예수는 하나님으로부터 나와서 우리에게 지혜와 의로움과 거룩함과 구원함이 되셨으니

■ **자랑하는 자는 주 안에서 자랑하라**

31 기록된 바 자랑하는 자는 주 안에서 자랑하라 함과 같게 하려함이라 (고전1;27~31)

"십자가를 내가 지고 주를 따라 갑니다
이제부터 예수로만 나의 보배 삼겠네
세상에서 부귀영화 모두 잃어버려도
주의 평안 내가 받고 영생 복을 받겠네,
내가 핍박당할 때에 주의 품에 안기고
세상 고초당할 수록 많은 위로 받겠네
주가 주신 기쁨 외에 기뻐할 것 무어냐
주가 나를 사랑하니 기뻐할 것 뿐일세
아멘 (찬송가 341장 1, 3절)

29.
너가 당뇨병성 말초신경병증을 극복하다

당뇨병성 말초신경병증은 저리거나 바늘로 찌르는 듯 따끔거리는 양상의 통증이 양쪽 발끝에서부터 시작되어 시간이 지나면서 점차 그 범위가 넓어져 팔다리까지 퍼진다. 부드러운 것이 닿았을 때도 통증이 느껴지며 보통 밤에 통증이 더 심해진다. 그래서 추운 겨울에도 실내에서 옷을 벗은 채로 생활하게 된다. 그런 통증을 너는 18개월 동안 견뎌냈다.

너는 40대 초반에 당뇨합병증으로 쓸어져 삼성서울병원에서 27일간 입원 치료를 받았다. 그때가 당뇨병성 말초신경병증의 중증이었다. 식후 혈당이 490이었다. 그런데도 너는 자신이 당뇨병 환자라는 걸 모르고 지냈다. 퇴원 후 통증을 견디다 못해 개포동에서 경기도 군포까지 택시를 타고 누워서, 용하다는 침술사 할아버지를 찾아 뜸을 뜨게 되었다. 주먹만한 쑥뜸 덩어리를 배위에 세 군데 올려 놓고 불을 붙였다. 나중에는 살이 타는 냄세도 나고 그 통증이 말할 수 없이 괴로웠지만 말초신경증만은 못하다는 느낌이 들어 견딜 수 있었다. 2개월 동안 뜸 치료를 받았으나 통증은 나을 기미를 보이지 않았다.

그즈음에 유태성한의원을 소개 받아 거기서 18개월 동안 약물과 침 치료를 받았다. 처음 침치료를 받고 약물을 복용할 때는 "이 병이 낫는 병인가?" 의심할 정도로 아무런 변화가 일어나지 않았다. 밤이되면 통증을 견디지 못하고 찬물로 여러 번 샤워를 했다. 그 순간엔 견딜만한 것 같았지만 시간이 지남에 따라 다시 바늘로 콕콕 찌르는 듯한 통증으로 눈물을 흘리며 밤을 지새울 수 밖에 없었다. 얼마나 긴 세월, 그 밤을 통증으로 지냈는지 모른다.

그때는 초신자 시절이었다. 기도도 제대로 할 줄 모르는 무늬만 신자였다. 통증을 견디려고 성경책을 폈다. 구약 말씀을 읽어가기 시작했다. 창세기를 읽기 시작했다. "태초에 하나님이 천지를 창조하시니라. 하나님이 천지를 창조 하시다. 알듯 모를듯 그냥 넘어갔다. 출애굽기도 그럭저럭 넘어 갔다. 레위기에서 뭐가 뭔지 꽉 막혀서 더 이상 읽어나갈 수가 없었다.

그래서 너는 신약 말씀 마태복음을 읽기 시작했다. 마태복음 5장에 가서 "복있는 사람" 중에 "심령이 가난한 자, 애통하는 자"가 복이 있단다. 심령이 가난하다. 애통하다. 도대체 무슨 말인지 알 수가 없었다. 그렇다면 그 말씀을 알지 못하는 너는 복을 받지 못한다. 말이 되는 것 같았다. 그러면서 마태복음 8장을 읽게 되었다.

"2한 나병환자가 나아와 절하며 이르시되 주여 원하시면 저를 깨끗하게 하실 수 있나이다 하거늘

3예수께서 손을 내밀어 그에게 대시며 이르시되 내가 원하노니 깨끗함을 받으라 하시니 즉시 그의 나병이 깨끗하여진지라"

나병은 우리나라에서 고칠 수 없는 병인데 예수님은 말로 다 고치시네?

13예수께서 백부장에게 이르시되 가라 네 믿은 대로 될지어다 하시니 그 즉시 하인이 나은지라 (마8２~3, 13)

"네 믿은 대로 될지어다" 믿은 대로 될지어다. 믿으면 된다는 말인가? 내가 믿는 것을 어떻게 예수님께 알리지? 내가 예수 믿는 사람. 그러면 기도하면 되잖아. 그렇게 너는 그날부터 그 말씀을 믿고 말씀 붙들고 기도하기 시작했다. 기도하면 당뇨병이 나을까? 네가 믿음이 있는 것을 어떻게 알지? 그래도 아는 것은 기도다. 통증이 심해질 때마다 아프지 않게 해달라고 하나님께 기도를 드렸다.

혈당이 너무 높아 약물로는 혈당 조절이 되지 않았다. 인슈린 주사를 자신의 손으로 놓기 시작했다. 인슈린 주사를 놓는 것이 불편했지만 이 년 동안 날마다 인슈린 주사를 놓았다. 어느 정도 혈당 조절이 되면서 먹는 약을 복용하게 되었다. 병원 처방약 외에 당뇨에 좋다는 여주를 달여 먹어보았지만 혈당관리에 도움이 되지 않았다.

우연히 예천양잠농협으로부터 누에환에 대한 광고지를 우편으로 받았다. 너의 주소를 어떻게 알고 보냈는지 모르겠지만 너에게 도움이 되는 광고지 였다. 500g짜리 누에환을 주문했다. 3일만에 누에환이 도착

했다. 하루 세 번 식후 30알씩 복용하면 혈당관리에 도움이 된다고 한다. 너는 조심스럽게 접근했다. 아침 식후에 30알씩 먹어보기로 했다. 3개월을 복용하고 정기검진일에 혈당검사를 받았다. 당화혈색소가 6.5로 나왔다. 이만하면 혈당관리엔 문제가 없는 듯 보였다.

너는 과일을 무척이나 좋아한다. 아침 식전에 사과 한 개는 기본이고 텃밭에 다녀오면 수박을 먹는다. 수박 한 덩어리를 사면 보름씩 먹는다. 너가 수박을 상하지 않게 보관하는 방법이 있다. 너가 귀 연골막암으로 투병할 때 터득한 방법이다. 너에겐 항상 큰 비닐봉지가 준비되어 있다. 텃밭 농작물을 포장하여 옮기기 위한 것이다. 먼저 수박을 사오면 물에 깨끗이 씻어 키친타올로 물기를 닦는다. 수박 꼭지 부위를 얇게 도려낸다. 1차 먹을 양만큼 얇게 잘라 먹고 공기가 통하지 않게 봉해서 냉장 보관한다. 매일 매일 그런 방법으로 잘라 먹고 보관하면 한 달 가량 수박은 상하지 않는다. 다만 수박을 냉장보관할 때 잘라 먹은 부위가 위로 가도록 반듯이 세워 보관해야 한다.

그다음 당뇨 정기검진을 받았다. 당화혈색소가 7.2로 나왔다. 혈당관리가 되지 않는다. 담당 의사 선생님이 과일을 줄이라고 한다. 그렇지만 너는 과일 먹는 것을 줄이지 않았다. 그 대신 누에환을 저녁 식후에 한차례 더 막는 것을 택했다. 아침에만 먹던 누에환을 저녁에도 복용하게 되었다. 이번에는 당화혈색소가 6.9로 나왔다. 혈당관리에 별다른 문제가 없어 보인다. 그렇게 너는 먹고 싶은 과일을 마음껏 먹으면서 혈당을 관리하고 있다. 너는 당뇨 중증환자이기 때문에 2년마다 당뇨합병증 검사를 받고 있지만 별다른 증상은 없다.

30.
너는 고등학교 3학년 때부터
60대 나이까지 11번 코 수술을 받았다

너는 고3 때 처음으로 코 수술을 받았다. 을지로 6가 상가 2층에 있는 작은 이비인후과 의원에서 간호사도 없이 의사 선생님과 마주 앉았다. 옆에 작은 탁자 위에 수술기구가 있다. 의사 선생님이 간략하게 수술 방법을 설명한다. 코 안에 가득찬 폴잎을 수술가위로 잘라 낸다. 매우 아플 수도 있다. 견디기 힘들면 수술하면서 그 부위에 간단히 마취 주사를 놓는다.

코 안에 가득차 있는 폴잎을 가위로 잘라 핀셋으로 뜯어내기 시작했다. 크게 아프지 않았다. 그러기를 반복했다. 떼어낸 물렁살이 옆에 있는 탁자 위에 야구공 크기로 쌓일즈음에 아프기 시작했다. 뜯어내는 횟수가 늘어감에 따라 통증을 견디기가 힘들어졌다.

학생 아파!

예, 아파요!

무지무지하게 아파요!

그때 의사가 마취주사를 놓았다.

마취주사를 놓고 잠시 후에 다시 폴잎을 뜯어내기 시작했다.

마취주사를 놓았는데도 아프다.

급기야

눈알이 빠지는 듯 아프다.

아파요!

조금만 참아!

수술 다 끝나가!

마침내 수술이 끝났다.

죽다가 살아난 것 같았다.

코 안에 꺼즈를 넣는다. 피가나지 않도록 많은 꺼즈로 코 안을 틀어 막는다. 코가 불룩하게 부어올랐다. 아프다. 진통제를 받아 집으로 돌아왔다. 밤에 진통제를 먹었는데도 코 수술 부위가 쑤시고 아파서 잠을 잘 수가 없었다. 몇 날 며칠째 쑤시고 아팠다. 드디어 꺼즈를 제거하는 날이 되었다. 꺼즈를 제거했다. 코로 숨을 쉬게 되었다. 이게 얼마만인가. 날아갈 듯 기뻤다.

그런데 수술 후 3년이 지나면서부터 또 코가 막히기 시작했다. 또 서울백병원에서 수술을 받았다. 코 안에 꺼즈로 지혈하는 것은 전과 같았다. 1차 수술 때와 마찬가지로 그 통증을 견뎌야 했다. 그 후 중앙대 부속병원, 서울대학병원, 삼성서울병원 등에서 모두 11차례 수술을 받았다. 지금은 마지막 수술을 받고 15년이 지났는데도 재발되지 않았다. 코 수술은 졸업한 것 같다.

　할렐루야! 하나님 감사합니다.

　하나님께 감사기도를 드렸다.

31.
너에게 자그마한 텃밭이 있다

너에게 자그만 텃밭이 있다 텃밭으로 가는 길은 자전거 도로다. 그 도로 옆으로 좁은 인도가 나 있다. 4월이 왔다. 꽃이 꽃망울을 활짝 터뜨렸다. 지난번에 그 길을 걸을 때는 꽃망울이 맺히는 듯 하더니 어느새 꽃이 활짝 피었다. 기분이 상쾌하다.

너는 자신도 모르게 휴대폰을 꺼내들고 벗꽃을 찍기 시작한다. 한 번, 두 번 요리조리 벗꽃길을 찍고 있다. 이 벗나무는 너가 텃밭을 가꾸기 시작할 때 양평군에서 심었다. 그때는 이 벗나무들이 4월에는 꽃을 피워 이 길을 가는 사람들의 눈을 즐겁게 하고, 더운 여름에는 그들의 그늘이 되어 더위를 식혀줄 줄 생각도 못했다.

그런데 이 아름다운 벗꽃은 누가 피울까? 누가 물을 줄까? 당신이 알지 못하는, 우주 만물을 지으신 그분, 믿지 않는 자들이 알지 못하는 그분, 하나님이 비를 내려 꽃을 피우신다. 그로부터 며칠이 지났다. 그날도 너는 그 길을 걸어가고 있었다. 벚꽃 꽃잎이 길 위에 소복이 쌓였다. 꽃을 피어준 나무에게 거름으로 보답하기 위해서다. 나무들은 자기에게서 떨어져 나간 꽃잎이나 낙엽들이 가장 좋은 영양분이 된다고 한다. 꽃잎이 떨어져 그 나무에게 자양분이 되는 것이다. 자신에게서 떨어져 나간 그것들을 자양분으로 아름답고 튼튼하게 자란다고 한다. 산 속에 있는 수많은 나무들은 누가 거름을 주지 않아도 그렇게 생육한다. 우주 만물을 다스리시는 하나님의 섭리다.

    5월이 되면 길가에 금계국꽃이 흐드러지게 핀다. 여름 내내 피고 지고, 피고 지고 그 자리를 지킨다.

    그렇다!

    걷는 것도

    보는 것도

    느껴지는 것도

    그저

    한없이 아름다울 뿐이다.

    그것들은 그 길을 걷고 달리는 이들의 마음을 어루만져 상쾌하게 하고 즐겁게 한다. 그들의 좋은 친구가 되어준다.

    텃밭에

    상추 모종도 심고,

    고추 모종도 심고,

    가지 모종도 심고,

    수박 모종도 심고, 참외 모종도 심고 오이와 방울토마토 공심채도 심었다. 어저께 부추 모종도 사다 심었다. 땅콩 모종도 심고 대두콩 모종도 심었다.

고추가 열매를 맺고 가지도 열매를 맺었다. 고추나무에도 가지나무에도 노린재가 다닥다닥 붙어 있다. 콩 잎도 자라기가 무섭게 고라니가 뜯어 먹는다. 땅콩 잎도 마찬가지다. 뭔가 방법을 찾아야 한다. 서울시민 상수도 특별관리 지역이라 농약은 일차적으로 배제시켜야 한다. 그럼 어떻게 할까? 고추 10포기 가지 7포기다. 손으로 잡자. 가장 단순하면서도 쉬운 방법이다. 땅콩과 대두콩은 어떻게 지키지? 어떤 방법도 없다는 결론이 내려졌다.

그런데 언듯 하나님께 텃밭 작물을 지켜달라고 기도해야겠다는 생각이 들었다. 하나님께 노린재로부터 고추와 가지를 지켜달라고 기도를 드렸다. 노린재가 더 많이 달라 붙었다. 그건 하나님 일이 아니라고 하시는 것 같았다. 그런 기도 다 들어주면 사람이 게을러져 못 쓴다고 하시는 것 같았다. 그날부터 너는 고추나무와 가지나무에 붙어 있는 노린재를 잡기 시작했다. 첫날에 노린재 백여 마리는 잡은 것 같았다. 고추나무와 가지나무가 너에게 고맙다고 인사하는 듯했다.

5월에는 11일경에 비가 오고 날씨가 사뭇 맑았다. 작물에 물을 줘야 한다 텃밭 곁에 냇물이 흐르고 있다. 물뿌리개를 들고 물을 푸러 냇가로 가는 길에, 둔덕에서 길이가 그의 키만큼 길다란 흑구렁이가 스르륵 너의 앞을 지나 줄풀 속으로 사라졌다. 며칠 전에도 커다란 유혈목이(일명 꽃뱀: 독사)가 너의 앞을 지나가기도 했다. 너는 뱀에 대한 두려움이 없다. 칠점사 배에 놓인 밤을 줍다가 기절한 이후 뱀이 너를 보면 슬그머니 피해 사라진다.

한번은 텃밭으로 들어 가는 길에 아주 커다란 두꺼비를 만났다. 길을 막고 꿈적도 하지 않아 비켜갔다. 그곳은 농약을 사용하지 않기 때문에 생태계가 살아 있다. 텃밭 입구에는 전에 없던 사상자가 자그마한 군락을 이루고 있다.

너는 둔덕 밑에 줄풀을 뽑아내고 한평 남짓되는 미나리깡을 만들었다. 줄풀 사이에서 돌미나리를 캐다 심고 물을 듬뿍주었다. 물가에서 개구리 한 마리가 너를 쳐다보며 반갑다고 인사를 한다. 언제부터인가 우리 주변에서 개구리가 사라져가고 있다. 오랫만에 만난 개구리가 그저 반가웠다.

32.
너는 다친 허리와 체중을 압봉으로 치료하다

너는 2018년도 영양 산골에 살 때, 땔감 나무를 베러 작은 개울을 건너다가 미끄러져 허리를 다친 적이 있었다. 외상은 없지만 조금은 불편한 듯하여 읍내에 있는 한의원에서 1개월 정도 치료를 받아 완치 판정을 받았다. 그런데 올 여름이 지날 무렵 너는 무거운 물건을 들어 옮겼다. 그때는 아무 탈이 없었다. 며칠이 지나면서 앉았다가 일어서려면 허리가 잘 펴지지 않았다. 통증은 없지만 몹시 불편했다.

가까운 한의원을 찾아가서 침을 맞았다. 엎드려서 침을 맞는 것이 여간 힘든 것이 아니었다. 날이 지날수록 안압이 오르는 것 같으면서 시력도 나빠지는 것 같았다. 그렇다고 허리가 잘 펴지는 것도 아니다.

그때,

옆집에 사는 척추관협착증으로 걷기도 힘든 분이 침 한 번 맞았는데 걸을 수 있게 되었다고 거기 가보라고 전화번호를 알려졌다.

전화를 걸어봤다.

쉽게 고칠 수 있다고 한다.

침술사를 찾아갔다. 아무래도 분위기가 이상하다. 용한(?) 침술사라면 대기환자가 많이 있어야 할 텐데 한 사람도 없다. 여기까지 왔으니 침을 한 번 맞아보자. 그대신 침 치료비를 깍기로 마음 먹었다. 옆집 아저씨는 십만원을 주고 침을 맞았다고 했다. 침 치료비를 30% 깍아달라고 했다. 쉽게 그리하자고 한다. 침 치료를 받고 집으로 돌아왔다. 좋아지는 느낌이 들지 않는다. 그 이튿날 한번 더 침을 맞았다.

그런데.

뭔가 이상하다.

침을 놓을 혈자리를 사모님이 정해주고 있다.

침은 침술사 남편이 놓고 있다.

침을 꽂아두지 않는다.

뾰족하고 날카로운 것으로 콕찌르는 느낌이다.

다른 한의사들과 다르다.

침을 놓을 때 아주 따끔하다.

다른 한의사가 침을 놓을 때와 느낌이 완전히 다르다.

한의사 침보다 침이 짧고 굵다는 느낌이 들었다.

직장생활 할 때 안내판에 압핀으로 안내문을 꽂는 그런 느낌이랄까.

그렇다면 이런 침이라면 너도 놓을 수 있다. 너는 총신대 평생교육원에서 봉침을 배운 적이 있다. 그때 온몸의 혈자리도 거의 익혔다. 봉침으로 귀 연골막암을 치료한 경험도 있다. 너는 인터넷으로 백살압봉을 샀다. 아픈 허리를 손으로 더듬어 혈자리를 찾아봤다. 어렵지 않게 찾을 수 있었다. 다친 허리에 5군데 압봉을 꽂았다.

기분이 좋다.

느낌도 괜찮다.

4일마다 한 번씩 압봉을 빼고 다시 꽂았다. 1주일이 지나자 허리가 쉽게 펴진다. 크게 불편하지 않다. 2주일이 지난 뒤 깨끗이 나은 것이다.

한의사도 침술사도 못 고친 허리를 압봉을 꽂아 낫게 되었다.

그후 아무 일도 없이 허리가 아프기 시작했다. 먼저 다친 허리는 오른쪽이고 이번엔 정중앙이다. 손가락으로 아시혈을 찾아봤다. 아시혈 여섯 곳에 백살압봉을 꽂았다. 5일이 지났는데 많이 좋아진 것 같았다. 다시 시침하고 5일이 지났다. 완전히 나았다.

할렐루야! 하나님 감사합니다.

너는 아침 식사 전에 삶은 계란 한 알과 땅콩과 얼린 살구와 사과를 먹고 있다. 그런데 언제부턴가 체하기를 반복한다. 인터넷으로 체하는데 도움이 되는 혈자리를 찾아봤다. 곡지혈을 찾았다. 아침 그것들을 먹기 전에 백살압봉을 곡지혈에 꽂았다. 체하지 않는다. 다음날은 시침하지 않고 그것들을 먹는데 체한다. 곡지혈에 시침하고 사과와 땅콩 살구를 먹으면 체하지 않는다. 한 번 곡지혈에 시침을 하면 5일 정도 뽑지 않는다. 그러기를 얼마나 반복했을까? 자세히 알지 못하지만 지금은 체하는 증상이 완전히 사라진 상태다. 체하는 증상에는 백살압봉을 곡지혈에 시침하는 것이 제일 좋은 처방이라 할 수 있다.

너는 언제부터인가 소변줄기가 가늘어지고 있다는 느낌이 들기 시작했다. 소변관련 혈자리를 찾아 백살압봉을 꽂아보기로 마음 먹었다. 곡천혈을 찾았다. 곡천혈은 무릎을 굽혔을 때 안쪽에 생기는 주름 끝, 힘줄과 힘줄 사이 오목한 곳을 취하면 된다. 곡천혈에 압봉을 꽂았다. 며칠이 지났는데도 아무 느낌이 없다. 곡천혈에 정확히 시침되지 않았다는 뜻이다. 다시 조심조심 곡천혈을 찾아 백살압봉을 꽂았다. 며칠이 지나면서 반응이 나타나기 시작한다. 소변줄기가 굵어지면서 뇨속도 점점 세어져 갔다. 곡천혈에 백살압봉이 정확하게 시침되었다.

할렐루야! 하나님 감사합니다.

성령의 인도하심이다.

성령의 이끄심이다.

성령의 치유하심이다.

이게 믿음이고,

이게 신앙이다.

33.
너는 한때 췌장암 진단을 받았다

너는 언제부턴가 배가 부풀어오르기 시작했다. 그렇다고 소화기관에 어떤 질병도 없다. 복부가 팽만함으로 숨쉬기가 불편하기도 하고 몸이 둔해졌다. 삼성서울병원 소화기내과에서 복부초음파 검사를 받았다. 검사결과는 몹시 놀라웠다.

췌장암이라고 한다.

암덩어리 크기가 8mm라고 한다.

아직 그의 일생에 주님 주신 사명 가운데 아무 일도 한 것이 없는데…?

하나님께서 너를 데려가실 때가 아니라는 생각이 들었다.

전문의 선생님께 검사를 받은 것인데

췌장암 전문 교수님께 다시 검사를 신청했다.

MRI 촬영을 마치고 검사결과가 나왔다.

암이 아니고 그냥 종양이라고 한다.

그런데 종양이 암이 될 가능성을 확실히 알 수가 없다고 한다.

때문에 매년 MRI 촬영으로 관찰하는 것이 최선의 방책이라고 한다.

그럼 종양을 수술로 제거하면 되지 않겠냐고 물어봤지만.

종양이 수술할 수 없는 부위에 있기 때문에

수술로 제거할 수도 없다고 한다.

일년 후

췌장 MRI를 찍었다.

8mm이던 종양이 15mm로 커졌다.

그런데 그대로 종양이란다.

또 일년 후

췌장 MRI를 찍었다.

종양이 13mm로

2mm 작아졌다.

그대로 종양이란다.

그동안 너는 전심으로 하나님을 믿고 의지하지 않고 지냈다는 생각이 들었다. 하나님께서 너에게 사명을 주신 것이라면 췌장암이면 어떻고? 사명을 감당하는데 아무 장애가 되지 않는다는 생각이 들었다. 너는 하나님께 기도 드렸다. 하나님 아버지 하나님 뜻이면 췌장 종양으로 인해 어떤 증상도 나타나지 않게 하시고 암이 될 수 없게 고치시고 깨끗하게 하여 주시옵소서 예수님 이름으로 기도합니다 아멘.

그 후 너는 췌장 MRI 촬영을 하지 않는다.

하나님께 믿음으로 맡겼기 때문이다.

모든 것은 하나님께서 하신다.

너의 췌장 종양도 하나님 뜻대로 하신다.

근심 걱정도 주님께 맡겼다.

"너희 염려를 다 주께 맡기라 이는 그가 너희를 돌보심이라 (벧전 5;7)"

그 게 췌장 종양에 대한 자유라고 너는 믿는다.

어느 날 갑자기 복부에 압봉을 꽂으면 가스가 제거되겠다는 생각이 들었다. 성령께서 지혜를 주신 것이라고 생각했다. 너는 자신의 생각대로 배꼽 좌우 6cm 떨어진 곳에 압봉을 꽂았다. 며칠이 지났는데도 아무런 느낌이 없다. 인터넷에 복부팽만 치료 혈자리를 찾아보았다. 천추혈이라고 한다. 배꼽 좌우 2~3cm 거리에 위치하고 있다. 늦은 오후에 시침했는 아침에 시침 효과가 나타났다. 몸이 가볍다. 배가 많이 홀쭉해졌다. 배에 가득찼던 가스가 빠지기 시작했다.

"지금까지 지내 온 것 주의 크신 은혜라 한이 없는 주의 사랑 어찌 이루 말하랴

자나깨나 주의 손이 항상 살펴주시고 모든 일을 주 안에서 형통하게 하시네

몸도 맘도 연약하나 새 힘 받아 살았네 물붓듯이 부으시는 주의 은혜 족하다

사랑 없는 거리에나 험한 산길 헤맬 때 주의 손을 굳게 잡고 찬송하며 가리라 (찬송가 301장 1, 2절)

지금까지

너에게

췌장 종양으로 인하여

아무 증상도 나타나지 않았다.

할렐루야!

하나님 감사합니다.

　새벽마다 너는 하나님께 췌장의 종양을 고쳐주시니 감사합니다. 하고 감사기도를 드린다.

11 여호와의 말씀이니라 너희를 향한 나의 생각을 내가 아나니 평안이요 재앙이 아니니라 너희에게 미래와 희망을 주는 것이니라

12 너희가 내게 부르짖으며 내게 와서 기도하면 내가 너희들의 기도를 들을 것이요

13 너희가 온 마음으로 나를 구하면 나를 찾을 것이요 나를 만나리라

(렘29;11~13)

34.
믿음이 있노라 하고 행함이 없으면
그 믿음이 능히 자기를 구원하겠느냐

■ 믿음이 있노라 하고 행함이 없으면 그 믿음이 능히 자기를 구원하겠느냐

14 내 형제들아, 만일 사람이 믿음이 있노라 하고 행함이 없으면 무슨 유익이 있으리요 그 믿음이 능히 자기를 구원하겠느냐

■ 만일 형제나 자매가 헐벗고 일용할 양식이 없는데

15 만일 형제나 자매가 헐벗고 일용할 양식이 없는데

■ 그 몸에 쓸 것을 주지 아니하면 무슨 유익이 있으리요

16 너희 중에 누구든지 그에게 이르되 평안히 가라, 덥게 하라, 배부르게 하라 하며 그 몸에 쓸 것을 주지 아니하면 무슨 유익이 있으리요

■ 이와 같이 행함이 없는 믿음은 죽은 것이니라

17 이와 같이 행함이 없는 믿음은 그 자체가 죽은 것이니라 (약2;14~17)

■ 이 지극히 작은 자 하나에게 하지 아니한 것이 곧 내게 하지 아니한 것이니라

31 인자가 자기 영광으로 모든 천사와 함께 올 때에 자기 영광의 보좌에 앉으리니

32 모든 민족을 그 앞에 모으고 각각 구분하기를 목자가 양과 염소를 구분하는 것같이 하여

33 양은 그 오른편에 염소는 왼편에 두리라

■ 창세로부터 너희를 위하여 예비된 나라를 상속받으라

34 그때에 임금이 그 오른편에 있는 자들에게 이르시되 내 아버지께 복 받을 자들이여 나아와 창세로부터 너희를 위하여 예비된 나라를 상속받으라

35 내가 주릴 때에 너희가 먹을 것을 주었고 목마를 때에 마시게 하였고 나그네 되었을 때에 영접하였고

36 헐벗었을 때에 옷을 입혔고 병들었을 때에 돌보았고 옥에 갇혔을 때에 와서 보았느니라

37 이에 의인들이 대답하여 이르되 주여 우리가 어느 때에 주께서 주리신 것을 보고 음식을 대접하였으며 목마르신 것을 보고 마시게 하였나이까

38 어느 때에 나그네 되신 것을 보고 영접하였으며 헐벗으신 것을 보고 옷 입혔나이까

39 어느 때에 병드신 것이나 옥에 갇히신 것을 보고 가서 뵈었나이까 하리니

■ 내 형제 중에 지극히 작은 자 하나에게 한 것이 곧 내게 한 것이니라

40 임금이 대답하여 이르시되 내가 진실로 너희에게 이르노니 너희가 여기 내 형제 중에 지극히 작은 자 하나에게 한 것이 곧 내게 한 것이니라 하시고

■ 나를 떠나 마귀와 그 사자들을 위하여 예비된 영원한 불에 들어가라

41 또 왼편에 있는 자들에게 이르시되 저주를 받은 자들아 나를 떠나 마귀와 그 사자들을 위하여 예비된 영원한 불에 들어가라

42 내가 주릴 때에 너희가 먹을 것을 주지 아니하였고 목마를 때에 마시게 하지 아니하였고

43 나그네 되었을 때에 영접하지 아니하였고 헐벗었을 때에 옷 입히지 아니하였고 병들었을 때와 옥에 갇혔을 때에 돌보지 아니하였느니라 하시니

44 그들도 대답하여 이르되 주여 우리가 어느 때에 주께서 주린 것이나 목마른 것이나 나그네 되신 것이나 헐벗으신 것이나 병드신 것이나 옥에 갇히신 것을 보고 공양하지 아니하더이까

■ 이 지극히 작은 자 하나에게 하지 아니한 것이 곧 내게 하지 아니한 것이니라

45 이에 임금이 대답하여 이르시되 내가 진실로 너희에게 이르노니 이 지극히 작은 자 하나에게 하지 아니한 것이 곧 내게 하지 아니한 것이니라 하시니라

■ 그들은 영벌에, 의인들은 영생에 들어가리라

46 그들은 영벌에, 의인들은 영생에 들어가리라 하시니라 (마25;31~46)

35. 복음·하나님의 의·전도

■ **너희에게 전한 복음이 곧 이 말씀이니라**

오직 말씀은 세세토록 있도다 하였으니 너희에게 전한 복음이 곧 이 말씀이니라 (벧전1;25)

말씀이 육신이 되어 우리 가운데 거하시매 우리가 그의 영광을 보니 아버지의 독생자의 영광이요 은혜와 진리가 충만하더라 (요1;14)

■ **복음은 모든 믿는 자에게 구원을 주시는 하나님의 능력이 됨이라**

16 내가 복음을 부끄러워하지 아니하노니 이 복음은 모든 믿는 자에게 구원을 주시는 하나님의 능력이 됨이라 먼저는 유대인에게요 그리고 헬라인에게로다

■ **복음에는 하나님의 의가 나타나서 믿음으로 믿음에 이르게 하나니**

17 복음에는 하나님의 의가 나타나서 믿음으로 믿음에 이르게 하나니 기록된 바 오직 의인은 믿음으로 말미암아 살리라 함과 같으니라 (롬

1;16~17)

■ 하나님의 의

21 이제는 율법 외에 하나님의 한 의가 나타났으니 율법과 선지자들에게 증거를 받은 것이라

22 곧 예수 그리스도를 믿음으로 말미암아 모든 믿는 자에게 미치는 하나님의 의니 차별이 없느니라

23 모든 사람이 죄를 범하였으매 하나님의 영광에 이르지 못하더니

24 그리스도 예수 안에 있는 속량으로 말미암아 하나님의 은혜로 값없이 의롭다 하심을 얻은 자 되었느니라.

25 이 예수를 하나님이 그의 피로써 믿음으로 말미암는 화목제물로 세우셨으니 이는 하나님께서 길이 참으시는 중에 전에 지은 죄를 간과하심으로 자기의 의로우심을 나타내려 하심이니

■ 예수 믿는 자를 의롭다 하려 하심이라

26 곧 이 때에 자기의 의로우심을 나타내사 자기도 의로우시며 또한 예수 믿는 자를 의롭다 하려 하심이라 (롬3;21~26)

■ 내 말과 내 전도함이 성령의 나타나심과 능력으로 하여

4 내 말과 내 전도함이 설득력 있는 지혜의 말로 하지 아니하고 다만 성령의 나타나심과 능력으로 하여

5 너희 믿음이 사람의 지혜에 있지 아니하고 다만 하나님의 능력에 있게 하려 하였노라 (고전2;4~5)

36. 성령이 하나 되게 하신 것을 힘써 지키라

■ 너희가 부르심을 받은 일에 합당하게 행하여

1 그러므로 주 안에서 갇힌 내가 너희를 권하노니 너희가 부르심을 받은 일에 합당하게 행하여

■ 모든 겸손과 온유로 하고 오래 참음으로 사랑 가운데서 서로 용납하고

2 모든 겸손과 온유로 하고 오래 참음으로 사랑 가운데서 서로 용납하고

■ 성령이 하나 되게 하신 것을 힘써 지키라

3 평안의 매는 줄로 성령이 하나 되게 하신 것을 힘써 지키라

■ 몸이 하나요 성령도 한 분이시니

■ 이와 같이 너희가 부르심의 한 소망 안에서 부르심을 받았느니라

4 몸이 하나요 성령도 한 분이시니 이와 같이 너희가 부르심의 한 소망 안에서 부르심을 받았느니라

■ 주도 한 분이시요 믿음도 하나요 세례도 하나요 하나님도 한 분이시니

5 주도 한 분이시요 믿음도 하나요 세례도 하나요

6 하나님도 한 분이시니 곧 만유의 아버지시라 만유 위에 계시고 만유를 통일하시고 만유 가운데 계시도다 (엡4;1~6)

〈하나의 몸과 많은 지체〉

12 몸은 하나인데 많은 지체가 있고 몸의 지체가 많으나 한몸임과 같이 그리스도도 그러하니라

■ 다 한 성령으로 세례를 받아 한몸이 되었고 또 다 한 성령을 마시게 하셨느니라

13 우리가 유대인이나 헬라인이나 종이나 자유인이나 다 한 성령으로 세례를 받아 한몸이 되었고 또 다 한 성령을 마시게 하셨느니라

14 몸은 한 지체뿐만 아니요 여럿이니

15 만일 발이 이르되 나는 손이 아니니 몸에 붙지 아니하였다 할지라도 이로써 몸에 붙지 아니한 것이 아니요

16 또 귀가 이르되 나는 눈이 아니니 몸에 붙지 아니하였다 할지라도 이로써 몸에 붙지 아니한 것이 아니니

17 만일 온몸이 눈이면 듣는 곳은 어디며 온몸이 듣는 곳이면 냄새 맡는 곳은 어디냐

18 그러나 이제 하나님이 그 원하시는 대로 지체를 각각 몸에 두셨으니

19 만일 다 한 지체뿐이면 몸은 어디냐

20 이제 지체는 많으나 몸은 하나라

21 눈이 손더러 내가 너를 쓸 데가 없다 하거나 또한 머리가 발더러 내가 너를 쓸 데가 없다 하지 못하리라

22 그뿐 아니라 더 약하게 보이는 몸의 지체가 도리어 요긴하고

23 우리가 몸의 덜 귀히 여기는 그것들을 더욱 귀한 것들로 입혀주며 우리의 아름답지 못한 지체는 더욱 아름다운 것을 얻느니라 그런즉

24 우리의 아름다운 지체는 그럴 필요가 없느니라 오직 하나님이 몸을 고르게 하여 부족한 지체에게 귀중함을 더하사

■ 몸 가운데 분쟁이 없고 오직 여러 지체가 서로 같이 돌보게 하셨느니라

25 몸 가운데서 분쟁이 없고 오직 여러 지체가 서로 같이 돌보게 하셨느니라

26 만일 한 지체가 고통을 받으면 모든 지체가 함께 고통을 받고 한 지체가 영광을 얻으면 모든 지체가 함께 즐거워하느니라

■ 너희는 그리스도의 몸이요 지체의 각 부분이라

27 너희는 그리스도의 몸이요 지체의 각 부분이라 (고전12;12~27)

(고전12;1~11)

37.
성경 말씀 집약
(하나님의 구속 경륜)

태초에 하나님이 천지를 창조하시니라 (창1;1)

만군의 여호와께서 맹세하여 이르시되 내가 생각한 것이 반드시 되며 내가 경영한 것을 반드시 이루리라 (사14;24)

만군의 여호와가 말하노라 내가 너 여호수아 앞에 세운 돌(고전10;4)을 보라 한 돌에 일곱 눈(계4;5)이 있느니라 내가 거기에 새길 것을 새기며 이 땅의 죄악을 하루에 제거하리라 (슥3;9)

4 요한은 아시아에 있는 일곱 교회에 편지하노니 이제도 계시고 전에도 계셨고 장차 오실 이시며 그의 보좌 앞에 있는 일곱 별과

5 또 충성된 증인으로 죽은 자들 가운데서 먼저 나시고 땅의 임금들의 머리가 되신 예수 그리스도로 말미암아 은혜와 평강이 너희에게 있기를 원하노라 우리를 사랑하사 그의 피로 우리 죄에서 우리를 해방하시

고 (계1;4~5)

18 예수 그리스도의 나심은 이러하니라 그의 어머니 마리아가 요셉과 약혼하고 동거하기 전에 성령으로 잉태된 것이 나타났더니,

21 아들을 낳으리니 이름을 예수라 하라 이는 그가 자기 백성을 그들의 죄에서 구원할 자이심이라 하니라 (마1;18, 21)

나는 너희로 회개하기 위하여 물로 세례를 베풀거니와 내 뒤에 오시는 이는 나보다 능력이 많으시니 나는 그의 신을 들기도 감당하지 못하겠노라 그는 성령과 불로 너희에게 세례(행2;1~4)를 베푸실 것이요 (마3;11)

16 예수께서 세례를 받으시고 곧 물에서 올라오실새 하늘이 열리고 하나님의 성령이 비둘기같이 내려 자기 위에 임하심을 보시더니

17 하늘로부터 소리가 있어 말씀하시되 이는 내 사랑하는 아들이요 내 기뻐하는 자라 하시니라 (마3;16~17)

하나님이 나사렛 예수에게 성령과 능력을 기름 붓듯 하셨으매 그가 두루 다니시며 선한 일을 행하시고 마귀에게 눌린 모든 사람을 고치셨으니 이는 하나님이 함께하셨음이니라 (행10;38)

예수께서 온 갈릴리에 두루 다니사 그들의 회당에서 가르치시며 천국 복음을 전파하시며 백성 중의 모든 병과 모든 약한 것을 고치시니 (마4;23)

예수께서 대답하시되 진실로 진실로 네게 이르노니 사람이 물과 성령으로 나지 아니하면 하나님의 나라에 들어갈 수 없느니라 (요3;5)

물은 예수 그리스도께서 부활하심으로 말미암아 이제 너희를 구원

하는 표니 곧 세례라 이는 육체의 더러운 것을 제하여 버림이 아니요 하나님을 향한 선한 양심의 간구니라 (벧전3;21)

〈성령이 임하시다〉

1 오순절 날이 이미 이르매 그들이 다같이 한곳에 모였더니
2 홀연히 하늘로부터 급하고 강한 바람 같은 소리가 있어 그들이 앉은 온 집에 가득하며
3 마치 불의 혀처럼 갈라지는 것들이 그들에게 보여 각 사람 위에 하나씩 임하여 있더니
4 그들이 다 성령의 충만함을 받고 성령이 말하게 하심을 따라 다른 언어들로 말하기를 시작하니라 (행2;1~4)

베드로가 이르되 너희가 회개하여 각각 예수 그리스도의 이름으로 세례를 받고 죄 사함을 받으라 그리하면 성령의 선물을 받으리라 (행2;38)

1 아볼로가 고린도에 있을 때에 바울이 윗지방으로 다녀 에베소에 와서 어떤 제자들을 만나
2 이르되 너희가 믿을 때에 성령을 받았느냐 이르되 아니라 우리는 성령이 계심도 듣지 못하였노라
3 바울이 이르되 그러면 너희가 무슨 세례를 받았느냐 대답하되 요한의 세례니라
4 바울이 이르되 요한이 회개의 세례를 베풀며 백성에게 말하되 내 뒤에 오시는 이를 믿으라 하였으니 이는 곧 예수라 하거늘

5 그들이 듣고 주 예수의 이름으로 세례를 받으니

6 바울이 그들에게 안수하매 성령이 그들에게 임하시므로 방언도 하고 예언도 하니 (행19;1~6)

> 아브람이 여호와를 믿으니 여호와께서 이를 그의 의로 여기시고 (창15;6)

9 네가 만일 입으로 예수를 주로 시인하며 또 하나님께서 그를 죽은 자 가운데서 살리신 것을 네 마음에 믿으면 구원을 받으리라

10 사람이 마음으로 믿어 의에 이르고 입으로 시인하여 구원에 이르느니라 (롬10;9~10)

> 그가 빛 가운데 계신 것같이 우리도 빛 가운데 행하면 우리가 서로 사귐이 있고 그 아들 예수의 피가 우리를 모든 죄에서 깨끗하게 하실 것이요 (요일1;7)

14 내 형제들아 만일 사람이 믿음이 있노라 하고 행함이 없으면 무슨 유익이 있으리요 그 믿음이 능히 자기를 구원하겠느냐

15 만일 형제나 자매가 헐벗고 일용할 양식이 없는데

16 너희 중에 누구든지 그에게 이르되 평안히 가라, 덥게 하라, 배부르게 하라 하며 그 몸에 쓸 것을 주지 아니하면 무슨 유익이 있으리요

17 이와 같이 행함이 없는 믿음은 그 자체가 죽은 것이라,

21 우리 조상 아브라함이 그 아들 이삭을 제단에 바칠 때에 행함으로 의롭다 하심을 받은 것이 아니냐

22 네가 보거니와 믿음이 그의 행함과 함께 일하고 행함으로 믿음이 온전하게 되었느니라

23 이에 성경에 이른 바 이브라함이 하나님을 믿으니 이것을 의로 여기셨다는 말씀이 이루어졌고 그는 하나님의 벗이라 칭함을 받았나니
24 이로 보건대 사람이 행함으로 의롭다 하심을 받고 믿음으로만은 아니니라
25 또 이와 같이 기생 라합이 사자들을 접대하여 다른 길로 나가게 할 때에 행함으로 의롭다 하심을 받은 것이 아니냐
26 영혼 없는 몸이 죽은 것같이 행함이 없는 믿음은 죽은 것이니라
(약2;14~17,21~26)

40 임금이 대답하여 이르시되 내가 진실로 너희에게 이르노니 너희가 여기 내 형제 중에 지극히 작은 자 하나에게 한 것이 곧 내게 한 것이니라 하시고
41 또 왼편에 있는 자들에게 이르시되 저주를 받은 자들아 나를 떠나 마귀와 그 사자들을 위하여 예비된 영원한 불에 들어가라,
45 이에 임금이 대답하여 이르시되 내가 진실로 너희에게 이르노니 이 지극히 작은 자 하나에게 하지 아니한 것이 곧 내게 하지 아니한 것이니라 하시리니
46 그들은 영벌에, 의인들은 영생에 들어가리라 하시니라 (마25;40~41, 45~46)

37 예수께서 이르시되 네 마음을 다하고 목숨을 다하고 뜻을 다하여 주 너의 하나님을 사랑하라 하셨으니

38 이것이 크고 첫째 되는 계명이요

39 둘째도 그와 같으니 네 이웃을 네 자신같이 사랑하라 하셨으니

40 이 두 계명이 온 율법과 선지자의 강령이니라 (마22;37~40)

5:3 하나님을 사랑하는 것은 이것이니 우리가 그의 계명들을 지키는 것이라 그의 계명들은 무거운 것이 아니로다,

2;7 사랑하는 자들아 내가 새 계명을 너희에게 쓰는 것이 아니라 너희가 처음부터 가진 옛 계명이니 이 옛 계명은 너희가 들은 바 말씀이거니와 (요일5;3, 2;7)

   내 계명은 곧 내가 너희를 사랑한 것같이 너희도 서로 사랑하라 하는 이것이니라 (요15;12)

   너는 말씀을 전파하라 때를 얻든지 못얻든지 항상 힘쓰라 범사에 오래 참음과 가르침으로 경책하며 경계하며 권하라 (딤후4;2)

19 그러므로 너희는 가서 모든 민족을 제자로 삼아 아버지와 아들과 성령의 이름으로 세례를 베풀고

20 내가 너희에게 분부한 것을 가르쳐 지키게 하라 볼지어다 내가 세상 끝 날까지 너희와 항상 함께 있으리라 하시니라 (마28;19~20)

7 나는 선한 싸움을 싸우고 나의 달려갈 길을 마치고 믿음을 지켰으니

8 이제 후로는 나를 위하여 의의 면류관이 예비되었으므로 주 곧 의로우신 재판장이 그날에 내게 주실 것이며 내게만 아니라 주의 나타나심을 사모하는 모든 자에게도니라 (딤후4;7~8)

8 내가 너희에게 이르노니 속히 그 원한을 풀어 주시리라 그러나 인자

가 올 때에 세상에서 믿음을 보겠느냐 하시니라,

1 예수께서 그들에게 항상 기도하고 낙심하지 말아야 할 것을 비유로 말씀하여 (눅18;8, 1)

　소망 중에 즐거워하며 환난 중에 참으며 기도에 항상 힘쓰며 (롬12;12)

　쉬지 말고 기도하라 (살전5;17)

　기도를 계속하고 기도에 감사함으로 깨어 있으라(골4;2)

26 노아의 때에 된 것과 같이 인자의 때에도 그러하리라

27 노아가 방주에 들어가던 날까지 사람들이 먹고 마시고 장가들고 시집가더니 홍수가 나서 그들을 다 멸망시켰으며

28 또 롯의 때와 같으리니 사람들이 먹고 마시고 사고 팔고 심고 집을 짓더니

29 롯이 소돔에서 나가던 날에 하늘로부터 불과 유황이 비오듯 하여 그들을 멸망시켰느니라

30 인자가 나타나는 날에도 이러하리라 (눅17;26~30)

9 주의 약속은 어떤 이들이 더디다고 생각하는 것같이 더딘 것이 아니라 오직 주께서 너희를 대하여 오래 참으사 아무도 멸망하지 아니하고 다 회개하기에 이르기를 원하느니라

10 그러나 주의 날이 도둑같이 오리니 그 날에는 하늘이 큰 소리로 떠나가고 물질이 뜨거운 불에 풀어지고 땅과 그 중에 있는 모든 일이 드러나리로다 (벧후3;9~10)

그날들을 감하지 아니하면 모든 육체가 구원을 얻지 못할 것이나 그러나 택하신 자들을 위하여 그날들을 감하시리라 (마24;22)

⟨항상 기도하며 깨어 있으라⟩

34 너희는 스스로 조심하라 그렇지 않으면 방탕함과 술취함과 생활의 염려로 마음이 둔하여지고 뜻밖에 그날이 덫과 같이 너희에게 임하리라

35 이날은 온 지구상에 거하는 모든 사람에게 임하리라

36 이러므로 너희는 장차 올 이 모든 일을 능히 피하고 인자 앞에 서도록 항상 기도하며 깨어 있으라 하시니라 (눅21;34~36)

18 그때에 내가 내 영을 내 남종과 여종들에게 부어주리니 그들이 예언할 것이요

19 또 내가 위로 하늘에서는 기사를 아래로 땅에서는 징조를 베풀리니 곧 피와 불과 연기로다 (행2;18~19)

■ 내가 위로 하늘에서는 기사를

2 내가 하늘에서 나는 소리를 들으니 많은 물소리와도 같고 큰 우렛소리와도 같은데 내가 들은 소리는 거문고 타는 자들이 그 거문고를 타는 것 같더라

3 그들이 보좌 앞과 네 생물과 장로들 앞에서 새 노래를 부르니 땅에서 속량함을 받은 십사만 사천 밖에는 능히 이 노래를 배울 자가 없더라 (계14;2~3)

■ 아래로 땅에서는 징조를 베풀리니 곧 피와 불과 연기로다

19 천사가 낫을 땅에 휘둘러 땅의 포도를 거두어 하나님의 진노의 큰 포도주 틀에 던지매

20 성 밖에서 그 틀이 밟히니 틀에서 피가나서 말 굴레에까지 닿았고 천육백 스다디온에 퍼졌더라 (계14;19~20)

9 또 다른 천사 곧 셋째가 그 뒤를 따라 큰 음성으로 이르되 만일 누구든지 짐승과 그의 우상에게 경배하고 이마에나 손에 표를 받으면
10 그도 하나님의 진노의 포도주를 마시리니 그 진노의 잔에 섞인 것이 없이 부은 포도주라 거룩한 천사들 앞과 어린 양 앞에서 불과 유황으로 고난을 받으리니
11 그 고난의 연기가 세세토록 올라가리로다 짐승과 그의 우상에게 경배하고 그의 이름표를 받는 자는 누구든지 밤낮 쉼을 얻지 못하리라 하더라 (계14;9~11)

51 보라 내가 너희에게 비밀을 말하노니 우리가 다 잠잘 것이 아니요 마지막 나팔에 순식간에 홀연히 다 변화되리니
52 나팔 소리가 나매 죽은 자들이 썩지 아니할 것으로 다시 살아나고 우리도 변화되리라 (고전15;51~52)
14 내가 말하기를 내 주여 당신이 아시나이다 하니 그가 나에게 이르되 이는 큰 환난에서 나오는 자들인데 어린 양의 피에 그 옷을 씻어 희게 하였느니라
15 그러므로 그들이 하나님의 보좌 앞에 있고 또 그의 성전에서 밤낮 하나님을 섬기매 보좌에 앉으신 이가 그들 위에 장막을 치시리니
16 그들이 다시는 주리지도 아니하며 목마르지도 아니하고 해나 아무 뜨거운 기운에 상하지도 아니하리니
17 이는 보좌 가운데에 계신 어린 양이 그들의 목자가 되사 생명수 샘으로 인도하시고 하나님께서 그들의 눈에서 모든 눈물을 씻어 주실 것

임이라 (계7;14~17)

   또 여기 있다 저기 있다고도 못하리니 하나님의 나라는 너희 안에 (요2;21) 있느니라 (눅17;21)

   그러나 예수는 성전된 자기 육체를 가리켜 말씀하신 것이라 (요2;21)

22 성 안에서 내가 성전을 보지 못하였으니 이는 주 하나님 곧 전능하신 이와 및 어린 양이 그 성전이심이라

23 그 성은 해나 달의 비침이 쓸데없으니 이는 하나님의 영광이 비치고 어린 양이 그 등불이 되심이라

24 만국이 그 빛 가운데로 다니고 땅의 왕들(벧전2;9~10, 계20;4~6)이 자기 영광을 가지고 그리로 들어가리라

25 낮에 성문을 도무지 닫지 아니하리니 거기에는 밤이 없음이라

26 사람들(계7;9~17, 21;3~4)이 만국의 영광과 존귀를 가지고 그리로 들어가겠고

27 무엇이든지 속된 것이나 가증한 일 또는 거짓말하는 자(요일2;4, 22)는 결코 그리로 들어가지 못하되 오직 어린 양의 생명책에 기록된 자들만 들어가리라 (계21;22~27)

20 이것들을 증언하실 이가 이르시되 내가 진실로 속히 오리라 하시거늘 아멘 주 예수여 오시옵소서

21 주 예수의 은혜가 모든 자들에게 있을지어다 아멘 (계22;20~21)

38.
너는 낚시와 등산을 무척 좋아한다

　너가 처음 낚시를 시작한 곳은 예산군에 있는 예당저수지였다. 직장에서 토요일 오전 근무를 마치고 예산행버스를 타고 예산에 도착하면 택시를 타고 예당저수지로 가게 된다. 택시에는 낚시가방은 짐칸에 싣고 탈 수 있는 대로 많은 인원이 탄다. 10여 명이 넘게 합승한 기억도 있다. 택시에 몸을 구겨 넣고 탄다는 표현이 맞을 것이다. 저수지까지 4키로 정도 거리지만 비포장도로다. 그시절에는 저수지까지 다니는 버스가 없었다. 택시가 유일한 교통수단이었다.

　저수지 뚝에서 좌측길로 조금 가다보면 신리 마을 앞에 신씨 낚시좌대가 있다. 그때는 예당저수지가 물반 고기반이던 때라 초보낚시꾼 훈련소라고 할 정도였다. 너는 주로 잉어를 낚는 짜개미끼를 사용했다. 짜개미끼는 볶지 않고 찐 들깨로 들기름을 짠 깻묵을 톱으로 썰어 변형 육각형을 만들어 사용하게 된다. 돌처럼 단단하다. 그렇지만 물에서는 가장자리가 아주 천천히 풀어지면서 잉어가 물게 된다. 짜개를 던지자마자 바로 잉어가 잡히는 경우도 있다.

예당저수지에서 낚시하는 것은 남들과 다를 바 없지만, 한번은 텐트를 치고 바로 앞에 낚시대를 펴고 잠이 들었는데 깨어보니 낚싯대가 온데간데 보이지 않았다. 잠자는 동안 방울이 심하게 딸랑거렸을 텐데 그 소리를 듣지 못했다. 그때 그 저수지엔 길이가 1미터가 넘는 잉어가 더러 있다고 했다. 커다란 잉어가 낚싯대를 끌고 깊은 곳으로 달아난 것으로 추측할 뿐이다. 그 잉어는 그로 인해서 죽지는 않는다. 시간이 지남에 따라 낚시 바늘이 낀 자리가 커지면서 낚시 바늘이 저절로 빠지기 때문이다.

충청북도에 있는 충주호 낚시가 유명세를 타면서 너도 거기로 낚시를 다녔다. 수안보온천을 지나 좌측길을 따라 가면 재오개 낚시터가 있다. 재오개는 주로 잉어낚시를 즐기는 릴낚시꾼들이 찾는 곳이다. 경사가 완만하게 넓게 펼쳐저 있다. 짜개를 아주 멀리 던지는 한 분이 있었다. 그분은 릴에 감긴 낚시줄이 거의 다 풀릴 때까지 멀리 던진다. 보통 릴에는 이백미터 가량 낚시줄이 감겨 있다. 그분처럼 짜개를 멀리 던지는 낚시꾼은 지금까지도 본 적이 없다. 너도 그분의 던지는 자세, 강도를 관찰하고 연습했지만 일백여 미터 밖에 못 던진다.

충주시에서 박달재로 가는 길을 가다가 삼탄에서 부산리로 넘어가는 길을 따라 길다랗게 늘어선 붕어낚시터가 있다. 그곳에서 낚시를 하다가 밤에 비를 만났다. 장마철이라 지면이 습기를 머금고 있을 때였다. 무심코 커다란 바위 아래 텐트를 치게 되었다. 어느땐가 텐트 안에서 잠이 들었는데 느낌이 이상했다. 깨어보니 큰 바위가 아주 조금씩 텐트로 미끄러져 내려오고 있었다. 텐트가 50cm 정도 밀려 있었다. 순간적으로 잽싸게 텐트를 잡아당겨 옆으로 피하게 되었다. 바위에서 조금 떨어진 곳에 다시 텐트를 쳤다. 바위는 더이상 내려오지 않았다. 지금 생각해도 아찔한 순간이었다.

　이튿날 아침식사를 마치고 붕어낚시 미끼를 던졌다. 붕어낚시 미끼는 너무 멀리 던지면 도중에 떨어지거나 물과 마찰이 생길 때 풀어져 낚시바늘에 붙어있지 않는다. 굳게 뭉쳐야하고 적당한 거리에 한곳에 집중적으로 던져야 한다. 그것이 풀어져 밑밥이 되기 때문이다. 다섯 번째 던질 때 입질이 왔다. 줄을 당겼다. 묵직한 것이 느낌이 좋았다. 붕어는 잉어와 달리 쉽게 끌려온다. 40cm 정도는 되어 보였다. 또 방금 잡은 그 자리에 낚시미끼를 던졌다. 바늘이 바닥에 닿기도 전에 물었다. 기분이 정말 좋았다. 그렇게 30여수는 잡았을 때 그 광경을 멀리서 바라보던 어떤 낚시꾼이 너의 옆으로 와서 옆에서 해도 괜찮겠냐고 물었다. 그러라고 했다. 바로 옆에서 그분이 낚시를 던졌지만 너는 조금도 방해 받지 않고 계속해서 붕어를 잡아 올렸다. 너의 옆에 낚시꾼은 한 마리도 잡지 못했다. 너는 그 차이를 알 수 있었다. 너는 그 골짜기 한가운데 깊이 패인 물길 따라 흐르는 물고기가 다니는 길목에 낚시를 던졌고, 옆에 분은 낚시추가 거기까지 미치지 못했기 때문이다. 그는 너만큼 릴을 멀리 던지지도 못했고 한곳에 몰아던지지도 못했다. 여기저기 분산해서 던졌기 때문에 붕어를 잡지 못했다. 낚시는 기술이 있어야 운도 따르게 된다.

초가을 어느 날 고향 친구들과 모임이 예정되 있었다. 모임 전날 충주호에서 잉어를 잡아가서 잉어회를 선물해도 좋겠다는 생각이 들었다. 청파동에 사는 친구와 모임 전날 일찍이 수안보온천을 지나 단양쪽으로 길을 꺾어 월악산 개울을 지나 수산리에 도착했다. 전빵 아래 너가 가끔 찾는 잉어낚시터가 있다. 들깻묵 짜개를 낚시바늘에 걸어 호수 한가운데로 힘차게 던졌다. 미끼가 멀리 날아간 것 같았다. 그날 따라 낮에는 한 번도 입질을 받지 못했다. 초저녁에도 꽝이다. 밤 12시가 지날 무렵에 방울이 요란하게 울리면서 캐미가 달린 낚싯대가 춤을 추기 시작한다. 낚시대를 힘차게 잡아당겼다. 잉어가 낚시바늘에 제대로 걸린 것 같았다. 한참을 잉어와 씨름을 하다가 잉어가 지쳐 물위로 떠오르는 것이 희미한 달빛 속에 눈에 띄었다. 서서히 낚시줄을 감으면서 끌어당겼다. 잉어가 눈 앞에 까지 끌려왔다. 족히 1미터는 되는 것처럼 보였다. 잉어 머리쪽에 수건을 던졌다. 잉어눈이 수건으로 가려졌다. 잉어가 사람을 보게 되면 몸부림쳐 낚시바늘이 부러지거나 끼인 곳이 터져 놓치게 된다. 풀이 낮게 자란 후미진 곳으로 조심조심 끌어냈다. 수건으로 잉어를 감싸고 안전한 곳으로 옮겼다. 그때 자고있던 친구가 일어났다. 잡은 잉어를 보더니 깜짝 놀란다. 무슨 잉어가 이렇게 커. 이건 자기가 집에 가져가야 한단다. 몸이 약한 아내를 보신시켜야 하겠단다. 그럼 그렇게 하라고 했다. 또 잡으면 되지. 그런데 날이 밝을 때까지 입질이 없다. 초조하다. 회거리로 한 마리를 더 잡아야 할텐데. 아침 7시엔 철수해야 한다. 그때 방울소리가 요란하게 울린다. 낚싯대가 물가로 끌려가는 듯하다. 얼른 낚싯대를 낚아챘다. 묵직한 것이 잉어가

크다는 느낌이 들었다. 천천히 낚시줄을 감았다. 멀리서 잉어가 물위로 떠올랐다. 잉어가 물위로 떠오르면 잡을 확률은 너에게는 100%로다. 서서히 낚시줄을 감으면서 풀이 나 있는 후미진 곳으로 끌어들였다. 잉어는 땅으로 끌어올리기 전에 낚시줄을 서서히 당겨 머리를 들어 공기를 마시게 해야한다. 공기를 마시면 잉어는 힘이 빠지게 된다. 그렇지만 방심해서는 않된다 수건을 던져 눈부터 가려야 한다. 그런 후에 낚시줄을 잡고 서서히 끌어당기면 별 저항없이 끌려오게 된다.

  너는 당뇨합병증을 앓고부터 걷는 것이 무척 힘들어졌다. 그래서 산행을 하기로 굳게 마음 먹었다. 도봉산을 산행지로 택했다. 지하철을 타고 가다가 도봉산역에서 내려 탐방지원센터를 지나 은석암쪽으로 방향을 잡았다. 첫날은 탐방지원센터까지 가는 것도 무척 힘들었다. 한 발짝 한발짝 걷고 또 걸었다. 다리에 힘도 없고 숨도 차다. 이 걸 반드시 극복해야만 건강하게 살 수 있다는 확신이 들었다. 탐방지원센터에서 보문능선까지의 길은 험하지만 거리가 짧다. 너의 훈련코스로 최적 코스였다. 반년이 지날 때쯤 어느 날 은석암을 오르는 갈림길에 서 있는 자신을 발견했다. 왼쪽으로 가면 은석암으로 가는 편한 길이고 바로 가면 험한 바위 길이다. 너는 바윗길을 택해 걷고 또 걸었다. 또 반년이 지났다. 은석암 동쪽 바위 위에 걸터 앉아 있는 자신을 발견하게 되었다. 동편으로 아파트가 펼쳐져 있고 그 뒤에 수락산이 자리잡고 있다. 기분이 너무너무 좋았다. 정상을 정복한 것은 아니지만 여기까지 이른 것만도 대단한 성과다.

  그렇게 세월 따라 또 오르고 올랐더니 포대정상에 이르렀다. 포대

정상에서 신선대로 가려면 Y계곡을 반드시 지나야 한다. 그러려면 팔과 다리에 힘을 길러야 한다. 방법이 뭘까. 곰곰히 생각해봤다. 팔운동은 팔굽혀펴기를 30번 정도 할 수 있었다. 그러면 다리운동은 인터넷을 검색해서 스쿼트 운동을 찾을 수 있었다. 팔굽혀펴기와 스쿼트 운동을 열심히 해서 자신감이 붙었다. 그날은 포대능선 Y계곡 입구에 청년들 여남은 명이 줄을 서서 기다리고 있었다. 그들 뒤에 줄을 서서 기다렸다. 자신감이 있었지만 한편으론 두렵기도 했다. 그들 뒤를 따라 Y계곡으로 내려갔다. 키가 작은 사람은 내려가는 도중에 아래 바위에 발이 닿을 수 없기 때문에 어렵겠다는 생각을 했지만 너는 무사히 Y계곡을 건너 신선대에 오를 수 있었다. 도봉산 신선대는 해발 726미터로 사람 발이 닿을 수 있는 도봉산 정상이다.

할렐루야! 하나님 감사합니다.

당뇨합병증인 말초신경병증을 고치시고 오늘 이렇게 건강을 회복게 하시니 감사합니다. 하나님께 감사와 찬양과 영광을 돌렸다.

그 후 너는 고등학교동창 친구와 도봉산을 누비고 다녔다. 우이암쪽으로 길을 잡아 신선대로 오르기도하고, 1호선 지하철을 타고 망월사역에서 내려 샘터고개를 넘어, 도봉산 뒤편으로 다니면서 꽃잎이 독사머리를 닮아 꽃술을 덮고 있는 맹독초이면서 약초인 천남성을 만나기도 했다. 천남성과 투구꽃, 다른 이름으로 초오는 맹독초다. 잎이나 꽃을 만져서도 않된다. 만진 손으로 눈을 비비거나 입에 갖다 대면 해를 입을 수 있기 때문이다. 너는 도봉산 산행을 하면서 나름대로 힘든 코스는 보문능선이라고 생각한다. 보문능선은 망월사역에서 포대능선으로 가는 첫 능선이다. 산을 오르내리는 것이 무척 힘이 든다. 그렇지만 그로부터 얻어지는 것은 건강이다.

하나님의 은혜요

축복이다.

할렐루야! 아멘.

39.
그리스도인과 세상 권세

1 각 사람은 위에 있는 권세들에게 복종하라 권세는 하나님으로부터 나지 않음이 없나니 모든 권세는 다 하나님께서 정하신 바라

2 그러므로 권세를 거스르는 자는 하나님의 명을 거스름이니 거스르는 자들은 심판을 자취하리라

3 다스리는 자들은 선한 일에 대하여 두려움이 되지 않고 악한 일에 대하여 되나니 네가 권세를 두려워하지 아니하려느냐 선을 행하라 그리하면 그에게 칭찬을 받으리라

4 그는 하나님의 사역자가 되어 네게 선을 베푸는 자니라 그러나 네가 악을 행하거든 두려워하라 그가 공연히 칼을 가지지 아니하였으니 곧 하나님의 사역자가 되어 악을 행하는 자에게 진노하심을 따라 보응하는 자니라

5 그러므로 복종하지 아니할 수 없으니 진노 때문에 할 것이 아니라 양

심을 따라 할 것이라

6 너희가 조세를 바치는 것도 이로 말미암음이라 그들이 하나님의 일꾼이 되어 바로 이 일에 항상 힘쓰느니라

7 모든 자에게 줄 것을 주되 조세를 받을 자에게 조세를 바치고 관세를 받을 자에게 관세를 바치고 두려워할 자를 두려워하며 존경할 자를 존경하라 (롬13;1~7)

40.
당신들 가운데 독초나 쓴 열매를 맺는 뿌리가 있어서는 안 된다

■ **독초나 쓴 열매를 맺는 뿌리가 있어서는 안 된다** (새번역성경)

16 〈당신들은 우리가 이집트 땅에서 어떻게 살아왔는지, 또 여러 나라를 어떻게 지나왔는지를 기억하십시오

17 당신들은 그들 가운데 있는 역겨운 것과, 나무와 돌과 은과 금으로 만든 우상을 보았습니다〉

18 당신들 가운데 남자나 여자나 가족이나 지파가, 주 우리 하나님으로부터 마음을 멀리하여, 다른 민족의 신들을 섬기려고 해서는 안 됩니다 당신들 가운데 독초나 쓴 열매를 맺는 뿌리가 있어서는 안 됩니다 (신 29;16~18)

* 〈6 당신들의 동복 형제나 아들이나 딸이나 당신들의 품에 안기는 아내나, 당신들이 목숨처럼 아끼는 친구 가운데 누구든지, 당신들에게 은밀히 말하기를 "우리와 우리 조상이 일찍이 알지 못하던 신들에게 가서, 그 신들을 섬기자" 하고 꾀거나

7 "우리가 가서, 땅의 이 끝에서 저 끝까지, 사방 원근 각처에 있는 민족들의 신을 섬기자" 하더라도 (신13;6~7)〉

19 그러한 사람은 이런 저주의 말을 들으면서도 속으로 자기를 달래면서 "내 고집대로 하여도 만사가 형통할 것이다" 할 것입니다 (당신들이 그런 사람을 그대로 두면, 맹렬한 재난을 만나서 파멸되고 말 것입니다)

* 〈8 그 말에 귀를 기울이지도 말고, 듣지도 말고, 그런 사람을 불쌍하게 여기지도 말며, 가엾게 여기지도 말고, 덮어서 숨겨 줄 생각도 하지 마십시오 (신 13;8)〉

20 주님께서는 그런 사람을 용서하지 않으십니다 주님께서는 그런 사람에게 주님의 분노와 질투의 불을 퍼부으실 뿐만 아니라, 이 책에 기록되어 있는 모든 저주를 그에게 내리게 하실 것입니다 그리하여 주님께서는 마침내 그의 이름을 하늘 아래에서 지워 버려서, 아무도 그를 기억하지 못하게 하실 것입니다

21 주님께서는 그런 사람을 이스라엘의 모든 지파 가운데서 구별하여, 이 율법책의 언약에 나타나 있는 온갖 저주대로, 그들에게 재앙을 내리실 것입니다 (신29;16~21)

* 〈9 반드시 죽여야 합니다 증인이 맨 먼저 돌로 치고, 그 다음에 모든 백성이 뒤따라서 돌로 치게 하십시오

10 그는 당신들을 꾀어 이집트 땅 종살이하던 집에서 건져내 주신 주 당신들의 하나님으로부터 당신들을 떠나게 하려는 사람이니, 돌로 쳐서 죽여야 합니다

11 그러면 온 이스라엘이 그 소식을 듣고 두려워하여, 이런 악한 일을 저지르는 사람이 당신들 가운데서 생기지 않을 것입니다 (신13;9~11)〉

41.
탐색하는 자나 남색하는 자는 하나님의 나라를 유업으로 받지 못하리라

9 불의한 자가 하나님의 나라를 유업으로 받지 못할 줄을 알지 못하느냐 미혹을 받지 말라 음행하는 자나 우상 숭배 하는 자나 탐색하는 자나 남색하는 자나

10 도적이나 탐욕을 부리는 자나 술 취하는 자나 모욕하는 자나 속여 빼앗는 자들은 하나님의 나라를 유업으로 받지 못하리라 (고전6;9~10)

26 이 때문에 하나님께서 그들을 부끄러운 욕심에 내버려 두셨으니 곧 그들의 여자들도 순리대로 쓸 것을 바꾸어 역리로 쓰며

27 그와 같이 남자들도 순리대로 여자 쓰기를 버리고 서로 향하여 음욕이 불 일듯 하매 남자가 남자와 더불어 부끄러운 일을 행하여 그들의 그릇됨에 상당한 보응을 그들 자신이 받았느니라 (롬1;26~27)

소돔과 고모라와 그 이웃 도시들도 그들과 같은 행동으로 음란하며

다른 육체를 따라 가다가 영원한 불의 형벌을 받음으로 거울이 되었느니라 (유1;7)

22 너는 여자와 동침함같이 남자와 동침하지 말라 이는 가증한 일이니라

23 너는 짐승과 교합하여 자기를 더럽히지 말며 여자는 짐승 앞에 서서 그것과 교접하지 말라 이는 문란한 일이니라 (레18;22~23)

   누구든지 여인과 동침하듯 남자와 동침하면 둘 다 가증한 일을 행함인즉 반드시 죽일지니 자기의 피가 자기에게 돌아가리리 (레20;13)

17 이스라엘 여자 중에 창기가 있지 못할 것이요 이스라엘 남자 중에 남창이 있지 못할지니

18 창기가 번 돈과 개 같은 자의 소득은 어떤 서원하는 일로든지 네 하나님 여호와의 전에 가져오지 말라 이 둘은 다 네 하나님 여호와께 가증한 것임이니라 (신23;17~18)

   그 땅에 또 남색하는 자가 있었고 여호와께서 이스라엘 자손 앞에서 쫓아내신 국민의 가증한 일을 무리가 본받아 행하였더라 (왕상14;24)

   그가 그의 아버지 아사의 시대에 남아 있던 남색하는 자들을 그 땅에서 쫓아내었더라 (왕상22;46)

42.
마귀를 대적하라 그리하면 너희를 피하리라

■ 그런즉 너희는 하나님께 복종할지어다

■ 마귀를 대적하라 그리하면 너희를 피하리라

7 그런즉 너희는 하나님께 복종할지어다 마귀를 대적하라 그리하면 너희를 피하리라
8 하나님을 가까이 하라 그리하면 너희를 가까이하시리라 죄인들아 손을 깨끗이 하라 두 마음을 품은 자들아 마음을 성결하게 하라 (약 4;7~8)

〈 마귀를 대적하는 싸움 〉
10 끝으로 너희가 주 안에서와 그 힘의 능력으로 강건하여지고
11 마귀의 간계를 능히 대적하기 위하여 하나님의 전신갑주를 입으라
12 우리의 씨름은 혈과 육을 상대하는 것이 아니요 통치자들과 권세들

과 이 어둠의 세상 주관자들과 하늘에 있는 악한 영들을 상대함이라

13 그러므로 하나님의 전신갑주를 취하라 이는 악한 날에 너희가 능히 대적하고 모든 일을 행한 후에 서기 위함이라

14 그런즉 서서 진리로 너희 허리띠를 띠고 의의 호심경을 붙이고

15 평안의 복음이 준비한 것으로 신을 신고

16 모든 것 위에 믿음의 방패를 가지고 이로써 능히 악한 자의 모든 불화살을 소멸하고

17 구원의 투구와 성령의 검 곧 하나님의 말씀을 가지라 (엡6;10~17)

8 근신하라 깨어라 너희 대적 마귀가 우는 사자같이 두루 다니며 삼킬 자를 찾나니

9 너희는 믿음을 굳건하게 하여 그를 대적하라 이는 세상에 있는 너희 형제들도 동일한 고난을 당하는 줄을 앎이라 (벧전5;8~9)

■ **큰 용이 내쫓기니 옛 뱀 곧 마귀라고도 하고 사탄이라고도 하며**

큰 용이 내쫓기니 옛 뱀 곧 마귀라고도 하고 사탄이라고도 하며 온 천하를 꾀는 자라 그가 땅으로 내쫓기니 그의 사자들도 그와 함께 내쫓기니라 (계12;9)

2부
세례

1.
물은 너희를 구원한 표니
곧 세례라

물은 예수 그리스도께서 부활하심으로 말미암아 이제 너희를 구원하는 표니 곧 세례라 이는 육체의 더러운 것을 제하여 버림이 아니요 하나님을 향한 선한 양심의 간구니라 (벧전3;21)

4 세례 요한이 광야에 이르러 죄 사함을 받게 하는 회개의 세례를 전파하니

5 온 유대 지방과 예루살렘 사람이 다 나아가 자기 죄를 자복하고 요단강에서 그에게 세례를 받더라 (막1;4~5)

■ 그는 성령과 불로 너희에게 세례를 베푸실 것이요

요한이 모든 사람에게 대답하여 이르되 나는 물로 너희에게 세례를 베풀거니와 나보다 능력이 많으신 이가 오시나니 나는 그의 신발끈을 풀기도 감당하지 못하겠노라 그는 성령과 불로 너희에게 세례를 베푸

실 것이요 (눅3;16)

　베드로가 이르되 너희가 회개하여 각각 예수 그리스도의 이름으로 세례를 받고 죄 사함을 받으라 그리하면 성령의 선물을 받으리니 (행 2;38)

9 그때에 예수께서 갈릴리 나사렛으로부터 와서 요단 강에서 세례를 받으시고

10 곧 물에서 올라 오실새 하늘이 갈라짐과 성령이 비둘기같이 자기에게 내려오심을 보시더니

11 하늘로부터 소리가 나기를 너는 내 사랑하는 아들이라 내가 너를 기뻐하노라 (막1;9~11)

2. 무릇 그리스도 예수와 합하여 세례를 받은 우리는

■ 그의 죽으심과 합하여 세례를 받은 줄을 알지 못하느냐

3 무릇 그리스도 예수와 합하여 세례를 받은 우리는 그의 죽으심과 합하여 세례를 받은 줄을 알지 못하느냐

■ 그의 죽으심과 합하여 세례를 받음으로 그와 함께 장사되었나니

4 그러므로 우리가 그의 죽으심과 합하여 세례를 받음으로 그와 함께 장사되었나니 이는 아버지의 영광으로 말미암아 그리스도를 죽은 자 가운데서 살리심과 같이 우리로 또한 새 생명 가운데서 행하게 하려 함이라

■ 그의 부활과 같은 모양으로 연합한 자도 되리라

5 만일 우리가 그의 죽으심과 같은 모양으로 연합한 자가 되었으면 또한 그의 부활과 같은 모양으로 연합한 자도 되리라 (롬6;3~5)

■ **너희가 세례로 그리스도와 함께 장사되고**

너희가 세례로 그리스도와 함께 장사되고 또 죽은 자들 가운데서 그를 일으키신 하나님의 역사를 믿음으로 말미암아 그 안에서 함께 일으키심을 받았느니라 (골2:12)

3.
내가 그리스도와 함께 십자가에 못 박혔나니

　내가 그리스도와 함께 십자가에 못 박혔나니 그런즉 이제는 내가 사는 것이 아니요 오직 내 안에 그리스도께서 사시는 것이라 이제 내가 육체 가운데 사는 것은 나를 사랑하사 나를 위하여 자기 자신을 버리신 하나님의 아들을 믿는 믿음 안에서 사는 것이라 (갈2;20)
6 우리가 알거니와 우리의 옛 사람이 예수와 함께 십자가에 못 박힌 것은 죄의 몸이 죽어 다시는 우리가 죄에게 종 노릇 하지 아니하려 함이니
7 이는 죽은 자가 죄에서 벗어나 의롭다 하심을 얻었음이라
8 만일 우리가 그리스도와 함께 죽었으면 또한 그와 함께 살 줄을 믿노니

9 이는 그리스도께서 죽은 자 가운데서 살아나셨으매 다시 죽지 아니하시고 사망이 다시 그를 주장하지 못할 줄을 앎이로라

10 그가 죽으심은 죄에 대하여 단번에 죽으심이요 그가 살아 계심은 하나님께 대하여 살아 계심이니

11 이와 같이 너희도 너희 자신을 죄에 대하여는 죽은 자요 그리스도 예수 안에서 하나님께 대하여는 살아 있는 자로 여길지어다 (롬6;6~11)

3부 신앙인이 되려거든 성령으로 충만함을 받으라

1. 성령을 모독하거나 성령을 거역하면 사하심을 얻지 못하리라

31 그러므로 내가 너희에게 이르노니 사람에 대한 모든 죄와 모독은 사하심을 얻되 성령을 모독하는 것은 사하심을 얻지 못하겠고

32 또 누구든지 말로 인자를 거역하면 사하심을 얻되 누구든지 말로 성령을 거역하면 이 세상과 오는 세상에서도 사하심을 얻지 못하리라 (마12;31~32)

성령을 소멸하지 말며 (살전5;19)

하나님의 성령을 근심하게 하지 말라 그 안에서 너희가 구원의 날까지 인치심을 받았느니라 (엡4;30)

2. 너희는 성령을 따라 행하라

16 내가 이르노니 너희는 성령을 따라 행하라 그리하면 육체의 욕심을 이루지 아니하리라,

18 너희가 만일 성령의 인도하시는 바가 되면 율법 아래에 있지 아니하리라,

25 만일 우리가 성령으로 살면 또한 성령으로 행할지니 (갈5;16, 18, 25)

■ **말하는 이는 너희가 아니라 성령이시니라**

사람들이 너희를 끌어다가 넘겨줄 때에 무슨 말을 할까 미리 염려하지 말고 무엇이든지 그때에 너희에게 주시는 그 말을 하라 말하는 이는 너희가 아니라 성령이시니라 (막13;11)

그들이 다 성령의 충만함을 받고 성령이 말하게 하심을 따라 다른 언어들로 말하기를 시작하니라 (행2;4)

3.
성령으로 세례를 받으리라
(성령세례 1)

　요한은 물로 세례를 베풀었으나 너희는 몇 날이 못되어 성령으로 세례를 받으리라 하셨느니라 (행1;5)
1 오순절 날이 이미 이르매 그들이 다같이 한곳에 모였더니
2 홀연히 하늘로부터 급하고 강한 바람 같은 소리가 있어 그들이 앉은 온 집에 가득하며
3 마치 불의 혀처럼 갈라지는 것들이 그들에게 보여 각 사람 위에 하나씩 임하여 있더니
4 그들이 다 성령의 충만함을 받고 성령이 말하게 하심을 따라 다른 언어들로 말하기를 시작하니라 (행2;1~4)
　하나님이 오른손으로 예수를 높이시매 그가 약속하신 성령을 아버지께 받아서 너희가 보고 듣는 이것을 부어 주셨느니라 (행2;33)

■ **더불어 마음을 같이하여 기도에 힘쓸 때 성령이 임하시다**

13 들어가 그들이 유하는 다락방으로 올라가니 베드로, 요한, 야고보, 안드레와 빌립, 도마와 바돌로매, 마태와 및 알패오의 아들 야고보, 셀롯인 시몬, 야고보의 아들 유다가 다 거기 있어

14 여자들과 예수의 어머니 마리아와 예수의 아우들과 더불어 마음을 같이하여 오로지 기도에 힘쓰더라

15 모인 무리의 수가 약 백이십 명이나 되더라 (행1;13~15)

4.
이방인들에게도 성령을 부어주시다
(성령세례 2)

■ **성령이 말씀듣는 모든 사람에게 내려오시니**

44 베드로가 이 말을 할 때에 성령이 말씀 듣는 모든 사람에게 내려오시니

45 베드로와 함께 온 할례받은 신자들이 이방인들에게도 성령 부어주심으로 말미암아 놀라니

46 이는 방언을 말하며 하나님 높임을 들음이러라 (행10;44~46)

1 아볼로가 고린도에 있을 때에 바울이 윗지방으로 다녀 에베소에 와서 어떤 제자들을 만나

■ **너희가 믿을 때에 성령을 받았느냐**

2 이르되 너희가 믿을 때에 성령을 받았느냐 이르되 아니라 우리는 성

령이 계심도 듣지 못하였노라

3 바울이 이르되 그러면 너희가 무슨 세례를 받았느냐 대답하되 요한의 세례니라

4 바울이 이르되 요한이 회개의 세례를 베풀며 백성에게 말하되 내 뒤에 오시는 이를 믿으라 하였으니 이는 곧 예수라 하거늘

5 그들이 듣고 주 예수의 이름으로 세례를 받으니

■ **바울이 그들에게 안수하매 성령이 그들에게 임하시므로**

6 바울이 그들에게 안수하매 성령이 그들에게 임하시므로 방언도 하고 예언도 하니 (행19;1~6)

5.
구하는 자에게 성령을 주시지 않겠느냐

너희가 악할지라도 좋은 것을 자식에게 줄 줄 알거든 하물며 너희 하늘 아버지께서 구하는 자에게 성령을 주시지 않겠느냐 하시니라 (눅 11;13)

베드로가 이르되 너희가 회개하여 각각 예수 그리스도의 이름으로 세례를 받고 죄 사함을 받으라 그리하면 성령의 선물을 받으리니 (행 2:38)

6.
성령이 하나 되게 하신 것을 힘써 지키라

■ 한 성령으로 세례를 받아 한몸이 되었고

　우리가 유대인이나 헬라인이나 종이나 자유인이나 다 한 성령으로 세례를 받아 한몸이 되었고 또 다 한 성령을 마시게 하셨느니라 (고전 12;13)

1 그러므로 주 안에서 갇힌 내가 너희를 권하노니 너희가 부르심을 받은 일에 합당하게 행하여

2 모든 겸손과 온유로 하고 오래 참음으로 사랑 가운데서 서로 용납하고

■ 성령이 하나 되게 하신 것을 힘써 지키라

3 평안의 매는 줄로 성령이 하나 되게 하신 것을 힘써 지키라

■ 몸이 하나요 성령도 한 분이시니

■ 이와같이 너희가 부르심의 한 소망 안에서 부르심을 받았느니라

4 몸이 하나요 성령도 한 분이시니 이와같이 너희가 부르심의 한 소망 안에서 부르심을 받았느니라

■ 주도 한 분이시요 믿음도 하나요 세례도 하나요

5 주도 한 분이시요 믿음도 하나요 세례도 하나요

■ 하나님도 한 분이시니 곧 만유의 아버지시라

6 하나님도 한 분이시니 곧 만유의 아버지시라 만유 위에 계시고 만유를 통일하시고 만유 가운데 계시도다 (엡4;1~6)

7.
다른 보혜사를 너희에게 주사 영원토록 너희와 함께 있게 하리니

16 내가 아버지께 구하겠으니 그가 또 다른 보혜사를 너희에게 주사 영원토록 너희와 함께 있게 하리니

■ 그는 진리의 영이라 그는 너희와 함께 거하심이요 또 너희 속에 계시겠음이라

17 그는 진리의 영이라 세상은 능히 그를 받지 못하나니 이는 그를 보지도 못하고 알지도 못함이라 그러나 너희는 그를 아나니 그는 너희와 함께 거하심이요 또 너희 속에 계시겠음이라 (요14;16~17)

보혜사 곧 아버지께서 내 이름으로 보내실 성령 그가 너희에게 모든 것을 가르치고 내가 너희에게 말한 모든 것을 생각나게 하리라 (요14;26)

- **진리의 성령이 오실 때에 그가 나를 증언하실 것이요**

    내가 아버지께로부터 너희에게 보낼 보혜사 곧 아버지께로부터 나오시는 진리의 성령이 오실 때에 그가 나를 증언하실 것이요 (요 15;26)

- **진리의 성령이 오시면 그가 너희를 모든 진리 가운데로 인도하시리니**

    그러나 진리의 성령이 오시면 그가 너희를 모든 진리 가운데로 인도하시리니 그가 스스로 말하지 않고 오직 들은 것을 말하며 장래 일을 너희에게 알리시리라 (요16;13)

    너희는 주께 받은 바 기름부음이 너희 안에 거하나니 아무도 너희를 가르칠 필요가 없고 오직 그의 기름부음이 모든 것을 너희에게 가르치며 또 참되고 거짓이 없으니 너희를 가르치신 그대로 주 안에 거하라 (요일3;27)

8.
성령으로 아니하고는 누구든지 예수를 주시라 할 수 없느니라

그러므로 내가 너희에게 알리노니 하나님의 영으로 말하는 자는 누구든지 예수를 저주할 자라 하지 아니하고 또 성령으로 아니하고는 누구든지 예수를 주시라 할 수 없느니라 (고전12;3)

■ **누구든지 그리스도의 영이 없으면 그리스도의 사람이 아니라**

만일 너희 속에 하나님의 영이 거하시면 너희가 육신에 있지 아니하고 영에 있나니 누구든지 그리스도의 영이 없으면 그리스도의 사람이 아니라 (롬8;9)

4 참으로 이 장막에 있는 우리가 짐진 것같이 탄식하는 것은 벗고자 함이 아니요 오히려 덧입고자 함이니 죽을 것이 생명에 삼킨 바 되게 하려 함이라

■ 보증으로 성령을 우리에게 주신 이는 하나님이시니라

5 곧 이것을 우리에게 이루게 하시고 보증으로 성령을 우리에게 주신 이는 하나님이시니라 (고후5;4~5)

■ 우리에게 주신 성령으로 말미암아 하나님의 사랑이 우리 마음에 부은 바 됨이니

5 소망이 우리를 부끄럽게 하지 아니함은 우리에게 주신 성령으로 말미암아 하나님의 사랑이 우리 마음에 부은 바 됨이니

6 우리가 아직 연약할 때에 기약대로 그리스도께서 경건하지 않은 자를 위하여 죽으셨도다 (롬5;5~6)

9.
예수 그리스도께서 육체로 오신 것을 시인하는 영마다 하나님께 속한 것이요

2 이로써 너희가 하나님의 영을 알지니 곧 예수 그리스도께서 육체로 오신 것을 시인하는 영마다 하나님께 속한 것이요

3 예수를 시인하지 아니하는 영마다 하나님께 속한 것이 아니니 이것이 곧 적그리스도의 영이니라 오리라 한 말을 너희가 들었거니와 지금 벌써 세상에 있느니라

4 자녀들아 너희는 하나님께 속하였고 또 그들을 이기었나니 이는 너희 안에 계신 이가 세상에 있는 자보다 크심이라

5 그들은 세상에 속한 고로 세상에 속한 말을 하매 세상이 그들의 말을 듣느니라

6 우리는 하나님께 속하였으니 하나님을 아는 자는 우리의 말을 듣고 하나님께 속하지 아니한 자는 우리의 말을 듣지 아니하나니 진리의 영과 미혹의 영을 이로써 아느니라 (요일4:2~6)

10.
성령의 역사하심 (1)

■ **성령으로 아니하고는 예수를 주시라 할 수 없느니라**

그러므로 내가 너희에게 알리노니 하나님의 영으로 말하는 자는 누구든지 예수를 저주할 자라 하지 아니하고 또 성령으로 아니하고는 예수를 주시라 할 수 없느니라 (고전12;3)

■ **내 이름으로 보내실 성령 그가 너희에게 모든 것을 가르치고**

보혜사 곧 아버지께서 내 이름으로 보내실 성령 그가 너희에게 모든 것을 가르치고 내가 너희에게 말한 모든 것을 생각나게 하리라 (요 14;26)

■ **진리의 성령이 오실 때에 그가 나를 증언하실 것이요**

내가 아버지께로부터 너희에게 보낼 보혜사 곧 아버지께로부터 나오시는 진리의 성령이 오실 때에 그가 나를 증언하실 것이요 (요15;26)

- **진리의 성령이 오시면 그가 너희를 모든 진리 가운데로 인도하시리니**

    그러나 진리의 성령이 오시면 그가 너희를 모든 진리 가운데로 인도하시리니 그가 스스로 말하지 않고 오직 들은 것을 말하며 장래 일을 너희에게 알리시리라 (요16;13)

- **성령으로 말미암아 그가 우리 안에 거하시는 줄을 우리가 아느니라**

    그의 계명을 지키는 자는 주 안에 거하고 주는 그의 안에 거하시나니 우리에게 주신 성령으로 말미암아 그가 우리 안에 거하시는 줄을 우리가 아느니라 (요일3;24)

    성결의 영으로는 죽은 자들 가운데서 부활하사 능력으로 하나님의 아들로 선포되셨으니 곧 우리 주 예수 그리스도시니라 (롬1;4)

- **성령으로 말미암아 하나님의 사랑이 우리 마음에 부은 바 됨이니**

    소망이 우리를 부끄럽게 하지 아니함은 우리에게 주신 성령으로 말미암아 하나님의 사랑이 우리 마음에 부은 바 됨이니 (롬5;5)

- **성령과 지혜가 충만하여 칭찬받는 사람 일곱을 택하라**

    3 형제들아 너희 가운데서 성령과 지혜가 충만하여 칭찬받는 사람 일곱을 택하라 우리가 이 일을 그들에게 맡기고
    4 우리는 오로지 기도하는 일과 말씀 사역에 힘쓰리라 하니 (행6;3~4)

- **성령이 아시아에서 말씀을 전하지 못하게 하시거늘**

    6 성령이 아시아에서 말씀을 전하지 못하게 하시거늘 그들이 브루기아와 갈라디아 땅으로 다녀가
    7 무시아 앞에 이르러 비두니아로 가고자 애쓰되 예수의 영이 허락하지 아니하시는지라 (행16;6~7)

- 내가 곧 성령에 감동되었더니 보라 하늘에 보좌를 베풀었고

    내가 곧 성령에 감동되었더니 보라 하늘에 보좌를 베풀었고 그 보좌 위에 앉으신 이가 있는데 (계4;2)

- 하나님도 표적들과 기사들과 자기의 뜻을 따라 성령이 나누어 주신 것으로써

    하나님도 표적들과 기사들과 여러 가지 능력과 및 자기의 뜻을 따라 성령이 나누어 주신 것으로써 그들과 함께 증언하셨느니라 (히2;4)

- 그 일은 말과 행위로 표적과 기사의 능력으로 성령의 능력으로 이루어졌으며

18 그리스도께서 이방인들을 순종하게 하기 위하여 나를 통하여 역사하신 것 외에는 내가 감히 말하지 아니하노라 그 일은 말과 행위로
19 표적과 기사의 능력으로 성령의 능력으로 이루어졌으며 그리하여 내가 예루살렘으로부터 두루 행하여 일루리곤까지 그리스도의 복음을 편만하게 전하였노라 (롬15;18~19)

- 내 말과 내 전도함이 성령의 나타나심과 능력으로 하여

4 내 말과 내 전도함이 설득력 있는 지혜의 말로 하지 아니하고 다만 성령의 나타나심과 능력으로 하여
5 너희 믿음이 사람의 지혜에 있지 아니하고 다만 하나님의 능력에 있게 하려 하였노라 (고전2;4~5)

- 성령으로 말미암아 그가 우리 안에 거하시는 줄을 우리가 아느니라

    그의 계명을 지키는 자는 주 안에 거하고 주는 그의 안에 거하시나니 우리에게 주신 성령으로 말미암아 그가 우리 안에 거하시는 줄을

우리가 아느니라 (요일3;24)

■ **나사렛 예수 그리스도의 이름으로 일어나 걸으라**

6 베드로가 이르되 은과 금은 내게 없거니와 내게 있는 이것을 네게 주노니 나사렛 예수 그리스도의 이름으로 일어나 걸으라 하고

7 오른손을 잡아 일으키니 발과 발목이 곧 힘을 얻고

8 뛰어 서서 걸으며 걷기도 하고 뛰기도 하며 하나님을 찬송하니 (행3;6~8)

■ **하나님이 바울의 손으로 놀라운 능력을 행하게 하시니**

11 하나님이 바울의 손으로 놀라운 능력을 행하게 하시니

12 심지어 사람들이 바울의 몸에서 손수건이나 앞치마를 가져다가 병든 사람에게 얹으면 그 병이 떠나고 악귀도 나가더라 (행19;11~12)

■ **유두고라 하는 청년이 창에 걸터 앉아 있다가 삼층에서 떨어지거늘**

9 유두고라 하는 청년이 창에 걸터 앉아 있다가 깊이 졸더니 바울이 강론하기를 더 오래 하매 졸음을 이기지 못하여 삼층에서 떨어지거늘 일으켜보니 죽었느니라

10 바울이 내려가서 그 위에 엎드려 그 몸을 안고 말하되 떠들지 말라 생명이 그에게 있다 하고

11 올라가 떡을 떼어 먹고 오랫동안 곧 날이 새기까지 이야기하고 떠나니라

12 사람들이 살아난 청년을 데리고 가서 적지 않게 위로를 받았더라 (행20;9~12)

■ 바울이 나무 한 묶음을 불에 넣으니 독사가 나와 그 손을 물고 있는지라

3 바울이 나무 한 묶음을 거두어 불에 넣으니 뜨거움으로 말미암아 독사가 나와 그 손을 물고 있는지라.

5 바울이 그 짐승을 불에 떨어 버리매 조금도 상함이 없더라 (행28;3,5)

■ 그의 계명을 지키는 자는 주 안에 거하고 주는 그의 안에 거하시나니

   그의 계명을 지키는 자는 주 안에 거하고 주는 그의 안에 거하시나니 우리에게 주신 성령으로 말미암아 그가 우리 안에 거하시는 줄은 우리가 아느니라 (요일3;24)

11.
성령의 역사하심 (2)

■ **스데반이 성령 충만하여 하늘을 우러러 주목하여**

55 스데반이 성령 충만하여 하늘을 우러러 주목하여 하나님의 영광과 및 예수께서 하나님 우편에 서신 것을 보고

56 말하되 보라 하늘이 열리고 인자가 하나님 우편에 서신 것을 보노라 한대,

59 그들이 돌로 스데반을 치니 스데반이 부르짖어 이르되 주 예수여 내 영혼을 받으시옵소서 하고

60 무릎을 꿇고 크게 불러 이르되 주여 이 죄를 그들에게 돌리지 마옵소서 이 말을 하고 자니라 (행7;55~56, 59~60)

■ **주를 섬겨 금식할 때에 성령이 이르시되**

2 주를 섬겨 금식할 때에 성령이 이르시되 내가 불러 시키는 일을 위하여 바나바와 사울을 따로 세우라 하시니

3 이에 금식하며 기도하고 두 사람에게 안수하여 보내니라

4 두 사람이 성령의 보내심을 받아 실루기아에 내려가 거기서 배 타고 구브로에 가서

5 살라미에 이르러 하나님의 말씀을 유대인의 여러 회당에서 전할새 요한을 수행원으로 두었더라 (행13;2~5)

■ **바울이라고 하는 사울이 성령이 충만하여**

9 바울이라고 하는 사울이 성령이 충만하여 그를 주목하고

10 이르되 모든 거짓과 악행이 가득한 자요 마귀의 자식이요 모든 의의 원수여 주의 바른 길을 굽게 하기를 그치지 아니하겠느냐

11 보라 이제 주의 손이 네 위에 있으니 네가 맹인이 되어 얼마 동안 해를 보지 못하리라 하니 즉시 안개와 어둠이 그를 덮어 인도할 사람을 두루 구하는 지라

12 이에 총독이 그렇게 된 것을 보고 믿으며 주의 가르치심을 놀랍게 여기니라 (행13;9~12)

12. 무릇 하나님의 영으로 인도함을 받는 사람은 곧 하나님의 아들이라

무릇 하나님의 영으로 인도함을 받는 사람은 곧 하나님의 아들이라 (롬8;14)

■ 오직 성령이 너희에게 임하시면 너희가 권능을 받고

오직 성령이 너희에게 임하시면 너희가 권능을 받고 예루살렘과 온 유대와 사마리아와 땅끝까지 이르러 내 증인이 되리라 하시니라 (행1;8)

귀 있는 자는 성령이 교회들에게 하시는 말씀을 들을지어다 이기는 그에게는 내가 하나님의 낙원에 있는 생명나무의 열매를 주어 먹게 하리라 (계2;7)

마음을 살피시는 이가 성령의 생각을 아시나니 이는 성령이 하나님의 뜻대로 성도를 위하여 간구하심이니라 (롬8;27)

9 만일 너희 속에 하나님의 영이 거하시면 너희가 육신에 있지 아니하고 영에 있나니 누구든지 그리스도의 영이 없으면 그리스도의 사람이 아니라

10 또 그리스도께서 너희 안에 계시면 몸은 죄로 말미암아 죽은 것이나 영은 의로 말미암아 살아있는 거이니라

11 예수를 죽은 자 가운데서 살리신 이의 영이 너희 안에 거하시면 그리스도 예수를 죽은 자 가운데서 살리신 이가 너희 안에 거하시는 그의 영으로 말미암아 너희 죽을 몸도 살리시리라 (롬8;9~11)

13.
성령의 역사하심
(구약시대)

땅이 혼돈하고 공허하며 흑암이 깊음 위에 있고 하나님의 영은 수면 위에 운행하시니라 (창1;2)

너는 무릇 마음에 지혜 있는 모든 자 곧 내가 지혜로운 영으로 채운 자들에게 말하여 아론의 옷을 지어 그를 거룩하게 하여 내게 제사장 직분을 행하게 하라 (출28;3)

하나님의 영을 그에게 충만하게 하여 지혜와 총명과 지식으로 여러 가지 일을 하게 하시되 (출35;31)

내가 강림하여 거기서 너와 말하고 네게 임한 영을 그들에게도 임하게 하리니 그들이 너와 함께 백성의 짐을 담당하고 너 혼자 담당하지 아니하리라 (민11;17)

모세가 눈의 아들 여호수아에게 안수하였으므로 그에게 지혜의 영이 충만하니 이스라엘 자손이 여호와께서 모세에게 명령하신 대로 여

호수아의 말을 순종하였더라 (신34;9)

내가 붙드는 나의 종, 내 마음에 기뻐하는 자 곧 내가 택한 사람을 보라 내가 나의 영을 그에게 주었은즉 그가 이방에 정의를 베풀리라 (사42;1)

여호와의 영이 그에게 임하셨으므로 그가 이스라엘의 사사가 되어 나가서 싸울 때에 여호와께서 메소보다미아왕 구산 리사다임을 그의 손에 넘겨주시매 웃니엘의 손이 구산 리사다임을 이기니라 (삿3;10)

여호와의 영이 기드온에게 임하시니 기드온이 나팔을 불매 아비에셀이 그의 뒤를 따라 부름을 받으니라 (삿6;31)

이에 여호와의 영이 입다에게 임하시니 입다가 길르앗과 므낫세를 지나서 길르앗의 미스베에서부터 암몬 자손에게로 나아갈 때에 (삿11;29)

삼손이 레히에 이르매 블레셋 사람들이 그에게로 마주 나가며 소리 지를 때 여호와의 영이 삼손에게 갑자기 임하시매 그의 팔 위의 밧줄이 불탄 삼과 같이 그의 결박되었던 손에서 떨어진지라 (삿15;14)

여호와의 영이 사울에게서 떠나고 여호와께서 부리시는 악령이 그를 번뇌하게 한지라 (삼상16;14)

사울이 다윗을 잡으러 전령들을 보냈더니 그들이 선지자 무리가 예언하는 것과 사무엘이 그들의 수령으로 선 것을 볼 때에 하나님의 영이 사울의 전령들에게 임하매 그들도 예언을 한지라 (삼상19;20)

11 나를 주 앞에서 쫓아내지 마시며 주의 성령을 내게서 거두지 마소서
12 주의 구원의 즐거움을 내게 회복시켜주시고 자원하는 심령을 주사 나를 붙드소서 (시51;11~12)

14.
성령의 은사 (1)

7 각 사람에게 성령을 나타내심은 유익하게 하려 하심이라

8 어떤 사람에게는 성령으로 말미암아 지혜의 말씀을, 어떤 사람에게는 같은 성령을 따라 지식의 말씀을,

9 다른 사람에게는 같은 성령으로 믿음을, 어떤 사람에게는 한 성령으로 병 고치는 은사를,

10 어떤 사람에게는 능력 행함을, 어떤 사람에게는 예언함을, 어떤 사람에게는 영들 분별함을, 다른 사람에게는 각종 방언 말함을, 어떤 사람에게는 방언들 통역함을 주시나니

11 이 모든 일은 같은 한 성령이 행하사 그의 뜻대로 각 사람에게 나누어 주시는 것이니라 (고전12;7~11)

- 너희는 그리스도의 몸이요 지체의 각 부분이라
- "그는 몸인 교회의 머리시라 (골1;18)"

27 너희는 그리스도의 몸이요 지체의 각 부분이라

28 하나님이 교회 중에 몇을 세우셨으니 첫째는 사도요 둘째는 선지자요 셋째는 교사요 그 다음은 능력을 행하는 자요 그 다음은 병 고치는 은사와 서로 돕는 것과 다스리는 것과 각종 방언을 말하는 것이라

29 다 사도이겠느냐 다 선지자이겠느냐 다 교사이겠느냐 다 능력을 행하는 자이겠느냐

30 다 병 고치는 은사를 가진 자이겠느냐 다 방언을 말하는 자이겠느냐 다 통역하는 자이겠느냐

31 너희는 더욱 큰 은사를 사모하라 내가 또한 가장 좋은 길을 너희에게 보이리라 (고전12;27~31)

15.
성령의 은사 (2)

6 우리에게 주신 은혜대로 받은 은사가 각각 다르니 혹 예언이면 믿음의 분수대로,
7 혹 섬기는 일이면 섬기는 일로, 혹 가르치는 자면 가르치는 일로,
8 혹 위로하는 자면 위로하는 일로, 구제하는 자는 성실함으로, 다스리는 자는 부지런함으로, 긍휼을 베푸는 자는 즐거움으로 할 것이니라
(롬12;6~8)

16. 성령의 은사 (3)

죄의 삯은 사망이요 하나님의 은사는 그리스도 예수 우리 주 안에 있는 영생이니라 (롬6:23)

17. 성령의 은사 (4)

1 내가 사람의 방언과 천사의 말을 할지라도 사랑이 없으면 소리나는 구리와 울리는 꽹과리가 되고

2 내가 예언하는 능력이 있어 모든 비밀과 모든 지식을 알고 또 산을 옮길만한 모든 믿음이 있을지라도 사랑이 없으면 내가 아무것도 아니요 (고전13;1~2)

   그러나 내가 하나님의 성령을 힘입어 귀신을 쫓아내는 것이면 하나님의 나라가 이미 너희에게 임하였느니라 (마12;28)

18. 성령의 열매

22 오직 성령의 열매는 사랑과 희락과 화평과 오래 참음과 자비와 양선과 충성과

23 온유와 절제니 이같은 것을 금지할 법이 없느니라 (갈5:22~23)

『내가 경영한 것을 반드시 이루리라』

Ⅰ.
영생은 곧 유일하신 참 하나님과 그가 보내신 자 예수 그리스도를 아는 것

- **영생은 곧 유일하신 참 하나님과 그가 보내신 자 예수 그리스도를 아는 것**

  영생은 곧 유일하신 참 하나님과 그가 보내신 자 예수 그리스도를 아는 것이니이다 (요17;3)

  그룹 사이에 계신 이스라엘 하나님 만군의 여호와여 주는 천하 만국에 유일하신 하나님이시라 주께서 천지를 만드셨나이다 (사37;16)

  그러나 우리에게는 한 하나님 곧 아버지가 계시니 만물이 그에게서 났고 우리도 그를 위하여 있고 또한 한 주 예수 그리스도께서 계시니 만물이 그로 말미암고 우리도 그로 말미암아 있느니라 (고전8;6)

  여호와는 용사시니 여호와는 그의 이름이시로다 (출15;3)

- **하나님은 다만 유대인의 하나님이시냐**
- **또한 이방인의 하나님은 아니시냐**

- **진실로 이방인의 하나님도 되시느니라**

    하나님은 다만 유대인의 하나님이시냐 또한 이방인의 하나님은 아니시냐 진실로 이방인의 하나님도 되시느니라 (롬3;29)

    땅이 혼돈하고 공허하며 흑암이 깊음 위에 있고 하나님의 영은 수면 위에 운행하시니라 (창1;2)

- **여호와께서 네게 요구하는 것이 무엇이냐 곧 네 하나님을 경외하여**
- **그의 모든 도를 행하고 그를 사랑하며 마음을 다하고 뜻을 다하여**
- **네 하나님 여호와를 섬기고 내가 오늘 네 행복을 위하여**
- **네게 명하는 여호와의 명령과 규례를 지킬 것이 아니냐**

〈여호와께서 요구하시는 것〉

12 이스라엘아 네 하나님 여호와께서 네게 요구하시는 것이 무엇이냐 곧 네 하나님을 경외하여 그의 모든 도를 행하고 그를 사랑하며 마음을 다하고 뜻을 다하여 네 하나님 여호와를 섬기고

13 내가 오늘 네 행복을 위하여 네게 명하는 여호와의 명령과 규례를 지킬 것이 아니냐 (신10;12~13)

    우리는 다 양 같아서 그릇 행하여 각기 제 길로 갔거늘 여호와께서는 우리 모두의 죄악을 그에게 담당시키셨도다" (사53;6)

1 태초에 말씀이 계시니라 이 말씀이 하나님과 함께 계셨으니 이 말씀은 곧 하나님이시니라,

- **말씀이 육신이 되어 우리 가운데 거하시매**

14 말씀이 육신이 되어 우리 가운데 거하시매 우리가 그의 영광을 보니 아버지의 독생자의 영광이요 은혜와 진리가 충만하더라 (요1;1, 14)

- 성경이 곧 내게 대하여 증언하는 것이니라

  너희가 성경에서 영생을 얻는 줄 생각하고 성경을 연구하거니와 이 성경이 곧 내게 대하여 증언하는 것이니라 (요5;39)

- 하나님의 말씀은 살아있고 활력이 있어 날선 어떤 검보다도 예리하여
- 혼과 영과 및 관절과 골수를 찔러 쪼개기까지 하며
- 또 마음의 생각과 뜻을 판단하나니
- 우리의 결산을 받으실 이의 눈 앞에 만물이 벌거벗은 것같이 드러나느니라

12 하나님의 말씀은 살아있고 활력이 있어 좌우에 날선 어떤 검보다도 예리하여 혼과 영과 및 관절과 골수를 찔러 쪼개기까지 하며 또 마음의 생각과 뜻을 판단하나니

13 지으신 것이 하나도 그 앞에 나타나지 않음이 없고 우리의 결산을 받으실 이의 눈 앞에 만물이 벌거벗은 것같이 드러나느니라 (히 4;12~13)

- 지혜와 계시의 영을 너희에게 주사 하나님을 알게 하시고

  우리 주 예수 그리스도의 하나님, 영광의 아버지께서 지혜와 계시의 영을 너희에게 주사 하나님을 알게 하시고 (엡1;17)

- 예수께서 이르시되 내가 곧 길이요 진리요 생명이니

6 예수께서 이르시되 내가 곧 길이요 진리요 생명이니 나로 말미암지 않고는 아버지께로 올 자가 없느니라

7 너희가 나를 알았더라면 내 아버지도 알았으리로다 이제부터는 너희

가 그를 알았고 또 보았느니라 (요14:6~7)

■ **하나님의 성령이 비둘기같이 내려 자기 위에 임하심을 보더니**

16 예수께서 세례를 받으시고 곧 물에서 올라오실새 하늘이 열리고 하나님의 성령이 비둘기같이 내려 자기 위에 임하심을 보시더니

17 하늘로부터 소리가 있어 말씀하시되 이는 내 사랑하는 아들이요 내 기뻐하는 자라 하시니라 (마3;16~17)

■ **하나님이 나사렛 예수에게 성령과 능력을 기름 붓듯 하셨으매**

38 하나님이 나사렛 예수에게 성령과 능력을 기름 붓듯 하셨으매 그가 두루 다니시며 선한 일을 행하시고 마귀에게 눌린 모든 사람을 고치셨으니 이는 하나님이 함께하셨음이라

39 우리는 유대인의 땅과 예루살렘에서 그가 행하신 모든 일에 증인이라 그를 그들이 나무에 달아 죽였으나

40 하나님이 사흘 만에 다시 살리사 나타내시되

41 모든 백성에게 하신 것이 아니요 오직 미리 택하신 증인 곧 죽은 자 가운데서 부활하신 후 그를 모시고 음식을 먹은 우리에게 하신 것이라

42 우리에게 명하사 백성에게 전도하되 하나님이 살아 있는 자와 죽은 자의 재판장으로 정하신 자가 곧 이 사람인 것을 증언하게 하셨고

■ **그의 이름을 힘입어 죄 사함을 받는다 하였느니라**

43 그에 대하여 모든 선지자도 증언하되 그를 믿는 사람들이 다 그의 이름을 힘입어 죄 사함을 받는다 하였느니라 (행10;38~43)

■ **우리가 다 하나님의 아들을 믿는 것과 아는 일에 하나가 되어**

■ 그리스도의 장성한 분량이 충만한 데까지 이르리니

13 우리가 다 하나님의 아들을 믿는 것과 아는 일에 하나가 되어 온전한 사람을 이루어 그리스도의 장성한 분량이 충만한 데까지 이르리니
14 이는 우리가 이제부터 어린아이가 되지 아니하여 사람의 속임수와 간사한 유혹에 빠져 온갖 교훈의 풍조에 밀려 요동하지 않게 하려 함이라
15 오직 사랑 안에서 참된 것을 하여 범사에 그에게까지 자랄지라 그는 머리니 곧 그리스도라 (엡4;13~15)

27 이는 너희가 나를 사랑하고 또 내가 하나님께로부터 온 줄 믿었으므로 아버지께서 친히 너희를 사랑하심이라.

■ 세상에서는 너희가 환난을 당하나 담대하라 내가 세상을 이기었노라

33 이것을 너희에게 이르는 것은 너희로 내 안에서 평안을 누리게 하려 함이라 세상에서는 너희가 환난을 당하나 담대하라 내가 세상을 이기었노라 (요.16;27, 33)
7 그러나 내가 너희에게 실상을 말하노니 내가 떠나가는 것이 너희에게 유익이라 내가 떠나가지 아니하면 보혜사가 너희에게로 오시지 아니할 것이요 가면 내가 그를 너희에게로 보내리니,

■ 진리의 성령이 오시면 그가 너희를 모든 진리 가운데로 인도하시리니

13 그러나 진리의 성령이 오시면 그가 너희를 모든 진리 가운데로 인도하시리니 그가 스스로 말하지 않고 오직 들은 것을 말하며 장래 일을 너희에게 알리시리라

14 그가 내 영광을 나타내리니 내 것을 가지고 너희에게 알리시겠음이라
15 무릇 아버지께 있는 것은 다 내 것이라 그러므로 내가 말하기를 그가 내 것을 가지고 너희에게 알리시리라 하였노라 (요16;7, 13~15)

- 진리의 성령이 오실 때에 그가 나를 증언하실 것이요

  내가 아버지께로부터 너희에게 보낼 보혜사 곧 아버지께로부터 나오시는 진리의 성령이 오실 때에 그가 나를 증언하실 것이요 (요15;26)

- 보혜사 곧 아버지께서 내 이름으로 보내실 성령 그가 너희에게

- 모든 것을 가르치고 내가 너희에게 말한 모든 것을 생각나게 하리라

  보혜사 곧 아버지께서 내 이름으로 보내실 성령 그가 너희에게 모든 것을 가르치고 내가 너희에게 말한 모든 것을 생각나게 하리라 (요 14;26)

  너희는 주께 받은 바 기름부음이 너희 안에 거하나니 아무도 너희를 가르칠 필요가 없고 오직 그의 기름부음이 모든 것을 너희에게 가르치며 또 참되고 거짓이 없으니 너희를 가르치신 그대로 주 안에 거하라 (요일 2;27)

- 무릇 하나님의 영으로 인도함을 받는 사람은 곧 하나님의 아들이라

  무릇 하나님의 영으로 인도함을 받는 사람은 곧 하나님의 아들이라 (롬8;14)

- 주 예수 그리스도의 이름과 우리 하나님의 성령 안에서
- 씻음과 거룩함과 의롭다 하심을 받았느니라

  너희 중에 이와 같은 자들이 있더니 주 예수 그리스도의 이름과 우리 하나님의 성령 안에서 씻음과 거룩함과 의롭다 하심을 받았느니

라 (고전6;11)

6 만일 우리가 하나님과 사귐이 있다 하고 어둠에 행하면 거짓말을 하고 진리를 행하지 아니함이거니와

■ 그 아들 예수의 피가 우리를 모든 죄에서 깨끗하게 하실 것이요

7 그가 빛 가운데 계신 것같이 우리도 빛 가운데 행하면 우리가 서로 사귐이 있고 그 아들 예수의 피가 우리를 모든 죄에서 깨끗하게 하실 것이요 (요일1;6~7)

■ 우리가 그의 계명을 지키면 이로써 우리가 그를 아는 줄로 알 것이요

3 우리가 그의 계명을 지키면 이로써 우리가 그를 아는 줄로 알 것이요

4 그를 아노라 하고 그의 계명을 지키지 아니하는 자는 거짓말하는 자요 진리가 그 속에 있지 아니하되

5 누구든지 그의 말씀을 지키는 자는 하나님의 사랑이 참으로 그 속에서 온전하게 되었나니 이로써 우리가 그의 안에 있는 줄을 아노라 (요일2;3~5)

24 너희는 처음부터 들은 것을 너희 안에 거하게 하라 처음부터 들은 것이 너희 안에 거하면 너희가 아들과 아버지 안에 거하리라

■ 그가 우리에게 약속하신 것은 이것이니 곧 영원한 생명이니라

25 그가 우리에게 약속하신 것은 이것이니 곧 영원한 생명이니라 (요일2;24~25)

■ 그의 계명은 이것이니 곧 그 아들 예수 그리스도의 이름을 믿고

■ 그가 우리에게 주신 계명대로 서로 사랑할 것이니라

23 그의 계명은 이것이니 곧 그 아들 예수 그리스도의 이름을 믿고 그가 우리에게 주신 계명대로 서로 사랑할 것이니라

- 그의 계명을 지키는 자는 주 안에 거하고 주는 그의 안에 거하시나니
- 우리에게 주신 성령으로 말미암아
- 그가 우리 안에 거하시는 줄을 우리가 아느니라

24 그의 계명을 지키는 자는 주 안에 거하고 주는 그의 안에 거하시나니 우리에게 주신 성령으로 말미암아 그가 우리 안에 거하시는 줄을 우리가 아느니라 (요일3;23~24)

- 사랑하는 자들아 우리가 서로 사랑하자
- 사랑은 하나님께 속한 것이니
- 사랑하는 자마다 하나님으로부터 나서 하나님을 알고
- 사랑하지 아니하는 자는 하나님을 알지 못하나니
- 하나님은 사랑이심이라

7 사랑하는 자들아 우리가 서로 사랑하자 사랑은 하나님께 속한 것이니 사랑하는 자마다 하나님으로부터 나서 하나님을 알고,

8 사랑하지 아니하는 자는 하나님을 알지 못하나니 하나님은 사랑이심이라

- 하나님의 사랑이 우리에게 나타난 바 되었으니 하나님이 자기의
- 독생자를 세상에 보내심은 그로 말미암아 우리를 살리려 하심이라

9 하나님의 사랑이 우리에게 이렇게 나타난 바 되었으니 하나님이 자기의 독생자를 세상에 보내심은 그로 말미암아 우리를 살리려 하심이라

- **우리 죄를 속하기 위하여 화목제물로 그 아들을 보내셨음이라**

10 사랑은 여기 있으니 우리가 하나님을 사랑한 것이 아니요 하나님이 우리를 사랑하사 우리 죄를 속하기 위하여 화목제물로 그 아들을 보내셨음이라

11 사랑하는 자들아 하나님이 이같이 우리를 사랑하셨은즉 우리도 서로 사랑하는 것이 마땅하도다

- **하나님을 본 사람이 없으되 만일 우리가 서로 사랑하면 하나님이**
- **우리 안에 거하시고 그의 사랑이 우리 안에 온전히 이루어지느니라**

12 어느 때나 하나님을 본 사람이 없으되 만일 우리가 서로 사랑하면 하나님이 우리 안에 거하시고 그의 사랑이 우리 안에 온전히 이루어지느니라

- **그의 성령을 우리에게 주시므로 우리가 그의 안에 거하고**
- **그가 우리 안에 거하시는 줄을 아느니라**

13 그의 성령을 우리에게 주시므로 우리가 그의 안에 거하고 그가 우리 안에 거하시는 줄을 아느니라,

- **누구든지 예수를 하나님의 아들이라 시인하면**
- **하나님이 그의 안에 거하시고 그도 하나님 안에 거하느니라**

15 누구든지 예수를 하나님의 아들이라 시인하면 하나님이 그의 안에 거하시고 그도 하나님 안에 거하느니라

- **하나님은 사랑이시라**
- **사랑 안에 거하는 자는 하나님 안에 거하고**
- **하나님도 그의 안에 거하시느니라**

16 하나님이 우리를 사랑하시는 사랑을 우리가 알고 믿었노니 하나님은 사랑이시라 사랑 안에 거하는 자는 하나님 안에 거하고 하나님도 그의 안에 거하시느니라 (요일4;7~13, 15~16)

- 하나님을 사랑하는 것은 우리가 그의 계명들을 지키는 것이라

3 하나님을 사랑하는 것은 이것이니 우리가 그의 계명들을 지키는 것이라 그의 계명들은 무거운 것이 아니로다
- 무릇 하나님으로부터 난 자마다 세상을 이기느니라
- 세상을 이기는 승리는 이것이니 우리의 믿음이라

4 무릇 하나님으로부터 난 자마다 세상을 이기느니라 세상을 이기는 승리는 이것이니 우리의 믿음이니라
- 예수께서 하나님의 아들이심을 믿는 자가 아니면 세상을 이기는 자가 누구냐

5 예수께서 하나님의 아들이심을 믿는 자가 아니면 세상을 이기는 자가 누구냐

- 이는 물과 피로 임하신 이시니 곧 예수 그리스도시라
- 물로만 아니고 물과 피로 임하셨고
- 증언하는 이는 성령이시니 성령은 진리니라

6 이는 물과 피로 임하신 이시니 곧 예수 그리스도시라 물로만 아니요 물과 피로 임하셨고 증언하는 이는 성령이시니 성령은 진리니라 (요일 5;3~6)

- 또 아는 것은 하나님의 아들이 이르러 우리에게 지각을 주사
- 우리로 참된 자를 알게 하신 것과 또한 우리가 참된 자 곧 그의 아들
- 예수 그리스도 안에 있는 것이니 그는 참 하나님이시요 영생이시라

  또 아는 것은 하나님의 아들이 이르러 우리에게 지각을 주사 우리로 참된 자를 알게 하신 것과 또한 우리가 참된 자 곧 그의 아들 예수 그리스도 안에 있는 것이니 그는 참 하나님이시요 영생이시라 (요일 5;20)

- 하나님께서 보내신 이를 믿는 것이 하나님의 일이니라

  예수께서 대답하여 이르시되 하나님께서 보내신 이를 믿는 것이 하나님의 일이니라 하시니 (요6;29)

- 내 아버지의 뜻은 아들을 보고 믿는 자마다 영생을 얻는 이것이니
- 마지막 날에 내가 이를 다시 살리리라 하시니라

  내 아버지의 뜻은 아들을 보고 믿는 자마다 영생을 얻는 이것이니 마지막 날에 내가 이를 다시 살리리라 하시니라 (요5;40)

- 내 말을 듣고 또 나 보내신 이를 믿는 자는 영생을 얻었고

  내가 진실로 진실로 너희에게 이르노니 내 말을 듣고 또 나 보내신 이를 믿는 자는 영생을 얻었고 심판에 이르지 아니하나니 사망에서 생명으로 옮겼느니라 (요5;24)

- 이는 그리스도 예수 안에 있는 생명의 성령의 법이
- 죄와 사망의 법에서 너를 해방하였음이라

  이는 그리스도 예수 안에 있는 생명의 성령의 법이 죄와 사망의 법

에서 너를 해방하였음이라 (롬8;2)

■ 무덤 속에 있는 자가 다 그의 음성을 들을 때가 오나니

28 이를 놀랍게 여기지 말라 무덤 속에 있는 자가 다 그의 음성을 들을 때가 오나니

■ 선한 일을 행한 자는 생명의 부활로 악한 일을 행한 자는 심판의 부활로

29 선한 일을 행한 자는 생명의 부활로 악한 일을 행한 자는 심판의 부활로 나오리라 (요5;28~29)

성결의 영으로는 죽은 자들 가운데서 부활하사 능력으로 하나님의 아들로 선포되셨으니 곧 우리 주 예수 그리스도시니라 (롬1;4)

■ 큰 환난에서 나오는 자들인데 어린 양의 피에 그 옷을 씻어 희게 하다

14 내가 말하기를 내 주여 당신이 아시나이다 하니 그가 나에게 이르되 이는 큰 환난에서 나오는 자들인데 어린 양의 피에 그 옷을 씻어 희게 하였느니라

■ 그러므로 그들이 하나님 보좌 앞에 있고 또 그의 성전에서

■ 밤낮 하나님을 섬기매 보좌에 앉으신 이가 그들 위에 장막을 치시니

15 그러므로 그들이 하나님 보좌 앞에 있고 또 그의 성전에서 밤낮 하나님을 섬기매 보좌에 앉으신 이가 그들 위에 장막을 치시리니

■ 그들이 다시는 주리지도 아니하며 목마르지도 아니하고

■ 해나 아무 뜨거운 기운에 상하지도 아니하리니

16 그들이 다시는 주리지도 아니하며 목마르지도 아니하고 해나 아무 뜨거운 기운에 상하지도 아니하리니

- 이는 보좌 가운데 계신 어린 양이 그들의 목자가 되사
- 생명수 샘으로 인도하시고
- 하나님께서 그들의 눈에서 모든 눈물을 씻어 주실 것임이라

17 이는 보좌 가운데 계신 어린 양이 그들의 목자가 되사 생명수 샘으로 인도하시고 하나님께서 그들의 눈에서 모든 눈물을 씻어 주실 것임이라 (계7;14~17)

- 주 하나님 곧 전능하신 이와 및 어린 양이 그 성전이심이라

22 성안에서 내가 성전을 보지 못하였으니 이는 주 하나님 곧 전능하신 이와 및 어린 양이 그 성전이심이라

- 이는 하나님의 영광이 비치고 어린 양이 그 등불이 되심이라

23 그 성은 해나 달의 비침이 쓸데없으니 이는 하나님의 영광이 비치고 어린 양이 그 등불이 되심이라

- 땅의 왕들이 자기 영광을 가지고 그리로 들어가리라

24 만국이 그 빛 가운데로 다니고 땅의 왕들이 자기 영광을 가지고 그리로 들어가리라

25 낮에 성문들을 도무지 닫지 아니하리니 거기에는 밤이 없음이라

- 사람들이 만국의 영광과 존귀를 가지고 그리로 들어가겠고

26 사람들이 만국의 영광과 존귀를 가지고 그리로 들어가겠고

- 오직 어린 양의 생명책에 기록된 자들만 들어가리라

27 무엇이든지 속된 것이나 가증한 일 또는 거짓말하는 자는 결코 그리로 들어가지 못하되 오직 어린 양의 생명책에 기록된 자들만 들어가

리라 (계21;22~27)

■ **하나님과 그 어린 양의 보좌가 그 가운데에 있으리니**

3 다시 저주가 없으며 하나님과 그 어린 양의 보좌가 그 가운데에 있으리니 그의 종들이 그를 섬기며

4 그의 얼굴을 볼 터이요 그의 이름도 그들의 이마에 있으리라

■ **그들이 세세토록 왕 노릇 하리로다**

5 다시 밤이 없겠고 등불과 햇빛이 쓸데없으니 이는 주 하나님이 그들에게 비치심이라 그들이 세세토록 왕 노릇 하리로다 (계22;3~5)

II.
고난당한 것이 내게 유익이라

《다윗》

- 고난당한 것이 내게 유익이라
- 이로 말미암아 내가 주의 율례들을 배우게 되었나이다

고난당한 것이 내게 유익이라 이로 말미암아 내가 주의 율례들을 배우게 되었나이다 (시119;71)

고난당하기 전에는 내가 그릇 행하였더니 이제는 주의 말씀을 지키나이다 (시119;67)

2 여호와 내 하나님이여 내가 주께 부르짖으매 나를 고치셨나이다

3 여호와여 주께서 내 영혼을 스올에서 끌어내어 나를 살리사 무덤으로 내려가지 아니하게 하셨나이다,

11 주께서 나의 슬픔이 변하여 내게 춤이 되게 하시며 나의 베옷을 벗기고 기쁨으로 띠 띠우셨나이다 (시30;2~3, 11)

12 다윗이 이 말을 그의 마음에 두고 가드 왕 아기스를 심히 두려워하여
13 그들 앞에서 그의 행동을 변하여 미친 체하고 대문짝에 그적거리며 침을 수염에 흘리매
14 아기스가 그의 신하에게 이르되 너희도 보거니와 이 사람이 미치광이로다 어찌하여 그를 내게로 데려왔느냐 (삼상21;12~14)
1 그러므로 다윗이 그곳을 떠나 아둘람 굴로 도망하매 그의 형제와 아버지의 온 집이 듣고 그리로 내려가서 그에게 이르렀고
2 환난 당한 모든 자와 빚진 모든 자와 마음이 원통한 자가 다 그에게로 모였고 그는 그들의 우두머리가 되었는데 그와 함께 한 자가 사백 명가량이었더라 (삼상22;1~2)
12 다윗이 이르되 그일라 사람들이 나와 내 사람들을 사울의 손에 넘기겠나이까 하니 여호와께서 이르시되 그들이 너를 넘기리라 하신지라
13 다윗과 그의 사람 육백 명가량이 일어나 그일라를 떠나서 갈 수 있는 곳으로 갔더니 다윗이 그일라에서 피한 것을 어떤 사람이 사울에게 말하매 사울이 가기를 그치니라
14 다윗이 광야의 요새에도 있었고 또 십광야 산골에도 머물렀으므로 사울이 매일 찾되 하나님이 그를 그의 손에 넘기지 아니하시니라 (삼상23;12~14)
11 또 다윗이 아비새와 모든 신하들에게 이르되 내 몸에서 난 아들도 내 생명을 해하려 하거든 하물며 이 베냐민 사람이랴 여호와께서 그에게 명령하신 것이니 그가 저주하게 버려두라
12 혹시 여호와께서 나의 원통함을 감찰하시리니 오늘 그 저주 때문에

여호와께서 선으로 내게 갚아주시리라 하고

13 다윗과 그의 추종자들이 길을 갈 때에 시므이는 산비탈로 따라가면서 저주하고 그를 향하여 돌을 던지며 먼지를 날리더라 (삼하16;11~`3)

4 다윗의 사람들이 이르되 보소서 여호와께서 당신에게 이르시기를 내가 원수를 네 손에 넘기리니 네 생각에 좋은 대로 그에게 행하라 하시더니 이것이 그날이니이다 하니 다윗이 일어나서 사울의 겉옷 자락을 가만히 베니라

5 그리한 후에 사울의 옷자락 벰으로 말미암아 다윗의 마음이 찔려

6 자기 사람들에게 이르되 내가 손을 들어 여호와의 기름부음을 받은 내 주를 치는 것은 여호와께서 금하시는 것이니 그는 여호와의 기름부음을 받은 자가 됨이니라 하고,

12 여호와께서는 나와 왕 사이를 판단하사 여호와께서 나를 위하여 왕에게 보복하시려니와 내 손으로는 왕을 해하지 않겠나이다 (삼상 24;4~6, 12)

　　유다 사람들이 와서 거기서 다윗에게 기름을 부어 유다 족속의 왕으로 삼았더라 (삼하2;4)

4 다윗이 나이가 삼십 세에 왕위에 올라 사십 년 동안 다스렸으되

5 헤브론에서 칠 년 육 개월 동안 유다를 다스렸고 예루살렘에서 삼십 삼 년 동안 온 이스라엘과 유다를 다스렸더라 (삼하5;4~5)

《욥》

- 내가 주께 대하여 귀로 듣기만 하였사오나 이제는 눈으로 주를 뵈옵나이다
- 그러므로 내가 스스로 거두어들이고 티끌과 재 가운데에서 회개하나이다

5 내가 주께 대하여 귀로 듣기만 하였사오나 이제는 눈으로 주를 뵈옵나이다

6 그러므로 내가 스스로 거두어들이고 티끌과 재 가운데에서 회개하나이다,

10 욥이 그의 친구들을 위하여 기도할 때 여호와께서 욥의 곤경을 돌이키시고 여호와께서 욥에게 이전 모든 소유보다 갑절이나 주신지라 (욥 42;5~6, 10)

- 사탄이 욥을 시험하다
- 욥은 온전하고 정직하여 하나님을 경외하며 악에서 떠난 자더라

〈사탄이 욥을 시험하다〉

1 우스 땅에 욥이라 불리는 사람이 있었는데 그 사람은 온전하고 정직하여 하나님을 경외하며 악에서 떠난 자더라,

12 여호와께서 사탄에게 이르시되 내가 그의 소유물을 다 네 손에 맡기노라 다만 그의 몸에는 네 손을 대지 말지니라 사탄이 곧 여호와 앞에서 물러가니라,

16 그가 아직 말하는 동안에 또 한 사람이 와서 아뢰되 하나님의 불이 하늘에서 떨어져서 양과 종들을 살라 버렸나이다 다만 홀로 피하였으므로 주인께 아뢰러 왔나이다

17 그가 아직 말하는 동안에 또 한 사람이 와서 아뢰되 갈대아 사람이 세 무리를지어 갑자기 낙타에게 달려들어 그것을 빼앗으며 칼로 종들을 죽였나이다 나만 홀로 피하였으므로 주인께 아뢰러 왔나이다
18 그가 아직 말하는 동안에 또 한 사람이 와서 아뢰되 주인의 자녀들이 그들의 맏아들의 집에서 음식을 먹으며 포도주를 마시는데
19 거친 들에서 큰 바람이 와서 집 네 모퉁이를 치매 그 청년들 위에 무너지므로 그들이 죽었나이다 나만 홀로 피하였으므로 주인께 아뢰러 왔나이다 한지라

- **욥이 일어나 겉옷을 찢고 머리털을 밀고 땅에 엎드려 예배하며**

20 욥이 일어나 겉옷을 찢고 머리털을 밀고 땅에 엎드려 예배하며

- **주신 이도 여호와시요 거두신 이도 여호와시오니**
- **여호와의 이름이 찬송을 받으실지니이다**

21 이르되 내가 모태에서 알몸으로 나왔사온즉 또한 알몸이 그리로 돌아가올지라 주신 이도 여호와시요 거두신 이도 여호와시오니 여호와의 이름이 찬송을 받으실지니이다 하고
22 이 모든 일에 욥이 범죄하지 아니하고 하나님을 향하여 원망하지 아니하니라 (욥1:1, 12, 16~22)

- **사탄이 다시 욥을 시험하다**

〈사탄이 다시 욥을 시험하다〉
6 여호와께서 사탄에게 이르시되 내가 그를 네 손에 맡기노라 다만 그의 생명은 해하지 말지니라

7 사탄이 이에 여호와 앞에서 물러가서 욥을 쳐서 그의 발바닥에서 정수리까지 종기가 나게 한지라,

- 우리가 하나님께 복을 받았은즉 화도 받지 아니하겠느냐 하고
- 이 모든 일에 욥이 입술로 범죄하지 아니하니라

10 그가 이르되 그대의 말이 한 어리석은 여자의 말 같도다 우리가 하나님께 복을 받았은즉 화도 받지 아니하겠느냐 하고 이 모든 일에 욥이 입술로 범죄하지 아니하니라 (욥2;6~7, 10)

- 그러나 내가 가는 길을 그가 아시나니
- 그가 나를 단련하신 후에는 내가 순금같이 되어 나오리라

  그러나 내가 가는 길을 그가 아시나니 그가 나를 단련하신 후에는 내가 순금같이 되어 나오리라 (욥23;10)

〈욥의 회개〉

5 내가 주께 대하여 귀로 듣기만 하였사오나 이제는 눈으로 주를 뵈옵나이다

6 그러므로 내가 스스로 거두어들이고 티끌과 재 가운데에서 회개하나이다 (욥42;5~6)

- 여호와께서 욥에게 복을 주시다

  〈여호와께서 욥에게 복을 주시다〉 욥이 그의 친구들을 위하여 기도할 때 여호와께서 욥의 곤경을 돌이키시고 여호와께서 욥에게 이전 모든 소유보다 갑절이나 주신지라 (욥42;10)

《 요셉 》

■ 당신들은 나를 해하려 하였으나 하나님은 그것을 선으로 바꾸사

■ 오늘과 같이 많은 백성의 생명을 구원하게 하시려 하셨나니

20 당신들은 나를 해하려 하였으나 하나님은 그것을 선으로 바꾸사 오늘과 같이 많은 백성의 생명을 구원하게 하시려 하셨나니 (창50;20)

18 요셉이 그들에게 가까이 오기 전에 그들이 요셉이 멀리서 보고 죽이기를 꾀하여

19 서로 이르되 꿈꾸는 자가 오는도다

20 자, 그를 죽여 한 구덩이에 던지고 우리가 말하기를 악한 짐승이 그를 잡아 먹었다 하자 그의 꿈이 어떻게 되는지를 우리가 볼 것이니라 하는지라,

29 그때에 미디안 사람 상인들이 지나가고 있는지라 형들이 요셉을 구덩이에서 끌어올리고 은 이십에 그를 이스마엘 사람들에게 팔매 그 상인들이 요셉을 데리고 애굽으로 갔더라,

36 그 미디안 사람들은 그를 애굽에서 바로의 신하 친위대장 보디발에게 팔았더라 (창37;18~20, 28, 36)

1 요셉이 이끌려 애굽에 내려가매 바로의 신하 친위대장 애굽 사람 보디발이 그를 그리로 데려간 이스마엘 사람의 손에서 요셉을 사니라

■ 여호와께서 요셉과 함께 하시므로 그가 형통한 자가 되어

2 여호와께서 요셉과 함께 하시므로 그가 형통한 자가 되어 그의 주인 애굽 사람의 집에 있으니

3 그의 주인이 여호와께서 그와 함께 하심을 보며 또 여호와께서 그의

범사에 형통하게 하심을 보았더라

■ 여호와께서 그를 범사에 형통하게 하셨더라

23 간수장은 그의 손에 맡긴 것을 무엇이든지 살펴보지 아니하였으니 이는 여호와께서 요셉과 함께하심이라 여호와께서 그를 범사에 형통하게 하셨더라 (창39;1~3, 23)

■ 내가 아니라 하나님께서 바로에게 편안한 대답을 하시리이다

16 요셉이 바로에게 대답하여 이르되 내가 아니라 하나님께서 바로에게 편안한 대답을 하시리이다

■ 하나님이 그가 하실 일을 바로에게 보이심이니이다

25 요셉이 바로에게 아뢰되 바로의 꿈은 하나라 하나님이 그가 하실 일을 바로에게 보이심이니이다

43 자기에게 있는 버금 수레에 그를 태우매 무리가 그의 앞에서 소리 지르기를 엎드리라 하더라 바로가 그에게 애굽 전국을 총리로 다스리게 하였더라 (창41;16, 25, 43)

■ 하나님이 생명을 구원하시려고 나를 당신들보다 먼저 보내셨나이다

5 당신들이 나를 이곳에 팔았다고 해서 근심하지 마소서 한탄하지 마소서 하나님이 생명을 구원하시려고 나를 당신들보다 먼저 보내셨나이다

6 이 땅에 이 년 동안 흉년이 들었으나 아직 오 년은 밭갈이도 못하고 추수도 못할지라

- 하나님이 큰 구원으로 당신들의 생명을 보존하고
- 당신들의 후손을 세상에 두시려고 나를 당신들보다 먼저 보내셨나니

7 하나님이 큰 구원으로 당신들의 생명을 보존하고 당신들의 후손을 세상에 두시려고 나를 당신들보다 먼저 보내셨나니

8 그런즉 나를 이리로 보낸 이는 당신들이 아니요 하나님이시라 하나님이 나를 바로에게 아버지로 삼으시고 그 온 집의 주로 삼으시며 애굽 온 땅의 통치자로 삼으셨나이다 (창45;5~8)

- 당신들은 나를 해하려 하였으나 하나님은 그것을 선으로 바꾸사
- 오늘과 같이 많은 백성의 생명을 구원하게 하시려 하셨나니

　당신들이 나를 해하려 하였으나 하나님은 그것을 선으로 바꾸사 오늘과 같이 많은 백성의 생명을 구원하게 하시려 하셨나니 (창50;20)

《 바울 》

- 내가 약한 그때에 강함이라

　그러므로 내가 그리스도를 위하여 약한 것들과 능욕과 궁핍과 박해와 곤고를 기뻐하노니 이는 내가 약한 그때에 강함이라 (고후12;10)

23 그들이 그리스도의 일꾼이냐 정신 없는 말을 하거니와 나는 더욱 그러하도다 내가 수고를 넘치도록 하고 옥에 갇히기도 더 많이 하고 매도 수없이 맞고 여러 번 죽을 뻔하였으니

24 유대인들에게 사십에서 하나 감한 매를 다섯 번 맞았으며

25 세 번 태장으로 맞고 한 번 돌로 맞고 세 번 파선하고 일 주야를 깊은 바다에서 지냈으며

26 여러 번 여행하면서 강의 위험과 강도의 위험과 동족의 위험과 이방인의 위험과 시내의 위험과 광야의 위험과 바다의 위험과 거짓 형제 중의 위험을 당하고

27 또 수고하고 애쓰고 여러 번 자지 못하고 주리며 목마르고 여러 번 굶고 춥고 헐벗었노라

28 이외의 일은 고사하고 아직도 날마다 내 속에 눌리는 일이 있으니 곧 모든 교회를 위하여 염려하는 것이라

29 누가 약하면 내가 약하지 아니하며 누가 실족하게 되면 내가 애타지 아니하더냐

■ **내가 부득불 자랑할진대 내가 약한 것을 자랑하리라**

30 내가 부득불 자랑할진대 내가 약한 것을 자랑하리라

31 주 예수의 아버지 영원히 찬송할 하나님이 내가 거짓말 아니하는 것을 아시느니라

32 다메섹에서 아레다 왕의 고관이 나를 잡으려고 다메섹 성을 지켰으나

33 나는 광주리를 타고 들창문으로 성벽을 내려가 그 손에서 벗어났노라 (고후11;23~33)

■ **여러 계시를 받은 것이 지극히 크므로 너무 자만하지 않게 하시려고**
■ **내 육체에 가시 곧 사탄의 사자를 주셨으니**

7 여러 계시를 받은 것이 지극히 크므로 너무 자만하지 않게 하시려고 내 육체에 가시 곧 사탄의 사자를 주셨으니 이는 나를 쳐서 너무 자만하지 않게 하려 하심이라

- 이것이 내게서 떠나가게 하기 위하여 내가 세 번 주께 간구하였더니

8 이것이 내게서 떠나가게 하기 위하여 내가 세 번 주께 간구하였더니

- 나에게 이르기를 내 은혜가 네게 족하도다
- 이는 내 능력이 약한 데서 온전하여짐이라

9 나에게 이르기를 내 은혜가 네게 족하도다 이는 내 능력이 약한 데서 온전하여짐이라 하신지라 그러므로 도리어 크게 기뻐함으로 나의 여러 약한 것들에 대하여 자랑하리니 이는 그리스도의 능력이 내게 머물게 하려함이라

- 내가 약한 그때에 강함이라

10 그러므로 내가 그리스도를 위하여 약한 것들과 능욕과 궁핍과 박해와 곤고를 기뻐하노니 이는 내가 약한 그때에 강함이라 (고후12;7~10)

Ⅲ.
하나님이 하신다

- 만군의 여호와께서 맹세하여 이르시되
- 내가 생각한 것이 반드시 되며
- 내가 경영한 것을 반드시 이루리라

　만군의 여호와께서 맹세하여 이르시되 내가 생각한 것이 반드시되며 내가 경영한 것을 반드시 이루리라 (사14;24)

- 두려워하지 말라 내가 너와 함께함이라
- 놀라지 말라 나는 네 하나님이 됨이라 참으로 너를 도와 주리라
- 참으로 나의 의로운 오른손으로 너를 붙들리라

10 두려워하지 말라 내가 너와 함께함이라 놀라지 말라 나는 네 하나님이 됨이라 내가 너를 굳세게 하리라 참으로 너를 도와 주리라 참으로 나의 의로운 오른손으로 너를 붙들리라

11 보라 네게 노하던 자들이 수치와 욕을 당할 것이요 너와 다투는 자

들이 아무것도 아닌 것같이 될 것이며 멸망할 것이라 (사41;10~11)

- 너희는 강하고 담대하라 두려워하지 말라 그들 앞에서 떨지 말라
- 네 하나님 여호와 그가 너와 함께 가시며
- 결코 너를 떠나지 아니하시며 버리지 아니하실 것임이라

  너희는 강하고 담대하라 두려워하지 말라 그들 앞에서 떨지 말라 이는 네 하나님 여호와 그가 너와 함께 가시며 결코 너를 떠나지 아니하시며 버리지 아니하실 것임이라 하고 (신31;6)

- 너는 물 댄 동산 같겠고 물이 끊어지지 아니하는 샘 같을 것이라

  여호와가 너를 항상 인도하여 메마른 곳에서도 네 영혼을 만족하게 하며 네 뼈를 견고하게 하리니 너는 물 댄 동산 같겠고 물이 끊어지지 아니하는 샘 같을 것이라 (사58;11)

- 여호와께서 사람의 걸음을 정하시고 그의 길을 기뻐하시나니

23 여호와께서 사람의 걸음을 정하시고 그의 길을 기뻐하시나니

- 여호와께서 그의 손으로 붙드심이로다

24 그는 넘어지나 아주 엎드러지지 아니함은 여호와께서 그의 손으로 붙드심이로다 (시37;23~24)

- 너희 안에서 행하시는 이는 하나님이시니
- 자기의 기쁘신 뜻을 위하여 너희에게 소원을 두고 행하게 하시나니

13 너희 안에서 행하시는 이는 하나님이시니 자기의 기쁘신 뜻을 위하여 너희에게 소원을 두고 행하게 하시나니

- 모든 일을 원망과 시비가 없이 하라

14 모든 일을 원망과 시비가 없이 하라 (빌2;13~14)

- 사람이 마음으로 자기의 길을 계획할지라도
- 그의 걸음을 인도하시는 이는 여호와시니라

　사람이 마음으로 자기의 길을 계획할지라도 그의 걸음을 인도하는 이는 여호와시니라 (잠16;9)

2 여호와의 사자가 떨기나무 가운데로부터 나오는 불꽃 안에서 그에게 나타나시니라 그가 보니 떨기나무에 불이 붙었으나 그 떨기나무가 사라지지 아니하는지라,

- 하나님이 이르시되 이리로 가까이 오지 말라
- 네가 선 곳은 거룩한 땅이니 네 발에서 신을 벗으라

5 하나님이 이르시되 이리로 가까이 오지 말라 네가 선 곳은 거룩한 땅이니 네 발에서 신을 벗으라,

- 하나님이 이르시되 내가 반드시 너와 함께 있으리라

12 하나님이 이르시되 내가 반드시 너와 함께 있으리라 네가 그 백성을 애굽에서 인도하여 낸 후에 너희가 이 산에서 하나님을 섬기리니 이것이 내가 너를 보낸 증거니라 (출3;2, 5, 12)

2 여호와께서 그에게 이르시되 네 손에 있는 것이 무엇이냐 그가 이르되 지팡이니이다

- 이제 가라 내가 네 입과 함께 있어서 할 말을 가르치리라

12 이제 가라 내가 네 입과 함께 있어서 할 말을 가르치리라,

- 내가 네 입과 그의 입에 함께 있어서 너희들이 행할 말을 가르치리라

15 너는 그에게 말하고 그의 입에 할 말을 주라 내가 네 입과 그의 입에

함께 있어서 너희들이 행할 일을 가르치리라

16 그가 너를 대신하여 백성에게 말할 것이니 그는 네 입을 대신할 것이요 너는 그에게 하나님같이 되리라

31 백성이 믿으며 여호와께서 이스라엘 자손을 찾으시고 그들의 고난을 살피셨다 함을 듣고 머리 숙여 경배하였더라 (출4;2, 12, 15~16, 31)

- **이제 내가 바로에게 하는 일을 네가 보리라**

  여호와께서 모세에게 이르시되 이제 내가 바로에게 하는 일을 네가 보리라 강한 손으로 말미암아 바로가 그들을 보내리라 강한 손으로 말미암아 바로가 그들을 그의 땅에서 쫓아내리라 (출6;1)

  여호와께서 모세에게 이르시되 볼지어다 내가 너를 바로에게 신같이 되게 하였은즉 네 형 아론은 네 대언자가 되니 (출7;1)

4 모세가 바로에게 이르되 여호와께서 이와 같이 말씀하시기를 밤중에 내가 애굽 가운데로 들어가리니

5 애굽 땅에 있는 모든 처음 난 것은 왕위에 앉아 있는 바로의 장자로부터 맷돌 뒤에 있는 몸종의 장자와 모든 가축의 처음 난 것까지 죽으리니

6 애굽 온 땅에 전무후무한 큰 부르짖음이 있으리라,

9 여호와께서 모세에게 이르시기를 바로가 너희의 말을 듣지 아니하리라 그러므로 내가 애굽 땅에서 나의 기적을 더하리라 하셨고

10 모세와 아론이 이 모든 기적을 바로 앞에서 행하였으나 여호와께서 바로의 마음을 완악하게 하셨으므로 그가 이스라엘 자손을 그 나라에

서 보내지 아니하였더라 (출11;4~6, 9~10)

- ■ 허리에 띠를 띠고 발에 신을 신고 손에 지팡이를 잡고 급히 먹으라
- ■ 이것이 여호와의 유월절이니라

11 너희는 그것을 이렇게 먹을지니 허리에 띠를 띠고 발에 신을 신고 손에 지팡이를 잡고 급히 먹으라 이것이 여호와의 유월절이니라

12 내가 그 밤에 애굽 땅에 두루 다니며 사람이나 짐승을 막론하고 애굽 땅에 있는 모든 처음 난 것을 다 치고 애굽의 모든 신을 내가 심판하리라 나는 여호와라

- ■ 내가 피를 볼 때에 너희를 넘어가리니

13 내가 애굽 땅을 칠 때에 그 피가 너희가 사는 집에 있어서 너희를 위하여 표적이 될지라 내가 피를 볼 때에 너희를 넘어가리니 재앙이 너희에게 내려 멸하지 아니하리라.

29 밤중에 여호와께서 애굽 땅에서 모든 처음 난 것 곧 왕위에 앉은 바로의 장자로부터 옥에 갇힌 사람의 장자까지와 가축의 처음 난 것을 다 치시매

30 그 밤에 바로와 그 모든 신하와 모든 애굽 사람이 일어나고 애굽에 큰 부르짖음이 있었으니 이는 그 나라에 죽임을 당하지 아니한 집이 하나도 없었음이었더라

31 밤에 바로가 모세와 아론을 불러서 이르되 너희와 이스라엘 자손은 일어나 내 백성 가운데에서 떠나 너희의 말대로 가서 여호와를 섬기며 (출12;11~13, 29~31)

37 이스라엘 자손이 라암셋을 떠나서 숙곳에 이르니 유아 외에 보행하는 장정이 육십만 가량이요,

■ 이스라엘 자손이 애굽에 거주한 지 사백삼십 년이라

40 이스라엘 자손이 애굽에 거주한 지 사백삼십 년이라

41 사백삼십 년이 끝나는 그날에 여호와의 군대가 다 애굽 땅에서 나왔은즉

42 이 밤은 그들을 애굽 땅에서 인도하여 내심으로 말미암아 여호와 앞에 지킬 것이니 이는 여호와의 밤이라 이스라엘 자손이 다 대대로 지킬 것이니라 (출12;37, 40~42)

■ 여호와께서 그들 앞에서 가시며 낮에는 구름 기둥으로

21 여호와께서 그들 앞에서 가시며 낮에는 구름 기둥으로 그들의 길을 인도하시고 밤에는 불 기둥을 그들에게 비추사 낮이나 밤이나 진행하게 하시니

22 낮에는 구름 기둥, 밤에는 불 기둥이 백성 앞에서 떠나지 아니하니라 (출13;21~22)

■ 여호와께서 너희를 위하여 싸우리니 너희는 가만히 있을지니라

14 여호와께서 너희를 위하여 싸우시리니 너희는 가만히 있을지니라,

21 모세가 바다 위로 손을 내밀매 여호와께서 큰 동풍이 밤새도록 바닷물을 물러가게 하시니 물이 갈라져 바다가 마른 땅이 된지라

22 이스라엘 자손이 바다 가운데를 육지로 걸어가고 물은 그들의 좌우에 벽이 되니,

27 모세가 곧 손을 바다 위로 내밀매 새벽이 되어 바다의 힘이 회복된지라 애굽 사람들이 물을 거슬러 도망하나 여호와께서 애굽 사람들을 바다 가운데 엎으시니

28 물이 다시 흘러 병거들과 기병들을 덮되 그들의 뒤를 따라 바다에 들어간 바로의 군대를 다 덮으니 하나도 남지 아니하였더라

29 그러나 이스라엘 자손은 바다 가운데를 육지로 행하였고 물이 좌우에 벽이 되었더라

30 그날에 여호와께서 이같이 이스라엘을 애굽 사람의 손에서 구원하시매 이스라엘이 바닷가에서 애굽 사람들이 죽어 있는 것을 보았더라

31 이스라엘이 여호와께서 애굽 사람들에게 행하신 그 큰 능력을 보았으므로 백성이 여호와를 경외하며 그의 종 모세를 믿었더라 (출14;14, 21~22, 27~31)

IV.
요한계시록에 기록된 '666'(육백육십육)은 무엇인가?

- 결론부터 말하자면 그것은 "마귀와 그의 사자들"을 이르는 말이다.
- 아래 성경 말씀이 "마귀와 그의 사자들"을 잘 나타내고 있다.

  내가 보니 바다에서 한 짐승이 나오는데 뿔이 열이요 머리가 일곱이라 그 뿔에는 열 왕관이 있고 그 머리들에는 신성모독 하는 이름들이 있더라 (계13;1)

  그들의 머리 하나가 상하여 죽게 된 것 같더니 그 죽게 되었던 상처가 나으매 온 땅이 놀랍게 여겨 짐승을 따르고 (계13;3)

- 큰 용이 내쫓기니 옛 뱀 곧 마귀라고도 하고 사탄이라고도 하며
- 그가 땅으로 내쫓기니 그의 사자들도 그와 함께 내쫓기니라

  큰 용이 내쫓기니 옛 뱀 곧 마귀라고도 하고 사탄이라고도 하며 온 천하를 꾀는 자라 그가 땅으로 내쫓기니 그의 사자들도 그와 함께

내쫓기니라 (계12;9)

- **용이 짐승에게 권세를 주므로 용에게 경배하며**

   용이 짐승에게 권세를 주므로 용에게 경배하며 짐승에게 경배하여 이르되 누가 이 짐승과 같으냐 누가 능히 이와 더불어 싸우리요 (계13;4)

   내가 보매 또 다른 짐승이 땅에서 올라오니 어린 양같이 두 뿔이 있고 용처럼 말을 하더라(계13;11)

   그가 먼저 나온 짐승의 모든 권세를 그 앞에서 행하고 땅과 땅에 사는 자들을 처음 짐승에게 경배하게 하니 곧 죽게 되었던 상처가 나은 자니라 (계13;12)

   그가 모든 자 곧 작은 자나 큰 자나 부자나 가난한 자나 자유인이나 종들에게 그 오른손에나 이마에 표를 받게 하고 (계13;16)

   누구든지 이 표를 가진 자 외에는 매매를 못하게 하니 이 표는 곧 짐승 의 이름이나 그 이름의 수라 (계13;17)

   지혜가 여기 있으니 총명한 자는 그 짐승의 수를 세어 보라 그것은 사람의 수니 그의 수는 육백육십육이니라 (계13;18)

- **마귀와 그 사자들을 위하여 예비된 영원한 불에 들어가라**

   또 왼편에 있는 자들에게 이르시되 저주를 받은 자들아 나를 떠나 마귀와 그 사자들을 위하여 예비된 영원한 불에 들어가라 (마25;41)

- **그 말탄 자와 그의 군대와 더불어 전쟁을 일으키다가**

   또 내가 보매 그 짐승과 땅의 임금들과 그들의 군대들이 모여 그 말탄 자와 그의 군대(계19;11~16)와 더불어 전쟁을 일으키다가 (계19;19)

- **짐승이 잡히고 표적을 행하던 거짓 선지자도 함께 잡혔으니**

  짐승이 잡히고 그 앞에서 표적을 행하던 거짓 선지자도 함께 잡혔으니 이는 짐승의 표를 받고 그의 우상에게 경배하던 자들을 표적으로 미혹하던 자라 이 둘이 산 채로 유황불 붙는 못에 던져지고 (계19;20)

- **마귀가 불과 유황 못에 던져지니 거기는 짐승과 거짓 선지자도 있어**

  또 그들을 미혹하는 마귀가 불과 유황 못에 던져지니 거기는 그 짐승과 거짓 선지자도 있어 세세토록 밤낮 괴로움을 받으리라 (계 20;10)

V. 주일 낮 예배기도

거룩하시고 존귀하신 하나님 아버지

주님의 은혜 없이는 한순간도 호흡할 수 없는 저희를 우리 주님 은혜로 부르시고

예배의 자리 은혜의 자리에 거룩한 예배자로 세워주시니 감사합니다

온 맘과 정성 다하여 하나님께서 기쁘게 받으시는 예배로 드려지게 하옵소서

단 위에 세우신 목사님 성령 충만케 하셔서 성령님의 인도하심 따라 이 예배를 집례하게 하옵소서

성도들의 상한 심령 심령을 성령께서 치유하시고 회복시키셔서 하나님 앞에 뜨겁게 예배하고 뜨겁게 찬양하며 영광을 아버지께 돌리는 거룩한 예배로 드려지게 하옵소서

하나님과 깊은 사귐이 이루어지는 예배되게 하옵소서

귀한 시간 우리 주님 홀로 영광 받아 주시옵소서

이 시간 드려지는 예배가 한주간 삶으로 이어져 한주간도 거룩한 예배로 드려지는 삶을 살아가도록 성령께서 함께 하시고 인도해 주시옵소서

이 예배를 위해 오가는 발길들, 지하철이나 버스나 예배 가운데 온전히 지켜 보호해 주시기를 간절히 빌고 원합니다

우리 죄를 대속하신 우리 주 예수 그리스도의 이름으로 기도드립니다

아멘

6 만일 우리가 하나님과 사귐이 있다 하고 어둠에 행하면 거짓말을 하고 진리를 행하지 아니함이거니와
7 그가 빛 가운데 계신 것같이 우리도 빛 가운데 행하면 우리가 서로 사귐이 있고 그 아들 예수의 피가 우리를 모든 죄에서 깨끗하게 하실 것이요 (요일1;6~7)

VI. 고난의 명상
(주기철 목사님의 필적으로 전한 말씀)

주님을 위하여

오는 고난을 내가 피하였다가

이 다음 내 무슨 낯으로 주님을 대하오리까?

주님을 위하여

이제 당하는 수옥(囚獄)을 내가 피하였다가

이 다음 주님이

"너는 내 이름과 평안과 즐거움을 다 받아 누리고

고난의 잔을 어찌하고 왔느냐?"고 물으시면

나는 무슨 말로 대답하랴!

주님을 위하여

오는 십자가를 내가 이제 피하였다가

이 다음 주님이

"너는 내가 준 유일한 유산인

고난의 십자가를 어찌하고 왔느냐"고 물으시면

나는 무슨 말로 대답하랴!

VII.
진리를 알지니
진리가 너희를 자유롭게 하리라

- **예수께서 이르시되 내가 곧 길이요 진리요 생명이니**

  예수께서 이르시되 내가 곧 길이요 진리요 생명이니 나로 말미암지 않고는 아버지께로 올 자가 없느니라 (요14;6)

- **아버지의 말씀은 진리니이다.**

  그들을 진리로 거룩하게 하옵소서 아버지의 말씀은 진리니이다 (요17;17)

- **진리의 성령이 오시면 그가 너희를 모든 진리 가운데로 인도하시리니**

  그러나 진리의 성령이 오시면 그가 너희를 모든 진리 가운데로 인도하시리니 그가 스스로 말하지 않고 오직 들은 것을 말하며 장래 일을 너희에게 알리시리라 (요16;13)

■ 너희 하늘 아버지께서 구하는 자에게 성령을 주시지 않겠느냐

너희가 악할지라도 좋은 것을 자식에게 줄 줄 알거든 하물며 너희 하늘 아버지께서 구하는 자에게 성령을 주시지 않겠느냐 하시니라 (눅11;13)

■ 세례를 받고 죄 사함을 받으라 그리하면 성령의 선물을 받으리니

베드로가 이르되 너희가 회개하여 각각 예수 그리스도의 이름으로 세례를 받고 죄 사함을 받으라 그리하면 성령의 선물을 받으리니 (행2;38)

■ 성령을 받으라

이 말씀을 하시고 그들을 향하사 숨을 내쉬며 이르시되 성령을 받으라 (요20;22)

■ 보혜사 곧 아버지께서 내 이름으로 보내실 성령 그가 모든 것을 가르치고

보혜사 곧 아버지께서 내 이름으로 보내실 성령 그가 너희에게 모든 것을 가르치고 내가 너희에게 말한 모든 것을 생각나게 하리라 (요14;26)

■ 진리의 성령이 오실 때에 그가 나를 증언하실 것이요

내가 아버지께로부터 너희에게 보낼 보혜사 곧 아버지께로부터 나오시는 진리의 성령이 오실 때에 그가 나를 증언하실 것이요 (요15;26)

■ 성령으로 말미암아 하나님의 사랑이 우리 마음에 부은 바 됨이니

소망이 우리를 부끄럽게 하지 아니함은 우리에게 주신 성령으로 말미암아 하나님의 사랑이 우리 마음에 부은 바 됨이니 (롬5;5)

■ 예수께서 이르시되 내가 곧 길이요 진리요 생명이니

   예수께서 이르시되 내가 곧 길이요 진리요 생명이니 나로 말미암지 않고는 아버지께로 올 자가 없느니라 (요14;6)

■ 너희가 내 말에 거하면 참으로 내 제자가 되고

31 그러므로 예수께서 자기를 믿은 유대인들에게 이르시되 너희가 내 말에 거하면 참으로 내 제자가 되고

■ 진리를 알지니 진리가 너희를 자유롭게 하리라

32 진리를 알지니 진리가 너희를 자유롭게 하리라 (요8;31~32)

■ 이제 그리스도 예수 안에 있는 자에게는 결코 정죄함이 없나니

1 그러므로 이제 그리스도 예수 안에 있는 자에게는 결코 정죄함이 없나니

■ 생명의 성령의 법이 죄와 사망의 법에서 너를 해방하였음이라

2 이는 그리스도 예수 안에 있는 생명의 성령의 법이 죄와 사망의 법에서 너를 해방하였음이라 (롬8;1~2)

33 그들이 대답하되 우리가 아브라함의 자손이라 남의 종이 된 적이 없거늘 어찌하여 우리가 자유롭게 되리라 하느냐

■ 죄를 범하는 자마다 죄의 종이라

34 예수께서 대답하시되 진실로 진실로 너희에게 이르노니 죄를 범하는 자마다 죄의 종이라 (요8;33~34)

■ 우리를 사랑하사 그의 피로 우리를 죄에서 해방하시고

   우리를 사랑하사 그의 피로 우리 죄에서 우리를 해방하시고 (계1;5)

- 그의 피로 말미암아 속량 곧 죄사함을 받았느니라

  우리는 그리스도 안에서 그의 은혜의 풍성함을 따라 그의 피로 말미암아 속량 곧 죄사함을 받았느니라 (엡1;7)

- 종은 영원히 집에 거하지 못하되 아들은 영원히 거하나니

35 종은 영원히 집에 거하지 못하되 아들은 영원히 거하나니

- 그러므로 아들이 너희를 자유롭게 하면 너희가 참으로 자유로우리라

36 그러므로 아들이 너희를 자유롭게 하면 너희가 참으로 자유로우리라 (요8;35~36)

- 사람이 내 말(요일2;7)을 지키면 영원히 죽음을 보지 아니하리라

  진실로 진실로 너희에게 이르노니 사람이 내 말을 지키면 영원히 죽음을 보지 아니하리라 (요8;51)

- 너희 중에 이와 같은 자들이 있더니 주 예수 그리스도의 이름과

- 우리 하나님의 성령 안에서 씻음과 거룩함과 의롭다 하심을 받았느니라

  너희 중에 이와 같은 자들이 있더니 주 예수 그리스도의 이름과 우리 하나님의 성령 안에서 씻음과 거룩함과 의롭다 하심을 받았느니라 (고전6;11)

- 그리스도 예수 안에 있는 속량으로 말미암아 하나님의 은혜로

- 값없이 의롭다 하심을 얻은 자 되었느니라

  그리스도 예수 안에 있는 속량으로 말미암아 하나님의 은혜로 값없이 의롭다 하심을 얻은 자 되었느니라 (롬3;24)

- 그 이름을 믿는 자들에게는 하나님의 자녀가 되는 권세를 주셨으니

  영접하는 자 곧 그 이름을 믿는 자들에게는 하나님의 자녀가 되는

권세를 주셨으니 (요1;12)

- **하나님의 영으로 인도함을 받는 사람은 하나님의 아들이라**

  무릇 하나님의 영으로 인도함을 받는 사람은 곧 하나님의 아들이라 (롬8;14)

- **주는 영이시니 주의 영이 계신 곳에는 자유가 있느니라**

  주는 영이시니 주의 영이 계신 곳에는 자유가 있느니라 (고후3;17)

- **너희 안에 거하시는 그의 영으로 말미암아 너희 죽을 몸도 살리시리라**

  예수를 죽은 자 가운데서 살리신 이의 영이 너희 안에 거하시면 그리스도 예수를 죽은 자 가운데서 살리신 이가 너희 안에 거하시는 그의 영으로 말미암아 너희 죽을 몸도 살리시리라 (롬8;11)

- **그리스도 예수와 합하여 세례를 받은 우리는 그의 죽으심과 합하여 세례를**

  3 무릇 그리스도 예수와 합하여 세례를 받은 우리는 그의 죽으심과 합하여 세례를 받은 줄을 알지 못하느냐

- **우리가 그의 죽으심과 합하여 세례를 받음으로 그와 함께 장사되었나니**

  4 그러므로 우리가 그의 죽으심과 합하여 세례를 받음으로 그와 함께 장사되었나니 이는 아버지의 영광으로 말미암아 그리스도를 죽은 자 가운데서 살리심과 같이 우리로 또한 새 생명 가운데서 행하게 하려 함이라

- **또한 그의 부활과 같은 모양으로 연합한 자도 되리라**

  5 만일 우리가 그의 죽으심과 같은 모양으로 연합한 자가 되었으면 또한 그의 부활과 같은 모양으로 연합한 자도 되리라 (롬6;3~5)

- 너희가 세례로 그리스도와 함께 장사되고
- 또 죽은 자들 가운데서 그를 일으키신 하나님의 역사를
- 믿음으로 말미암아 그 안에서 함께 일으키심을 받았느니라

　너희가 세례로 그리스도와 함께 장사되고 또 죽은 자들 가운데서 그를 일으키신 하나님의 역사를 믿음으로 말미암아 그 안에서 함께 일으키심을 받았느니라 (골2;12)

- 성결의 영으로는 죽은 자들 가운데서 부활하사 능력으로 하나님의 아들로

　성결의 영으로는 죽은 자들 가운데서 부활하사 능력으로 하나님의 아들로 선포되셨으니 곧 우리 주 예수 그리스도시니라 (롬1;4)

- 우리의 낮은 몸을 자기 영광의 몸의 형체와 같이 변하게 하시리라

　그는 만물을 자기에게 복종하게 하실 수 있는 자의 역사로 우리의 낮은 몸을 자기 영광의 몸의 형체와 같이 변하게 하시리라 (빌3;21)

- 주께서 하늘로부터 강림하시니 그리스도 안에서 죽은 자들이 먼저 일어나고

16 주께서 호령과 천사장의 소리와 하나님의 나팔 소리로 친히 하늘로부터 강림하시니 그리스도 안에서 죽은 자들이 먼저 일어나고

- 그후에 우리 살아남은 자들도 그들과 함께 구름 속으로 끌어 올려
- 공중에서 주를 영접하게 하시리니
- 그리하여 우리가 항상 주와 함께 있으리라

17 그후에 우리 살아남은 자들도 그들과 함께 그름 속으로 끌어 올려 공중에서 주를 영접하게 하시리니 그리하여 우리가 항상 주와 함께 있으리라 (살전4;16~17)

VIII.
믿음의 기도는 병든 자를 구원하리니 주께서 그를 일으키시리라

- 하나님이 나사렛 예수에게 성령과 능력을 기름 붓듯 하셨으매
- 선한 일을 행하시고 마귀에게 눌린 모든 사람을 고치셨으니

  하나님이 나사렛 예수에게 성령과 능력을 기름 붓듯 하셨으매 그가 두루 다니시며 선한 일을 행하시고 마귀에게 눌린 모든 사람을 고치셨으니 이는 하나님이 함께하셨음이라 (행10;38)

- 그가 채찍에 맞으므로 너희는 나음을 얻었나니

  친히 나무에 달려 그 몸으로 우리 죄를 담당하셨으니 이는 우리로 죄에 대하여 죽고 의에 대하여 살게 하려 하심이라 그가 채찍에 맞음으로 너희는 나음을 얻었나니 (벧전2;24)

- 그가 채찍에 맞음으로 우리는 나음을 받았도다

  그가 찔림은 우리의 허물 때문이요 그가 상함은 우리의 죄악 때문이

라 그가 징계를 받으므로 우리는 평화를 누리고 그가 채찍에 맞으므로 우리는 나음을 받았도다 (사53;5)

■ **평안을 너희에게 끼치노니 곧 나의 평안을 너희에게 주노라**

평안을 너희에게 끼치노니 곧 나의 평안을 너희에게 주노라 내가 너희에게 주는 것은 세상이 주는 것과 같지 아니하니라 너희는 마음에 근심하지도 말고 두려워하지도 말라 (요14;27)

■ **너희를 향한 나의 생각을 아나니 평안이요 재앙이 아니니라**

여호와의 말씀이니라 너희를 향한 나의 생각을 내가 아나니 평안이요 재앙이 아니니라 너희에게 미래와 희망을 주는 것이니라 (렘 29;11)

■ **나는 너희를 치료하는 여호와임이라**

이르시되 너희가 너희 하나님 나 여호와의 말을 들어 순종하고 내가 보기에 의를 행하며 내 계명에 귀를 기울이며 내 모든 규례를 지키면 내가 애굽 사람에게 내린 모든 질병 중 하나도 너희에게 내리지 아니하리니 나는 너희를 치료하는 여호와임이라 (출15;26)

■ **공의로운 해가 떠올라서 치료하는 광선을 비추리니**

내 이름을 경외하는 너희에게는 공의로운 해가 떠올라서 치료하는 광선을 비추리니 너희가 나가서 외양간에서 나온 송아지같이 뛰리라 (말4;2)

■ **네 빛이 새벽같이 비칠 것이며 네 치유가 급속할 것이며**

6 내가 기뻐하는 금식은 흉악의 결박을 풀어 주며 멍에의 줄을 끌러 주며 압제당하는 자를 자유하게 하며 모든 멍에를 꺾는 것이 아니겠느냐

7 또 주린 자에게 네 양식을 나누어 주며 유리하는 빈민을 집에 들이며 헐벗은 자를 보면 입히며 또 네 골육을 피하여 스스로 숨지 아니하는 것이 아니겠느냐

8 그리하면 네 빛이 새벽같이 비칠 것이며 네 치유가 급속할 것이며 네 공의가 네 앞에 행하고 여호와의 영광이 네 뒤에 호위하리니 (사 58;6~8)

■ 여호와께 부르짖으매 그가 그들의 고통에서 그들을 구원하시되

19 이에 그들이 그들의 고통 때문에 여호와께 부르짖으매 그가 그들의 고통에서 그들을 구원하시되

20 그가 그의 말씀을 보내어 그들을 고치시고 위험한 지경에서 건지시는도다 (시107;19~20)

여호와 내 하나님이여 내가 주께 부르짖으매 나를 고치셨나이다 (시 30;2)

■ 그에게서 하나님이 하시는 일을 나타내고자 하심이라

2 제자들이 물어 이르되 랍비여 이 사람이 맹인으로 난 것이 누구의 죄로 인함이니이까 자기니이까 그의 부모니이까

3 예수께서 대답하시되 이 사람이나 그 부모의 죄로 인한 것이 아니라 그에게서 하나님이 하시는 일을 나타내고자 하심이라 (요9;2~3)

■ 내가 가서 고쳐 주리라

5 예수께서 가버나움에 들어가시니 한 백부장이 나아와 간구하여

6 이르되 주여 내 하인이 중풍으로 집에 누워 몹시 괴로워하나이다

7 이르시되 내가 가서 고쳐 주리라

아브라함이 하나님께 기도하매 하나님이 아비멜렉과 그의 아내와 여종을 치료하사 출산하게 하셨으니 (창20;17)

■ 네 믿은 대로 될지어다

13 예수께서 백부장에게 이르시되 가라 네 믿은 대로 될지어다 하시니 그 즉시 하인이 나으니라 (마8;5~7,13)

■ 내가 네 기도를 들었고 네 눈물을 보았노라 내가 너를 낫게 하리니

너는 돌아가서 내 백성의 주권자 히스기야에게 이르기를 왕의 조상 다윗의 하나님 여호와의 말씀이 내가 네 기도를 들었고 네 눈물을 보았노라 내가 너를 낫게 하리니 네가 삼 일 만에 여호와의 성전에 올라가겠고 (왕하20,5)

여호와께서 히스기야의 기도를 들으시고 백성을 고치셨더라 (대하30;20)

하나님은 아프게 하시다가 싸매시며 상하게 하시다가 그의 손으로 고치시나니 (욥5;18)

여호와여 내가 수척하였사오니 내게 은혜를 베푸소서 여호와여 나의 뼈가 떨리오니 나를 고치소서 ((시6;2)

여호와께서 그를 병상에서 붙드시고 그가 누워 있을 때마다 그의 병을 고쳐 주시나이다 (시41;3)

■ 그가 네 모든 죄악을 사하시며 네 모든 병을 고치시며

그가 네 모든 죄악을 사하시며 네 모든 병을 고치시며 (시103;3)

상심한 자를 고치시며 그들의 상처를 싸매시는도다 (시147;3)

여호와께서 자기 백성의 상처를 싸매시며 그들의 맞은 자리를 고치시는 날에는 달빛은 햇빛 같겠고 햇빛은 일곱 배가 되어 일곱 날의 빛과 같으리라 (사30;26)

주여 사람이 사는 것이 이에 있고 내 심령의 생명도 온전히 거기에 있사오니 원하건대 나를 치료하시며 나를 살려 주옵소서 ((사38;16)

입술의 열매를 창조하는 자 여호와가 말하노라 먼 데 있는 자에게든지 가까운 데 있는 자에게든지 평강이 있을지어다 내가 그를 고치리라 하셨느니라 (사57;19)

■ 주 여호와의 영이 내리셨으니 이는 여호와께서 내게 기름을 부으사

주 여호와의 영이 내게 내리셨으니 이는 여호와께서 내게 기름을 부으사 가난한 자에게 아름다운 소식을 전하게 하려 하심이라 나를 보내사 마음이 상한 자를 고치며 포로된 자에게 자유를, 갇힌 자에게 놓임을 선포하며 (사61;1)

여호와여 주는 나의 찬송이시오니 나를 고치소서 그리하시면 내가 낫겠나이다 나를 구원하소서 그리하시면 내가 구원을 얻으리이다 (렘17;14)

여호와의 말씀이니라 그들이 쫓겨난 자라 하매 시온을 찾는 자가 없은즉 내가 너의 상처로부터 새 살이 돋아나게 하여 너를 고쳐 주리라 (렘30;17)

그러나 보라 내가 이 성읍을 치료하며 고쳐 낫게 하고 평안과 진실이 풍성함을 그들에게 나타낼 것이며 (렘33;6)

그 잃어버린 자를 내가 찾으며 쫓기는 자를 내가 돌아오게 하며 상

한 자를 내가 싸매 주며 병든 자를 내가 강하게 하려니와 살진 자와 강한 자는 내가 없애고 정의대로 그것들을 먹이리라 (겔34;16)

그의 소문이 온 수리아에 퍼진지라 사람들이 모든 앓는 자 곧 각종 병에 걸려서 고통 당하는 자, 귀신들린 자, 간질하는 자, 중풍병자들을 데려오니 그들을 고치시더라 (마4;24)

저물매 사람들이 귀신들린 자를 많이 데리고 예수께 오거늘 예수께서 말씀으로 귀신들을 쫓아내시고 병든 자들을 다 고치시니 (마8;16)

20 열두 해 동안이나 혈루증으로 앓는 여자가 예수의 뒤로 와서 그 겉옷 가를 만지니

21 이는 제 마음에 그 겉옷만 만져도 구원을 받겠다 함이라

■ **네 믿음이 너를 구원하였다 하시니 여자가 그 즉시 구원을 받으니라**

22 예수께서 돌이켜 그를 보시며 이르시되 딸아 안심하라 네 믿음이 너를 구원하였다 하시니 여자가 그 즉시 구원을 받으니라 (마9;20~22)

23 예수께서 그 관리의 집에 가사 피리 부는 자들과 떠드는 무리를 보시고

24 이르시되 물러가라 이 소녀가 죽은 것이 아니라 잔다 하시니 그들이 비웃더라

25 무리를 내보낸 후에 예수께서 들어가사 소녀의 손을 잡으시매 일어나는지라

26 그 소문이 온 땅에 퍼지더라 (마9;23~26)

예수께서 모든 도시와 마을에 두루 다니사 그들의 회당에서 가르치

시며 천국 복음을 전파하시며 모든 병과 모든 약한 것을 고치시니라 (마9;35)

- **예수께서 그의 열두제자를 부르사 더러운 귀신을 쫓아내며**
- **모든 병과 모든 악한 것을 고치는 권능을 주시니라**

  예수께서 그의 열두제자를 부르사 더러운 귀신을 쫓아내며 모든 병과 모든 악한 것을 고치는 권능을 주시니라 (마10;1)

- **너희가 거저 받았으니 거저 주라**

  병든 자를 고치며 죽은 자를 살리며 나병환자를 깨끗하게 하며 귀신을 쫓아내되 너희가 거저 받았으니 거저 주라 (마10;8)

  11 예수께서 이르시되 너희 중에 어떤 사람이 양 한 마리가 있어 안식일에 구덩이에 빠졌으면 끌어내지 않겠느냐

  12 사람이 양보다 얼마나 더 귀하냐 그러므로 안식일에 선을 행하는 것이 옳으니라 하시고

  13 이에 그 사람에게 이르시되 손을 내밀라 하시니 그가 내밀매 다른 손과 같이 회복되어 성하더라 (마12;11~13)

  예수께서 아시고 거기를 떠나가시니 많은 사람이 따르는지라 예수께서 그들의 병을 다 고치시고 (마12;15)

  이에 예수께서 꾸짖으시니 귀신이 나가고 아이가 그때부터 나으니라 (마17;18)

  큰 무리가 따르거늘 예수께서 거기서 그들의 병을 고치시더라 (마19;2)

30 시몬의 장모가 열병으로 누워 있는지라 사람들이 곧 그 여자에 대하여 예수께 여짜온대

31 나아가사 그 손을 잡아 일으키시니 열병이 떠나고 여자가 그들에게 수종드니라 (막1;30~31)

예수께서 각종 병이 든 많은 사람을 고치시며 많은 귀신을 내쫓으시되 귀신이 자기를 알므로 그 말하는 것을 허락하지 아니하시니라 (막1;34)

■ 원하시면 저를 깨끗하게 하실 수 있나이다

40 한 나병환자가 예수께 와서 꿇어 엎드려 간구하여 이르되 원하시면 저를 깨끗하게 하실 수 있나이다

41 예수께서 불쌍히 여기사 손을 내밀어 그에게 대시며 이르시되 내가 원하노니 깨끗함을 받으라 하시니

42 곧 나병이 그 사람에게서 떠나가고 깨끗하여진지라 (막1;40~42)

그들의 마음이 완악함을 탄식하사 노하심으로 그들을 둘러보시고 그 사람에게 이르시되 네 손을 내밀라 하시니 내밀매 그 손이 회복되었더라 (막3;5)

■ 네 믿음이 너를 구원하였으니 평안히 가라

예수께서 이르시되 딸아 네 믿음이 너를 구원하였으니 평안히 가라 네 병에서 놓여 건강할지어다 (막5;34)

그 아이의 손을 잡고 이르시되 달리다굼 하시니 번역하면 곧 내가 네게 말하노니 소녀야 일어나라 하심이라 (막5;41)

12 제자들이 나가서 회개하라 전파하고

13 많은 귀신을 쫓아내며 많은 병자에게 기름을 발라 고치더라 (막 6;12~13)

그의 귀가 열리고 혀가 맺힌 것이 곧 풀려 말이 분명하여졌더라 (막 7;35)

예수께서 이르시되 가라 네 믿음이 너를 구원하였느니라 하시니 그가 곧 보게 되어 예수를 길에서 따르니라 (막10;52)

- **믿는 자들에게는 이런 표적이 따르리니**
- **곧 그들이 내 이름으로 귀신을 쫓아내며 새 방언을 말하며**

17 믿는 자들에게는 이런 표적이 따르리니 곧 그들이 내 이름으로 귀신을 쫓아내며 새 방언을 말하며

- **무슨 독을 마실지라도 해를 받지 아니하며**
- **병든 사람에게 손을 얹은즉 나으리라 하시더라**

18 뱀을 집어올리며 무슨 독을 마실지라도 해를 받지 아니하며 병든 사람에게 손을 얹은즉 나으리라 하시더라 (약16;17~18)

해 질 무렵에 사람들이 온갖 병자들을 데리고 나아오매 예수께서 일일이 그 위에 손을 얹으사 고치시니 (눅4;40)

하루는 가르치실 때에 갈릴리의 각 마을과 유대와 예루살렘에서 온 바리새인과 율법교사들이 앉았는데 병을 고치는 주의 능력이 예수와 함께 하더라 (눅5;17)

18 한 중풍병자를 사람들이 침상에 메고 와서 예수 앞에 들여놓고자 하였으니

19 무리 때문에 메고 들어갈 길을 얻지 못한지라 지붕에 올라가 지붕을 벗기고 병자를 침상째 무리 가운데로 예수 앞에 달아 내리니

■ 그들의 믿음을 보시고 이르시되 이 사람아 네 죄 사함을 받았느니라

20 예수께서 그들의 믿음을 보시고 이르시되 이 사람아 네 죄 사함을 받았느니라 하시니 (눅5;18~20)

13 주께서 과부를 보시고 불쌍히 여기사 울지 말라 하시고

14 가까이 가서 그 관에 손을 대시니 멘 자들이 서는지라 예수께서 이르시되 청년아 내가 네게 말하노니 일어나라 하시매

15 죽었던 자가 일어나 앉고 말도 하거늘 예수께서 그를 어머니에게 주시니 (눅7;13~15)

> 마침 그때에 예수께서 질병과 고통과 및 악귀 들린 자를 많이 고치시며 또 많은 맹인을 보게 하신지라 (눅7;21)

■ 예수께서 열두 제자를 불러 모으사 모든 귀신을 제어하며

■ 병을 고치는 능력과 권위를 주시고 하나님의 나라를 전파하며

1 예수께서 열두 제자를 불러 모으사 모든 귀신을 제어하며 병을 고치는 능력과 권위를 주시고

2 하나님의 나라를 전파하며 앓는 자를 고치게 하려고 내보내시며 (눅9;12)

> 제자들이 나가 각 마을에 두루 다니며 곳곳에 복음을 전하며 병을 고치더라 (눅9;6)

> 무리가 알고 따라 왔거늘 예수께서 그들을 영접하사 하나님 나라의 일을 이야기하시며 병 고칠 자들은 고치시더라 (눅9;11)

8 어느 동네에 들어가든지 너희를 영접하거든 너희 앞에 차려놓는 것을 먹고

9 거기 있는 병자들을 고치고 말하기를 하나님의 나라가 너희에게 가까이 왔다 하라 (눅10;8~9)

7 병자가 대답하되 주여 물이 움직일 때에 나를 못에 넣어 주는 사람이 없어 내가 가는 동안에 다른 사람이 먼저 내려가나이다

8 예수께서 이르시되 일어나 네 자리를 들고 걸어가라 하시니

9 그 사람이 곧 나아서 자리를 들고 걸어가니라 이날은 안식일이니 (요 5,7~9)

■ 나사렛 예수 그리스도의 이름으로 걸으라 하고

6 베드로가 이르되 은과 금은 내게 없거니와 내게 있는 이것을 네게 주노니 나사렛 예수 그리스도의 이름으로 일어나 걸으라 하고

7 오른손으로 잡아 일으키니 발과 발목이 곧 힘을 얻고

8 뛰어 서서 걸으며 그들과 함께 성전으로 들어가면서 걷기도 하고 뛰기도 하며 하나님을 찬송하니 (행3;6~8)

  예루살렘 부근의 수많은 사람들도 모여 병든 사람과 더러운 귀신에게 괴로움 받는 사람을 데리고 와서 다 나음을 얻으니라 (행5;16)

32 그때에 베드로가 사방으로 두루 다니다가 룻다에 사는 성도들에게도 내려갔더니

33 거기서 애니아라 하는 사람을 만나매 그는 중풍병으로 침상 위에 누운 지 여덟 해라

- 예수 그리스도께서 너를 낫게 하시니 일어나 네 자리를 정돈하라 한대
- 곧 일어나니 사람들이 다 그를 보고 주께로 돌아오니라

34 베드로가 이르되 애니아야 예수 그리스도께서 너를 낫게 하시니 일어나 네 자리를 정돈하라 한대 곧 일어나니

35 룻다와 사론에 사는 사람들이 다 그를 보고 주께로 돌아오니라 (행 9;32~35)

8 루스드라에 발을 쓰지 못하는 한 사람이 앉아 있는데 나면서 걷지 못하게 되어 걸어 본 적이 없는 지라

- 바울이 주목하여 구원받을 만한 믿음이 그에게 있는 것을 보고
- 큰 소리로 이르되 네 발로 일어서라 하니 그 사람이 일어나 걷는지라

9 바울이 말하는 것을 듣거늘 바울이 주목하여 구원받을 만한 믿음이 그에게 있는 것을 보고

10 큰 소리로 이르되 네 발로 바로 일어서라 하니 그 사람이 일어나 걷는지라 (행14;8~10)

8 보블리오의 부친이 열병과 이질에 걸려 누워 있거늘 바울이 들어가서 기도하고 그에게 안수하여 낫게 하매

9 이러므로 섬 가운데 다른 병든 사람들이 와서 고침을 받고 (행 28;8~9)

- 너희 중에 병든 자가 있느냐 그는 교회의 장로들을 청할 것이요
- 그들은 주의 이름으로 기름을 바르며 그들을 위하여 기도할지니라

14 너희 중에 병든 자가 있느냐 그는 교회의 장로들을 청할 것이요 그들은 주의 이름으로 기름을 바르며 그들을 위하여 기도할지니라

- 믿음의 기도는 병든 자를 구원하리니 주께서 그를 일으키시리라

15 믿음의 기도는 병든 자를 구원하리니 주께서 그를 일으키시리라 혹시 죄를 범하였을지라도 사하심을 받으리라

- 너희 죄를 서로 고백하며 병이 낫기를 위하여 서로 기도하라

16 그러므로 너희 죄를 서로 고백하며 병이 낫기를 위하여 서로 기도하라 의인의 간구는 역사하는 힘이 큼이니라 (약5;14~16)

- 모든 눈물을 그 눈에서 닦아 주시니 다시는 사망이 없고
- 애통하는 것이나 곡하는 것이나 아픈 것이 다시 있지 아니하리니
- 처음 것들이 다 지나갔음이러라

모든 눈물을 그 눈에서 닦아 주시니 다시는 사망이 없고 애통하는 것이나 곡하는 것이나 아픈 것이 다시 있지 아니하리니 처음 것들이 다 지나갔음이러라 (계21;4)

✦ ✦ ✦ ✦
✦   IX.   ✦
✦   ✦

말씀을 바로 알고 말씀 따라 살기를 힘쓰라

32 누구든지 사람 앞에서 나를 시인하면 나도 하늘에 계신 내 아버지 앞에서 그를 시인할 것이요

33 누구든지 사람 앞에서 나를 부인하면 나도 하늘에 계신 내 아버지 앞에서 그를 부인하리라 (마10;32~33)

18 진실로 진실로 너희에게 이르노니 무엇이든지 너희가 땅에서 매면 하늘에서도 매일 것이요 무엇이든지 땅에서 풀면 하늘에서도 풀리라

19 진실로 다시 너희에게 이르노니 너희 중의 두 사람이 땅에서 합심하여 무엇이든지 구하면 하늘에 계신 내 아버지께서 그들을 위하여 이루게 하시리라

■ **두세 사람이 내 이름으로 모인 곳에는 나도 그들 중에 있느니라**

20 두세 사람이 내 이름으로 모인 곳에는 나도 그들 중에 있느니라 (마 18;18~20)

〈에발 산에서 율법을 낭독하다〉

30 그때에 여호수아가 이스라엘의 하나님 여호와를 위하여 에발 산에 한 제단을 쌓았으니

31 이는 여호와의 종 모세가 이스라엘 자손에게 명령한 것과 모세의 율법책에 기록된 대로 쇠 연장으로 다듬지 아니한 새 돌로 만든 제단이라 무리가 여호와께 번제물과 화목제물을 그 위에 드렸으며

32 여호수아가 거기서 모세가 기록한 율법을 이스라엘 자손의 목전에서 그 돌에 기록하매

33 온 이스라엘과 그 장로들과 관리들과 재판장들과 본토인뿐 아니라 이방인까지 여호와의 언약궤를 멘 레위 사람 제사장들 앞에서 궤의 좌우에 서되 절반은 그리심 산 앞에, 절반은 에발 산 앞에 섰으니 이는 전에 여호와의 종 모세가 이스라엘 백성에게 축복하라고 명령한 대로 함이라

34 그 후에 여호수아가 율법책에 기록된 모든 것 대로 축복과 저주하는 율법의 모든 말씀을 낭독하였으니

35 모세가 명령한 것은 여호수아가 이스라엘 온 회중과 여자들과 아이와 그들 중에 동행하는 거류민들 앞에서 낭독하지 아니한 말이 하나도 없었더라 (수8;30~35)

■ 그리스도 안에서 하늘에 속한 모든 신령한 복을 우리에게 주시되

3 찬송하리로다 하나님 곧 우리 주 예수 그리스도의 아버지께서 그리스도 안에서 하늘에 속한 모든 신령한 복을 우리에게 주시되

4 곧 창세 전에 그리스도 안에서 우리를 택하사 우리로 사랑 안에서 그 앞에 거룩하고 흠이 없게 하시려고

5 그 기쁘신 뜻대로 우리를 예정하사 예수 그리스도로 말미암아 자기의 아들들이 되게 하셨으니

6 이는 그가 사랑하시는 자 안에서 우리에게 거저 주시는바 그의 은혜의 영광을 찬송하게 하려는 것이라

7 우리는 그리스도 안에서 그의 은혜의 풍성함을 따라 그의 피로 말미암아 속량 곧 죄 사함을 받았느니라

8 이는 그가 모든 지혜와 총명을 우리에게 넘치게 하사

9 그 뜻의 비밀을 우리에게 알리신 것이요 그의 기뻐하심을 따라 그리스도 안에서 때가 찬 경륜을 위하여 예정하신 것이니

10 하늘에 있는 것이나 땅에 있는 것이 다 그리스도 안에서 통일되게 하려 하심이라

11 모든 일을 그의 뜻의 결정대로 일하시는 이의 계획을 따라 우리가 예정을 입어 그 안에서 기업이 되었으니

12 이는 우리가 그리스도 안에서 전부터 바라던 그의 영광의 찬송이 되게 하려 하심이라

- **그 안에서 너희도 진리의 말씀 곧 너희의 구원의 복음을 듣고**
- **그 안에서 또한 믿어 약속의 성령으로 인치심을 받았으니**

13 그 안에서 너희도 진리의 말씀 곧 너희의 구원의 복음을 듣고 그 안에서 또한 믿어 약속의 성령으로 인치심을 받았으니

14 이는 우리 기업의 보증이 되사 그 얻으신 것을 속량하시고 그의 영

광을 찬송하게 하려 하심이라 (엡1;3~14)

■ 하나님의 말씀은 살아있고 활력이 있어

12 하나님의 말씀은 살아있고 활력이 있어 좌우에 날선 어떤 검보다도 예리하여 혼과 영과 및 관절과 골수를 찔러 쪼개기까지 하며 또 마음의 생각과 뜻을 판단하나니

■ 지으신 것이 하나도 그 앞에 나타나지 않음이 없고

13 지으신 것이 하나도 그 앞에 나타나지 않음이 없고 우리의 결산을 받으실 이의 눈 앞에 만물이 벌거벗은 것같이 드러나느니라 (히 4;12~13)

■ 그들을 진리로 거룩하게 하옵소서 아버지의 말씀은 진리니이다

그들을 진리로 거룩하게 하옵소서 아버지의 말씀은 진리니이다 (요 17;17)

예수께서 이르시되 내가 곧 길이요 진리요 생명이니 나로 말미암지 않고는 아버지께로 올 자가 없느니라 (요14;6)

하나님이 세상을 이처럼 사랑하사 독생자를 주셨으니 이는 그를 믿는 자마다 멸망하지 않고 영생을 얻게 하려 하심이라 (요3;16)

그리스도 예수 안에 있는 속량으로 말미암아 하나님의 은혜로 값없이 의롭다 하심을 얻은 자 되었느니라 (롬3;24)

■ 영생은 곧 유일하신 참 하나님과 그가 보내신 자 예수 그리스도를 아는 것

영생은 곧 유일하신 참 하나님과 그가 보내신 자 예수 그리스도를 아는 것이니이다 (요17;3)

- ■ 내 아버지의 뜻은 아들을 보고 믿는 자마다 영생을 얻는 이것이니

  내 아버지의 뜻은 아들을 보고 믿는 자마다 영생을 얻는 이것이니 마지막 날에 내가 이를 다시 살리리라 하시니라 (요6;40)

  믿음이 없이는 하나님을 기쁘시게 하지 못하나니 하나님께 나아가는 자는 반드시 그가 계신 것과 또한 그가 자기를 찾는 자들에게 상 주시는 이심을 믿어야 할지니라 (히11;6)

- ■ 아버지께서 구하는 자에게 성령을 주시지 않겠느냐

  너희가 악할지라도 좋은 것을 자식에게 줄 줄 알거든 하물며 너희 하늘 아버지께서 구하는 자에게 성령을 주시지 않겠느냐 하시니라 (눅11;13)

- ■ 진리의 성령이 오실 때에 그가 나를 증언하실 것이요

  내가 아버지께로부터 너희에게 보낼 보혜사 곧 아버지께로부터 나오시는 진리의 성령이 오실 때에 그가 나를 증언하실 것이요 (요15;26)

- ■ 내 이름으로 보내실 성령 그가 너희에게 모든 것을 가르치고

  보혜사 곧 아버지께서 내 이름으로 보내실 성령 그가 너희에게 모든 것을 가르치고 내가 너희에게 말한 모든 것을 생각나게 하리라 (요14;26)

- ■ 오직 성령이 너희에게 임하시면 너희가 권능을 받고

  오직 성령이 너희에게 임하시면 너희가 권능을 받고 예루살렘과 온 유대와 사마리아와 땅끝까지 이르러 내 증인이 되리라 하시니라 (행

1;8)

나는 포도나무요 너희는 가지라 그가 내 안에, 내가 그 안에 거하면 사람이 열매를 많이 맺나니 나를 떠나서는 너희가 아무것도 할 수 없음이라 (요15;5)

내가 그리스도와 함께 십자가에 못 박혔나니 그런즉 이제는 내가 사는 것이 아니요 오직 내 안에 그리스도께서 사시는 것이라 이제 내가 육체 가운데 사는 것은 나를 사랑하사 나를 위하여 자기 자신을 버리신 하나님의 아들을 믿는 믿음 안에서 사는 것이라 (갈2;20)

12 몸은 하나인데 많은 지체가 있고 몸의 지체가 많으나 한몸임과 같이 그리스도도 그러하니라,

27 너희는 그리스도의 몸이요 지체의 각 부분이라 (고전12;12, 27)

2 모든 겸손과 온유로 하고 오래 참음으로 사랑 가운데서 서로 용납하고

■ **성령이 하나 되게 하신 것을 힘써 지키라**

3 평안의 매는 줄로 성령이 하나 되게 하신 것을 힘써 지키라

4 몸이 하나요 성령도 한 분이시니 이와 같이 너희가 부르심의 한 소망 안에서 부르심을 받았느니라

5 주도 한 분이시요 믿음도 하나요 세례도 하나요

6 하나님도 한 분이시니 곧 만유의 아버지시라 만유 위에 계시고 만유를 통일하시고 만유 가운데 계시도다 (엡4:2~6)

13 들어가 그들이 유하는 다락방으로 올라가니 베드로, 요한, 야고보, 안드레와 빌립, 도마와 바돌로매, 마태와 및 알패오의 아들 야고보,

셀롯인 시몬, 야고보의 아들 유다가 다 거기 있어

14 여자들과 예수의 어머니 마리아와 예수의 아우들과 더불어 마음을 같이하여 오로지 기도에 힘쓰더라 (행1;13~14)

■ 성령이 임하시다

1 오순절 날이 이미 이르매 그들이 다같이 한곳에 모였더니

2 홀연히 하늘로부터 급하고 강한 바람 같은 소리가 있어 그들이 앉은 온 집에 가득하며

3 마치 불의 혀처럼 갈라지는 것들이 그들에게 보여 각 사람 위에 하나씩 임하여 있더니

4 그들이 다 성령의 충만함을 받고 성령이 말하게 하심을 따라 다른 언어들로 말하기를 시작하니라 (행2;1~4)

〈베드로의 오순절 설교〉

14 베드로가 열한 사도와 함께 서서 소리를 높여 유대인들과 예루살렘에 사는 모든 사람들아 이 일을 너희로 알게 할 것이니 내 말에 귀를 기울이라

15 때가 제삼 시니 너희 생각과 같이 이 사람들이 취한 것이 아니니라

16 이는 곧 선지자 요엘을 통하여 말씀하신 것이니 일렀으되

■ 말세에 내가 내 영을 모든 육체에 부어 주리니

17 하나님이 말씀하시기를 말세에 내가 내 영을 모든 육체에 부어 주리니 너희의 자녀들은 예언할 것이요 너희의 젊은 이들은 환상을 보고 너희의 늙은 이들은 꿈을 꾸리라

18 그때에 내가 내 영을 내 남종과 여종들에게 부어 주리니 그들이 예언할 것이요

19 또 내가 위로 하늘에서는 기사를 아래로 땅에서는 징조를 베풀리니 곧 피와 불과 연기로다

20 주의 크고 영화로운 날이 이르기 전에 해가 변하여 어두워지고 달이 변하여 피가 되리라

■ **누구든지 주의 이름을 부르는 자는 구원을 받으리라**

21 누구든지 주의 이름을 부르는 자는 구원을 받으리라,

29 형제들아 내가 조상 다윗에 대하여 담대히 말할 수 있노니 다윗이 죽어 장사되어 그 묘가 오늘까지 우리 중에 있도다

30 그는 선지자라 하나님이 이미 맹세하사 그 자손 중에서 한 사람을 그 위에 앉게 하리라 하심을 알고

31 미리 본 고로 그리스도의 부활을 말하되 그가 음부에 버림이 되지 않고 그의 육신이 썩음을 당하지 아니하시리라 하더니

32 이 예수를 하나님이 살리신지라 우리가 다 이 일에 증인이로다

■ **하나님이 오른손으로 예수를 높이시매 그가 약속하신 성령을**
■ **아버지께 받아서 너희가 보고 듣는 이것을 부어 주셨느니라**

33 하나님이 오른손으로 예수를 높이시매 그가 약속하신 성령을 아버지께 받아서 너희가 보고 듣는 이것을 부어 주셨느니라

34 다윗은 하늘에 올라가지 못하였으나 친히 말하여 이르되 주께서 내 주에게 말씀하시기를

35 내가 네 원수로 네 발등상이 되게 하기까지 너는 내 우편에 앉아 있

으라 하셨도다 하였으니

36 그런즉 이스라엘 온 집은 확실히 알지니 너희가 십자가에 못 박은 이 예수를 하나님이 주와 그리스도가 되게 하셨느니라 하니라

■ 그들이 이 말을 듣고 마음에 찔려 우리가 어찌할꼬 하거늘

37 그들이 이 말을 듣고 마음에 찔려 베드로와 다른 사도들에게 물어 이르되 형제들아 우리가 어찌할꼬 하거늘

■ 너희가 회개하여 각각 예수 그리스도의 이름으로 세례를 받고
■ 죄 사함을 받으라 그리하면 성령의 선물을 받으리니

38 베드로가 이르되 너희가 회개하여 각각 예수 그리스도의 이름으로 세례를 받고 죄 사함을 받으라 그리하면 성령의 선물을 받으리니

39 이 약속은 너희와 너희 자녀와 모든 먼 데 사람 곧 주 우리 하나님이 얼마든지 부르시는 자들에게 하신 것이라 하고

40 또 여러 말로 확증하며 권하여 이르되 너희가 이 패역한 세대에서 구원을 받으라 하니

41 그 말을 받은 사람들은 세례를 받으매 이날에 신도의 수가 삼천이나 더하더라

42 그들이 사도의 가르침을 받아 서로 교제하고 떡을 떼며 오로지 기도하기를 힘쓰니라 (행2;14~21, 29~42)

17 믿는 자들에게는 이런 표적이 따르리니 곧 그들이 내 이름으로 귀신을 쫓아내며 새 방언을 말하며

18 뱀을 집어올리며 무슨 독을 마실지라도 해를 받지 아니하며 병든 사

람에게 손을 얹은즉 나으리라 하시더라 (막16;1718)

고난당한 것이 내게 유익이라 이로 말미암아 내가 주의 율례들을 배우게 되었나이다 (시119;71)

그러나 내가 가는 길을 그가 아시나니 그가 나를 단련하신 후에는 내가 순금같이 되어 나오리라 (욥23;10)

나와 내 백성이 무엇이기에 이처럼 즐거운 마음으로 드릴 힘이 있었나이까 모든 것이 주께로 말미암았사오니 우리가 주의 손에서 받은 것으로 주께 드렸을 뿐이니이다 (대상29;14)

각각 그 마음에 정한 대로 할 것이요 인색함으로나 억지로 하지 말지니 하나님은 즐겨 내는 자를 사랑하시느니라 (고후9;7)

■ 항상 기도하며 깨어 있으라

34 너희는 스스로 조심하라 그렇지 않으면 방탕함과 술취함과 생활의 염려로 마음이 둔하여지고 뜻밖에 그날이 덫과 같이 너희에게 임하리라

35 이날은 온 지구상에 거하는 모든 사람에게 임하리라

36 이러므로 너희는 장차 올 이 모든 일을 능히 피하고 인자 앞에 서도록 항상 기도하며 깨어 있으라 하시니라 (눅21;34~36)

1 너희는 마음에 근심하지 말라 하나님을 믿으니 또 나를 믿으라

2 내 아버지 집에 거할 곳이 많도다 그렇지 않으면 너희에게 일렀으리라 내가 너희를 위하여 거처를 예비하러 가노니

3 가서 너희를 위하여 거처를 예비하면 내가 다시 와서 너희를 내게로 영접하여 나 있는 곳에 너희도 있게 하리라 (요14;1~3)

7 나는 선한 싸움을 싸우고 나의 달려갈 길을 마치고 믿음을 지켰으니
8 이제 후로는 나를 위하여 의의 면류관이 예비되었으므로 주 곧 의로우신 재판장이 그날에 내게 주실 것이며 내게만 아니라 주의 나타나심을 사모하는 모든 자에게도니라 (딤후4;7~8)

■ 주 예수여 오시옵소서

6 또 그가 내게 말하기를 이 말은 신실하고 참된지라 주 곧 선지자들의 영의 하나님이 그의 종들에게 반드시 속히 되어질 일을 보이시려고 그의 천사들을 보내셨도다

■ 이 두루마리의 예언의 말씀을 지키는 자는 복이 있으리라

7 보라 내가 속히 오리니 이 두루마리의 예언의 말씀을 지키는 자는 복이 있으리라 하더라 (계22;6~7)

X.
여호와께서 요구하시는 것

- 네 하나님 여호와께서 요구하는 것이 무엇이냐
- 곧 네 하나님 여호와를 경외하여
- 그의 모든 도를 행하고 그를 사랑하며
- 마음을 다하고 뜻을 다하여 네 하나님 여호와를 섬기고

12 이스라엘아 네 하나님 여호와께서 네게 요구하시는 것이 무엇이냐 곧 네 하나님 여호와를 경외하여 그의 모든 도를 행하고 그를 사랑하며 마음을 다하고 뜻을 다하여 네 하나님 여호와를 섬기고

- 네게 명하는 여호와의 명령과 규례를 지킬 것이 아니냐

13 내가 오늘 네 행복을 위하여 네게 명하는 여호와의 명령과 규례를 지킬 것이 아니냐

14 하늘과 모든 하늘의 하늘과 땅과 그 위의 만물은 본래 네 하나님 여호와께 속한 것이로되

15 여호와께서 오직 네 조상들을 기뻐하시고 그들을 사랑하사 그들의 후손인 너희를 만민 중에서 택하셨음이 오늘과 같으니라

16 그러므로 너희는 마음에 할례를 행하고 다시는 목을 곧게 하지 말라

17 너희의 하나님 여호와는 신 가운데 신이시며 주 가운데 주시요 크고 능하시며 두려우신 하나님이시라 사람을 외모로 보지 아니하시며 뇌물을 받지 아니하시고

18 고아와 과부를 위하여 정의를 행하시며 나그네를 사랑하여 그에게 떡과 옷을 주시나니

19 너희는 나그네를 사랑하라 전에 너희도 애굽 땅에서 나그네 되었음이니라

■ 네 하나님 여호와를 경외하여 그를 섬기며 그에게 의지하고

20 네 하나님 여호와를 경외하여 그를 섬기며 그에게 의지하고 그의 이름으로 맹세하라

■ 그는 네 찬송이시요 네 하나님이시라

21 그는 네 찬송이시요 네 하나님이시라 네 눈으로 본 이같이 크고 두려운 일을 너를 위하여 행하셨느니라

22 애굽에 내려간 네 조상들이 겨우 칠십 인이었으나 이제는 네 하나님 여호와께서 너를 하늘의 별같이 많게 하셨느니라 (신10;12~22)

XI.
사탄이 그들 마음에 가득하여 성령을 속인 아나니아와 삽비라

〈아나니아와 삽비라〉

1 아나니아라 하는 사람이 그의 아내 삽비라와 더불어 소유를 팔아

2 그 값에서 얼마를 감추매 그 아내도 알더라 얼마만 가져다가 사도들의 발 앞에 두니

■ **어찌하여 사탄이 네 마음에 가득하여 네가 성령을 속이고**

3 베드로가 이르되 아나니아야 어찌하여 사탄이 네 마음에 가득하여 네가 성령을 속이고 땅 값 얼마를 감추었느냐

■ **사람에게 거짓말한 것이 아니요 하나님께로다**

4 땅이 그대로 있을 때에는 네 땅이 아니며 판 후에도 네 마음대로 할 수가 없더냐 어찌하여 이 일을 네 마음에 두었느냐 사람에게 거짓말한 것이 아니요 하나님께로다

5 아나니아가 이 말을 듣고 엎드러져 혼이 떠나니 이 일을 듣는 사람이

다 크게 두려워하더라

6 젊은 사람들이 일어나 시신을 싸서 메고 나가 장사하니라

7 세 시간쯤 지나 그의 아내가 그 일어난 일을 알지 못하고 들어오니

8 베드로가 이르되 그 땅 판 값이 이것뿐이냐 내게 말하라 하니 이르되 예 이것뿐이라 하더라

■ 주의 영을 시험하려 하느냐

9 베드로가 이르되 너희가 어찌 함께 꾀하여 주의 영을 시험하려 하느냐 보라 네 남편을 장사하고 오는 사람들의 발이 문 앞에 이르렀으니 또 너를 메어 나가리라 하니

10 곧 그가 베드로의 발 앞에 엎드러져 혼이 떠나는지라 젊은 사람들이 들어와 죽은 것을 보고 메어다가 그의 남편 곁에 장사하니

11 온 교회와 이 일을 듣는 사람들이 다 크게 두려워하니라 (행5;1~11)

■ 네 하나님을 경외하라 나는 너희의 하나님 여호와이니라

너희 각 사람은 자기 이웃을 속이지 말고 네 하나님을 경외하라 나는 너희의 하나님 여호와이니라 (레25;17)

■ 보라 주를 경외함이 지혜요 악을 떠남이 명철이니라

또 사람에게 말씀하셨도다 보라 주를 경외함이 지혜요 악을 떠남이 명철이니라 (욥28;28)

몸은 죽여도 영혼은 능히 죽이지 못하는 자들을 두려워하지 말고 오직 몸과 영혼을 능히 지옥에 멸할 수 있는 이를 두려워하라 (마10;28)

31 그러므로 내가 너희에게 이르노니 사람에 대한 모든 죄와 모독은 사하심을 얻되 성령을 모독하는 것은 사하심을 얻지 못하겠고

32 또 누구든지 말로 인자를 거역하면 사하심을 얻되 누구든지 말로 성령을 거역하면 이 세상과 오는 세상에서도 사하심을 얻지 못하리라 (마12;31~32)

XII.
고넬료가 베드로를 청하다

1 가이사랴에 고넬료라 하는 사람이 있으니 이달리야 부대라 하는 군대의 백부장이라

■ 그가 하나님을 경외하며 하나님께 항상 기도하더니

2 그가 경건하여 온 집안과 더불어 하나님을 경외하며 백성을 많이 구제하고 하나님께 항상 기도하더니

3 하루는 제구 시쯤 되어 환상 중에 밝히 보매 하나님의 사자가 들어와 이르되 고넬료야 하니

4 고넬료가 주목하여 보고 두려워 이르되 주여 무슨 일이니이까 천사가 이르되 네 기도와 구제가 하나님 앞에 상달되어 기억하신 바가 되었으니

5 네가 지금 사람들을 욥바에 보내어 베드로라 하는 시몬을 청하라

6 그는 무두장이 시몬의 집에 유숙하니 그 집은 해변에 있다 하더라

7 마침 말하던 천사가 떠나매 고넬료가 집안 하인 둘과 부하 가운데 경건한 사람 하나를 불러

8 이 일을 다 이르고 욥바로 보내니라

9 이튿날 그들이 길을 가다가 그 성에 가까이 갔을 그때에 베드로가 기도하려고 지붕에 올라가니 그 시각은 제육 시더라

10 그가 시장하여 먹고자 하매 사람들이 준비할 때에 황홀한 중에

11 하늘이 열리며 한 그릇이 내려오는 것을 보니 큰 보자기 같고 네 귀를 매어 땅에 드리웠더라

12 그 안에는 땅에 있는 각종 네 발 가진 짐승과 기는 것과 공중에 나는 것들이 있더라

13 또 소리가 있으되 베드로야 일어나 잡아먹어라 하거늘

14 베드로가 이르되 주여 그럴 수 없나이다 속되고 깨끗하지 아니한 것을 내가 결코 먹지 아니하였나이다 한대

15 또 두 번째 소리가 있으되 하나님께서 깨끗하게 하신 것을 네가 속되다 하지 말라 하더라

16 이런 일이 세 번 있은 후 그 그릇이 곧 하늘로 올려져 가니라

17 베드로가 본 바 환상이 무슨 뜻인지 속으로 의아해 하더니 마침 고넬료가 보낸 사람들이 시몬의 집을 찾아 문밖에 서서

18 불러 묻되 베드로라 하는 시몬이 여기 유숙하느냐 하거늘

19 베드로가 그 환상에 대하여 생각할 때에 성령께서 그에게 말씀하시되 두 사람이 너를 찾으니

20 일어나 내려가 의심하지 말고 함께 가라 내가 그들을 보내었느니라

하시니

21 베드로가 내려가 그 사람들을 보고 이르되 내가 곧 너희가 찾는 사람인데 너희가 무슨 일로 왔느냐

22 그들이 대답하되 백부장 고넬료는 의인이요 하나님을 경외하는 사람이라 유대 온 족속이 칭찬하더니 그가 거룩한 천사의 지시를 받아 당신을 그 집으로 청하여 말을 들으려 하느니라 한대

23 베드로가 불러들여 유숙하게 하니라

■ 베드로가 고넬료의 집에서 설교하다

이튿날 일어나 그들과 함께 갈새 욥바에서 온 어떤 형제들도 함께 가니라

24 이튿날 가이사랴에 들어가니 고넬료가 그의 친척과 가까운 친구들을 모아 기다리더니

25 마침 베드로가 들어올 때에 고넬료가 맞아 발 앞에 엎드리어 절하니

26 베드로가 일으켜 이르되 일어서라 나도 사람이라 하고

27 더불어 말하며 들어가 여러 사람이 모인 것을 보고

28 이르되 유대인으로서 이방인과 교제하며 가까이하는 것이 위법인 줄은 너희도 알거니와 하나님께서 내게 지시하사 아무도 속되다 하거나 깨끗하지 않다 하지 말라 하시기로

29 부름을 사양하지 아니하고 왔노라 묻노니 무슨 일로 나를 불렀느냐

30 고넬료가 이르되 내가 나흘 전 이맘때까지 내 집에서 제구 시 기도를 하는데 갑자기 한 사람이 빛난 옷을 입고 내 앞에 서서

31 말하되 고넬료야 하나님이 네 기도를 들으시고 네 구제를 기억하셨

으니

32 사람을 욥바에 보내어 베드로라 하는 시몬을 청하라 그가 바닷가 무두장이 시몬의 집에 유숙하느니라 하시기로

■ 주께서 당신에게 명하신 모든 것을 듣고자 하여 다 하나님 앞에 있나이다

33 내가 곧 당신에게 사람을 보내었는데 오셨으니 잘하였나이다 이제 우리는 주께서 당신에게 명하신 모든 것을 듣고자 하여 다 하나님 앞에 있나이다

34 베드로가 입을 열어 말하되 참으로 하나님은 사람의 외모를 보지 아니하시고

35 각 나라 중 하나님을 경외하며 의를 행하는 사람은 다 받으시는 줄 깨달았도다

36 만유의 주 되신 예수 그리스도로 말미암아 화평의 복음을 전하사 이스라엘 자손들에게 보내신 말씀

37 곧 요한이 그 세례를 반포한 후에 갈릴리에서 시작하여 온 유대에 두루 전파된 그것을 너희도 알거니와

■ 하나님이 나사렛 예수에게 성령과 능력을 기름 붓듯 하셨으매

■ 모든 사람을 고치셨으니 이는 하나님이 함께 하셨음이라

38 하나님이 나사렛 예수에게 성령과 능력을 기름 붓듯 하셨으매 그가 두루 다니시며 선한 일을 행하시고 마귀에게 눌린 모든 사람을 고치셨으니 이는 하나님이 함께 하셨음이라

39 우리는 유대인의 땅과 예루살렘에서 그가 행하신 모든 일에 증인이라 그를 그들이 나무에 달아 죽였으나

40 하나님이 사흘 만에 다시 살리사 나타내시되

41 모든 백성에게 하신 것이 아니요 오직 미리 택하신 증인 곧 죽은 자 가운데서 부활하신 후 그를 모시고 음식을 먹은 우리에게 하신 것이라

42 우리에게 명하사 백성에게 전도하되 하나님이 살아 있는 자와 죽은 자의 재판장으로 정하신 자가 곧 이 사람인 것을 증언하게 하셨고

■ 그를 믿는 사람들이 다 그의 이름을 힘입어 죄 사함을 받는다 하였느니라

43 그에 대하여 모든 선지자도 증언하되 그를 믿는 사람들이 다 그의 이름을 힘입어 죄 사함을 받는다 하였느니라

■ 이방인들도 성령을 받다

■ 베드로가 이 말을 할 때에 성령이 말씀 듣는 모든 사람에게 내려오시니

44 베드로가 이 말을 할 때에 성령이 말씀 듣는 모든 사람에게 내려오시니

45 베드로와 함께 온 할례받은 신자들이 이방인들에게도 성령 부어주심으로 말미암아 놀라니

■ 이는 방언을 말하며 하나님 높임을 들음이러라

46 이는 방언을 말하며 하나님 높임을 들음 이러라

47 이에 베드로가 이르되 이 사람들이 우리와 같이 성령을 받았으니 누가 능히 물로 세례 베풂을 금하리요 하고

■ 명하여 예수 그리스도의 이름으로 세례를 베풀라 하니라

48 명하여 예수 그리스도의 이름으로 세례를 베풀라 하니라 그들이 베드로에게 며칠 더 머물기를 청하니라 (행10;1~48)

XIII.
바울이 에베소에서 전도하다

1 아볼로가 고린도에 있을 때에 바울이 윗지방으로 다녀 에베소에 와서 어떤 제자들을 만나

■ **너희가 믿을 때에 성령을 받았느냐**

2 이르되 너희가 믿을 때에 성령을 받았느냐 이르되 아니라 우리는 성령이 계심도 듣지 못하였노라

■ **너희가 무슨 세례를 받았느냐 대답하되 요한의 세례니라**

3 바울이 이르되 그러면 너희가 무슨 세례를 받았느냐 대답하되 요한의 세례니라

■ **요한이 내 뒤에 오시는 이를 믿으라 이는 곧 예수라 하거늘**

4 바울이 이르되 요한이 회개의 세례를 베풀며 백성에게 말하되 내 뒤에 오시는 이를 믿으라 하였으니 이는 곧 예수라 하거늘

■ **그들이 듣고 주 예수의 이름으로 세례를 받으니**

5 그들이 듣고 주 예수의 이름으로 세례를 받으니

■ 바울이 그들에게 안수하매 성령이 그들에게 임하시므로 방언도 하고 예언도 하니

6 바울이 그들에게 안수하매 성령이 그들에게 임하시므로 방언도 하고 예언도 하니

7 모두 열두 사람쯤 되니라

8 바울이 회당에 들어가 석 달 동안 담대히 하나님 나라에 관하여 강론하며 권면하되

9 어떤 사람은 마음이 굳어 순종하지 않고 무리 앞에서 이 도를 비방하거늘 바울이 그들을 떠나 제자들을 따로 세우고 두란노 서원에서 날마다 강론하니라

10 두 해 동안 이같이 하니 아시아에 사는 자는 유대인이나 헬라인이나 다 주의 말씀을 듣더라

■ 하나님이 바울의 손으로 놀라운 능력을 행하게 하시니

11 하나님이 바울의 손으로 놀라운 능력을 행하게 하시니

12 심지어 사람들이 바울의 몸에서 손수건이나 앞치마를 가져다가 병든 사람에게 얹으면 그 병이 떠나고 악귀도 나가더라

13 이에 돌아다니며 마술하는 어떤 유대인들이 시험삼아 악귀 들린 자들에게 주 예수의 이름을 불러 말하되 내가 바울이 전파하는 예수를 의지하여 너희에게 명하노라 하더라

14 유대의 한 제사장 스게와의 일곱 아들도 이 일을 행하더니

15 악귀가 대답하여 이르되 내가 예수도 알고 바울도 알거니와 너희는

누구냐 하며

16 악귀 들린 사람이 그들에게 뛰어올라 눌러 이기니 그들이 상하여 벗은 몸으로 그 집에서 도망하는지라 (행19;1~16)

XIV. 당신은 진리에 서 있는 자인가? 진리에 서지 못한 자인가?

- 당신은 진리에 서 있는 자인가 진리에 서지 못한 자인가
- 정체성을 분명이 해야 할 것이다
- "교리가 진리다"라는 말씀은 성경 어디에도 없다
- 사탄의 궤계에 속지 말라

- 이미 있는 진리에 서 있는 자 (그리스도에게 속한 자)

  태초에 하나님이 천지를 창조하시니라 (창1:1)

  하나님이 모세에게 이르시되 나는 스스로 있는 자니라 (출3;14)

  너희의 하나님 여호와는 신 가운데 신이시며 주 가운데 주시요 크고 능하시며 두려우신 하나님이시라 (신10;17)

  16 예수께서 세례를 받으시고 곧 물에서 올라오실새 하늘이 열리고 하

나님의 성령이 비둘기같이 내려 자기 위에 임하심을 보시더니

17 하늘로부터 소리가 있어 말씀하시되 이는 내 사랑하는 아들이요 내 기뻐하는 자라 하시니라 (마3;16~ˇ7)

하나님이 나사렛 예수에게 성령과 능력을 기름 붓듯 하셨으매 그가 두루 다니시며 선한 일을 행하시고 마귀에게 눌린 모든 사람을 고치셨으니 이는 하나님이 함께 하셨음이라 (행10:38)

12 하나님의 말씀은 살아있고 활력이 있어 좌우에 날선 어떤 검보다도 예리하여 혼과 영과 및 관절과 골수를 찔러 쪼개기까지 하며 또 마음의 생각과 뜻을 판단하나니

13 지으신 것이 하나도 그 앞에 나타나지 않음이 없고 우리의 결산을 받으실 이의 눈앞에 만물이 벌거벗은 것같이 드러나느니라 (히4;12~13)

37 예수께서 이르시되 네 마음을 다하고 목숨을 다하고 뜻을 다하여 주 너의 하나님을 사랑하라(요일5:3) 하셨으니

38 이것이 크고 첫째 되는 계명(요일2;7)이요

39 둘째도 그와 같으니 네 이웃을 네 자신같이 사랑하라 하셨으니 (마22;37~39)

■ 이미 있는 진리에 서 있으나

그러므로 너희가 이것을 알고 이미 있는 진리(요14;6, 17;17, 15;26)에 서 있으나 내가 항상 너희에게 생각나게 하려 하노라 (벧후1;12)

그의 계명(요일2;7)을 지키는 자는 주(마16:16, 요14:6) 안에 거하고 주는 그의 안에 거하시나니 우리에게 주신 성령(행2:18, 33)으로 말미암아 그가 우리 안에 거하시는 줄을 우리가 아느니라 (요일3:24)

4 또 내가 보좌들을 보니 거기에 앉은 자들이 있어 심판하는 권세를 받았더라 또 내가 보니 예수를 증언함과 하나님의 말씀 때문에 목 베임을 당한 자들의 영혼들과 또 짐승과 그의 우상에게 경배하지 아니하고 그들의 이마와 손에 그의 표를 받지 아니한 자들☆이 살아서 그리스도와 더불어 천 년 동안 왕 노릇 하니

☆ a(요3:5〈마3:11, 벧전3:21, 행2:1~4, 19:1~6〉), b(요5:24, 벧후1:12, 요일3:24)

5 (그 나머지 죽은 자들(요3:18)은 그 천 년이 차기까지 살지 못하더라) 이는 첫째 부활이라

■ 둘째 사망이 그들을 다스리는 권세가 없고
■ 천 년 동안 그리스도와 더불어 왕 노릇 하리라

6 이 첫째 부활에 참여하는 자들은 복이 있고 거룩하도다 둘째 사망이 그들을 다스리는 권세가 없고 도리어 그들이 하나님과 그리스도의 제사장이 되어 천 년 동안 그리스도와 더불어 왕 노릇 하리라 (계20:4~6)

■ 진리에 서지 못한 자 (마귀에게 속한 자)

너 아침의 아들 계명성이여 어찌 그리 하늘에서 떨어졌으며 너 열국을 엎은 자여 어찌 그리 땅에 찍혔는고 (사14;12)

■ 큰 용이 내쫓기니 옛 뱀 곧 마귀라고도 하고 사탄이라고도 하며

큰 용이 내 쫓기니 옛 뱀 곧 마귀라고도 하고 사탄이라고도 하며 온 천하를 꾀는 자라 그가 땅으로 내쫓기니 그의 사자들도 그와 함께 내쫓기니라 (계12;9)

■ 진리가 그 속에 없으므로 진리에 서지 못하고

너희는 너희 아비 마귀에게서 났으니 너희 아비의 욕심대로 너희도 행하고자 하느니라 그는 처음부터 살인한 자요 진리가 그 속에 없으므로 진리(요14;6, 17;17, 15;26)에 서지 못하고 거짓을 말할 때마다 제 것으로 말하나니 이는 그가 거짓말쟁이요 거짓의 아비가 되었음이라 (요8:44)

■ 또 그들을 미혹하는 마귀가 불과 유황못에 던져지니

또 그들을 미혹하는 마귀가 불과 유황못에 던져지니 거기는 그 짐승과 거짓 선지자도 있어 세세토록 밤낮 괴로움을 받으리라 (계20:10)

■ 크고 흰 보좌에서 심판을 내리시다

11 또 내가 크고 흰 보좌와 그 위에 앉으신 이를 보니 땅과 하늘이 그 앞에서 피하여 간 데 없더라

12 또 내가 보니 죽은 자들(요3:18, 요일3:8, 살후2:12, 계21;8, 요일3:10)이 큰 자나 작은 자나 그 보좌 앞에 서 있는데 책들이 펴있고 또 다른 책이 펴졌으니 곧 생명책이라 죽은 자들이 자기 행위를 따라 책들에 기록된 대로 심판을 받으니

■ 각 사람이 자기의 행위대로 심판을 받고

13 바다가 그 가운데에서 죽은 자들을 내주고 또 사망과 음부도 그 가운데에서 죽은 자들을 내주매 각 사람이 자기의 행위대로 심판을 받고

14 사망과 음부도 불못에 던져지니 이것은 둘째 사망 곧 불못이라

■ 누구든지 생명책에 기록되지 못한 자는 불못에 던져지더라

15 누구든지 생명책에 기록되지 못한 자는 불못에 던져지더라 (계20:11~15)

"그런즉 너희는 먼저 그의 나라(눅17:21, 요2:21, 계21:22~)와 그의 의(롬3:19~)를 구하라 그리하면 이 모든 것을 너희에게 더하시리라(빌4:19)" (마6:33)

당신이 믿으면 하나님의 영광을 보리라!
할렐루야! 아멘.

하나님의 영, 성령이 당신에게 임하시면?
2025년 03월 27일 초판 발행

엮은이 | 김영길
발행인 | 박찬우
발행처 | 파랑새미디어
등록번호 | 제313-2006-000085호

서울특별시 마포구 서교동 357-1 서교프라자 318
문의 전화 | 02-333-8311

정가 16,700원
ISBN 979-11-5721-199-9 04230

이 출판물은 저작권법에 의해 보호를 받는 저작물이므로 무단 복제할 수 없습니다. 잘못된 책은 교환해 드립니다.